4차
산업
혁명

어떻게
시작할
것인가

4차 산업 혁명

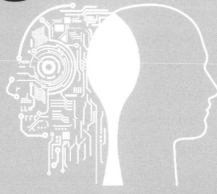

한석희
송형권
이순열
조익영
장원중
변종대
임채성

어떻게 시작할 것인가

페이퍼로드
paperroad

영국의 제임스 와트가 증기기관을 크게 개선하면서 산업혁명이 일어났다. 세상은 크게 바뀌었다. 혁명 완수에는 100년 넘는 시간이 필요했다. 포드 시스템과 전기의 발명으로 대량생산이 가능해진 2차 산업혁명에는 50여 년이, 컴퓨터와 IT시스템의 보급으로 인한 3차 산업혁명에는 40년의 시간이 걸렸다. 그러나 우리 눈앞에 다가온 4차 산업혁명은 10년 안에 일어날 것으로 보인다. 2016년 다보스포럼에서 4차 산업혁명을 새로운 화두로 제시한 클라우스 슈밥Klaus Schwab 세계경제포럼 회장은 이 혁명이 쓰나미, 혹은 눈사태처럼 덮칠 것이라고까지 경고한다. 혁명에 대응하지 못하면 치명적으로 뒤처지게 될 것이다.

정말 순식간이다. 우리가 독일이 주창한 인더스트리4.0을 소개하고, 우리 기업과 정부의 적극적 대응을 촉구한 『미래를 결정지을 제4차 산업혁명 인더스트리4.0』을 출간했을 때만 해도 삼성, LG, 포스코 등 대기업 중심에 머물던 4차 산업혁명이란 용어는 어느새 일상용어가 되었다. 거의 모든 방송, 신문, 출판 매체가 4차 산업혁명의 도래를 당연시하고 그에 대한 담론이 무성하다. 4차 산업혁명이 불러올 미래의 모습과 그 영향력에 대한 예측에 노력을 주저하지 않고 있다.

그럼에도 지금의 상황이 만족스런 것은 아니다. 4차 산업혁명의 개념이나 미래상의 긍정, 부정을 논의하기에는 변화가 너무 빠르고 급박하다. 우리 기업이 취할 액션플랜을 짜야 할 때다. 4차 산업혁명, 인더스트리4.0 관련 연구를 하면 할수록 대응책을 논할 시간적 여유가 많이 남아 있지 않았음을 깨닫는다. 이미 변화가 우리도 모르는 사이에 아주 가까이 다가왔다. 정말 쓰나미나 눈사태처럼 덮쳐오고 있다. 그래서 우리는 변화의 물결에 무조건, 일단 '올라타야' 한다. 그렇지 못하면 죽는다. 즉 4차 산업혁명의 문제는 우리 기업이 처한 생존의 문제다.

혁명의 후발주자 한국 기업이 해야 할 일

우리들은 한국이 독일처럼 인더스트리4.0의 계획과 방향을 주도하기에는 이미 늦었다는 사실을 부인하지 않는다. 그러나 이제부터라도 한국이 혁신 촉진요인Enabler[1]인 사물인터넷, 인공지능, 클라우딩 컴퓨터, 빅데이터의 응용과 적용 면에서 남들보다 더 잘한다면 살아남아 강력

---

1 어떤 것이 목적을 달성할 수 있도록 돕는 요소 또는 요인. 여기서는 사물인터넷, 빅데이터, 클라우드 컴퓨팅, 인공지능, 디지털 기술 및 소프트웨어 기술, 통신, 센서, AR(Augmented Reality, 증강현실), VR(Virtual Reality, 가상현실), 보안, 3D프린팅 기술 등을 망라한다.

한 경쟁력을 확보할 것이라고 생각한다.

이러한 경쟁력을 확보하는 방안 중 하나로 '편집력'의 강화를 제시한다. 우리가 잘할 수 있는 것을 더욱 강화하면 살아남을 수 있다. 어마어마한 원천기술과 인프라, 강력한 기업을 다수 확보한 독일과 미국의 틈새에서 살아남기 위해서 기존의 기술과 솔루션을 짜임새 있게 편집하고 빠르게 활용한다면 그것은 원천적 창조력 못지않은 편집력이다.

독일의 보쉬^{Bosch}는 자신들의 세 가지 행동강령 중 한 가지를 카피^{Copy}, 즉 베끼기라고 서슴없이 내세운다. 필요하다면 베끼는 것도 능력이라고 본다. 이를 곱씹어볼 필요가 있다. 우리는 카피하고 배우고 그리고 마침내 새롭게 편집해서 남들보다 한 발짝 앞서 변화를 맞아야 한다. 남의 것을 알고 나서, 그 위에 기막힌 어떤 것 한 가지, 즉 차별화되어 빛나는 한 가지를 올려놓을 수 있으면 그것도 위대한 창조가 된다. 이것이 새로운 시대를 여는 융합정신이다. 편집력을 바탕으로 이런 지름길을 찾을 수 있을 것이라고 믿는다.

이 책은 4차 산업혁명과 관련된 각 분야의 전문가들이 참여해 만든 책이다. 우리들이 오랫동안 쌓아온 경험을 녹이되 대강의 줄기를 만드는 데 집중했다. 후속의 저술들이 좀 더 전문적이고 상세한 기술서로서 역할을 할 것을 전제로, 이 책은 개념 정립과 구체적 전략수립에 많은 비중을 두었다. 그럼에도 이 책이 국내외에서 저술된 유사한 저서들보다는 한 단계 더 깊이, 더 상세하게 기업현장에서 적용할 수 있는 내용을 제시했다고 자부한다.

1장에서는 우리 주변에서 일어나는 변화를 읽어내 새로운 인사이트를 보여주고자 하였다. 한마디로 변화는 이미 바로 옆에 와 있다. 세상은 변화를 인정하든 인정하지 않든 자체의 관성력을 지니고 빠르게 움직이고, 그 속도가 급속도로 증가하는 것을 보게 된다. 그래서 변화에 부응하여 성공한 예를 정리하려 애를 썼다. 예로서 GE^{General Electric}, 지멘스^{Siemens}, 로크웰 오토메이션^{Rockwell Automation}, 보쉬, 에어비앤비^{Airbnb}, 우버^{Uber}, 그리고 테슬라^{Tesla Motors}와 같은 기업들을 거론하였다. 변화의 시대에 새로운 기회를 만들어낸 그들의 모습을 보면서 우리 기업들도 자신감을 갖고 상상력을 발휘하기를 기대한다.

2장에서는 한동안 논란이었던 스마트 팩토리에 대한 개념적 정의를 일단락 짓고 미래의 공장들이 어떻게 변화하고 다가올지를 스케치하듯 서술했다. 상당 부분은 이미 진행되고 있는 내용을 기초로 정리하였다. 가까운 미래의 스마트 제조와 스마트 팩토리의 모습을 보여주는 데 많은 신경을 썼다. 도대체 무슨 일이 일어나는가를 간접적으로 경험하도록 하였다.

3장은 스마트 팩토리가 목표로 하는 궁극적인 가치인 연결에 초점을 맞췄다. 미래의 공장이 추구할 중요한 가치인 연결의 의미를 돌아보게 하였다. 앞으로 기업들은 공장 내부에서, 또 외부의 기업들과 연결을 성취하기 위해 힘을 쏟게 될 것이다. 그래서 연결을 향해 나아가기 위한 방향을 제시했다. 연결이 우리의 생존에 결정적인 영향을 미칠 것임은 두말할 나위 없다.

4장에서는 기업현장에서 가장 많이 궁금해하고 답답해하는 것에 대한 나름의 해결방안이다. 혁명이 도래한다는데 '그래서 무엇을, 어떻게 해야 한단 말이냐?'는 기업현장의 물음에 답하기 위해 현재 가용한 기술과 솔루션을 제안했다. 기업들이 지금 하는 일을 더욱 경쟁력 있게 만들기 위해 동원할 수 있는 것들이라고 생각한다. 상상하고 편집하면 어떤 일이든 시작할 수 있다는 정신이 기본적으로 깔려 있다. 사물인터넷IoT, Internet of Things, 클라우드Cloud, 통신기술, 빅데이터Big Data, 서비스 인터넷, 기존의 레거시^{Legacy²} 설비의 보완 방법, 적층형제조^{Additive} ^{Manufacturing} 기술의 응용, 보안 문제에 대한 대비 등을 다뤘다.

5장에서는 이런 변화에서 등장하는 수많은 이슈 중에서 많은 이들이 궁금해하는 미래 일자리에 대해 다루었다. 여기서 제시되는 방법이 모두 적합할지는 장담하기 어렵지만 적어도 긍정적인 태도로 지혜롭게 미래를 준비한다면 한국의 미래 일자리 상황은 그리 나쁘지 않을 것이다. 일자리와 관련한 문제는 우리가 풀어야 할 숙제이다. 아직 정해진 답은 없다. 하지만 알고도 행하지 않는 것과 몰라서 못하는 것은 다르다. 적어도 몰라서 못하는 우를 범하지 않도록 안내하고자 하였다.

이 책은 인더스트리4.0과 4차 산업혁명에 관해서 쓴 책이다. 더 구체적으로는 한국 기업들의 생존에 관해 쓴 책이다. 4차 산업혁명의 개념 언저리를 파헤치는 책이 아니라 이를 어떻게 현장에서 구현할 것인가에 대한 구체적 고민과 현실적 방안을 담았다. 여러 면에서 부족한 점이 있을 것이다. 하지만 한 권의 책에 모든 것을 다 담을 수는 없을 것

9

---

2 오래전에 개발되어 현재에도 사용 중인 낡은 기술이나 방법론, 하드웨어나 소프트웨어를 의미한다.

이다 우리 집필진은 부족한 내용을 후속작을 통해 지속적으로 보완할 것을 약속드린다.

이 책의 저술에 함께한 인트리 4.0 포럼Intree 4.0 Forum의 모든 관계자들, 한국인더스트리4.0협회 회원들, 한국스마트제조산업협회, 한국ICT융합협회, MFG잡지사, 그리고 이 책이 세상에 나올 수 있도록 힘써주신 페이퍼로드 식구들에게 진심으로 감사의 마음을 전한다.

저자 일동을 대표하여

한석희

2016년 11월

3장
연결 혁명

연결의 혁명을 제대로 이해하라

데이터로 무엇을 할 것인가를 생각하라

빅데이터, 데이터를 엮고 확장하다

어떻게 이상적인 제조원가에 이르는가를 살펴라

엔지니어링분야를 먼저 연결하고 생산분야를 연결하라

보안 문제 때문에 연결을 포기하지 마라

4장
편집하고 시작하라, 필요한 기술은 준비되어 있다

목표는 생존이다

설비를 스마트하게 업데이트하는 방법

무선통신기술인가 유선통신기술인가?

빅데이터, 그 무한의 가능성

로봇 및 자동화 기술은 어떤 방향으로 나아가야 하는가?

3D프린팅 기술은 혁명의 뇌관, 어디서부터 시작할 것인가?

5장
제4차 산업혁명과 미래 일자리

부정과 긍정 사이에서 무엇을 하란 말인가?

미래 일자리를 프론트 로딩하라

교육과 훈련만이 모든 이슈를 잠재울 수 있는 유일한 해결책이다

• 제4차 산업혁명 더 알아보기 •
무크, 새로운 시대의 새로운 교육

1장

막 오른
제4차
산업혁명

"미래는 벌써 여기 와 있다.
다만 불공평하게 분배되어 있을 뿐이다."

- 폴 사포Paul Saffo, 미래학자

거대한 기술혁신이 소리 없이 일어나고 있다. 공장기기는 단순한 자동화를 넘어 지능화되어 제품 생산에서부터 설비 수리에 이르기까지 모든 공정과 작업 과정을 스스로 제어한다. 공장 내 모든 기기에 사물인터넷이 적용되면서 연결이 실현되고 가상공간에서 현실공간의 일을 동시에 지원할 수 있는 가상물리 시스템CPS, Cyber Physical System이 구축되고 있다. 고객의 주문이 공장으로 실시간 전달되어 정보가 공유되고 공장 내부의 기기들은 새로운 주문을 처리하기 위해 서로 분주하게 정보를 나누고 소통하면서 공정을 조율한다. 필요하면 다른 회사의 공장들과도 연결하여 더 효과적인 의사결정을 시도한다. 바야흐로 스마트 팩토리Smart Factory시대다.

스마트 팩토리 시대에는 하드웨어 기업과 소프트웨어 기업의 구분마저 모호해진다. 또한 하드웨어와 연결되지 않은 소프트웨어도 찾아볼 수 없다. 즉, 소프트웨어가 내장되지 않은 하드웨어를 상상하기 어렵게 되었다. 제조업과 서비스업이 시스템적으로 점차 통합되는 추세도 보인다. 과거처럼 제품을 판매하고 나면 제조한 회사들이 손을 털고 고장 신고가 올 때까지 기다리는 것이 아니다. 제품을 공급하고 나서도 지속적으로 제품의 상태를 관찰하면서 지속적으로 서비스를 제공하는 시대로 접어들고 있다. 제품을 판매하거나 빌려준 후에도 제조 업체가 제품 사용 상태를 계속 모니터링 하면서 문제가 생길 것 같으면 미리 조치도 한다. 컬러프린터의 잉크와 같이 제품에 사용되는 소모품이 수명이 다할 때쯤이면 미리 정보를 주어 필요한 주문을 하도록 안내한다. 얼마 전까지만 해도 상상조차 할 수 없었던 서비스를 제공하는 시도들이 나타나는 것이다. 이처럼 제품을 만드는 일부터 제품을 공급하고 서비스하는 일까지 획기적으로 변화하면서 기존 산업의 전통적 경계들이 허물어지고 있다. 바야흐로 연결 사회, 스마트 사회가 되고 있다. 제4차 산업혁명이 진행되고 있는 것이다.

인더스트리4.0은 제4차 산업혁명의 또 다른 표현이다. 유럽에서는 인더스트리4.0이 바로 제4차 산업혁명이란 의미로 통용된다. 본래 인더스트리4.0이란 용어는 독일이 처음 사용하였다. 이제는 많은 산업국가의 아젠다Agenda로 자리를 잡았다. 제4차 산업혁명 시대를 선점하기 위해 국가 및 기업 간 벌어지는 경쟁이 벌써부터 치열하다. 플랫폼Platform의 선점과 통용, 오픈 이노베이션Open Innovation을 통한 플랫폼 확산 촉진, 그리고 표준화를 통한 진입장벽 구축 등 선발 집단들의 경쟁이 빠르게 전개되고 있다. 획기적인 변화는 분명 누군가에게 큰 기회를 열어준다. 이런 변화를 통해서 누군가는 새로운 비즈니스 기회를 만들고 이를 지렛대로 삼아 움직임에 박차를 가한다. GE, 지멘스, 보쉬, 로크웰 오토메이션, 시스코Cisco, SAP와 같은 기업들이 지금 주목받는 이유다.

인더스트리4.0, 다시 말해 제4차 산업혁명이 추구하는 스마트 팩토리의 특징은 디지털화, 연결화, 스마트화로 요약된다. 이렇게 탄생될 스마트 팩토리는 또 다른 스마트 아젠다의 성취 프로젝트들과 긴밀한 협력을 하게 된다. 예를 들어 스마트 그리드를 통해 더욱 효율적인 에너지를 사용하면서 가동될 것이고, 스마트 물류와 스마트 이동 수단과도 긴밀한 연결관계를 유지하면서 더욱 효과적인 납품과 유통을 실현하게 될 것이다. 또한 스마트 빌딩과도 지속적으로 연대하면서 정보를 얻고 필요한 조치를 취하게 될 것이다. 바야흐로 모든 것이 서로 소통하고 연결되는 소셜 머신Social Machine의 세상이 도래하고 있다.

소셜 머신의 세계에 오신 것을 환영합니다

일상으로 들어온 제4차 산업혁명

'소셜 머신? 기계면 기계지, 웬 소셜 머신?'

이런 생각이 든다면 귀하는 십중팔구 동네 어귀를 시끌벅적하게 만든 뻥튀기 기계에 환호하던 기억을 가진 디지로그^{Digilog}[1] 세대가 분명하다.

어릴 적 동네 귀퉁이에서, 둥그런 기계를 돌리다가 아저씨가 아이들을 향해 소리친다.

"자, 손으로 귀를 꼭 막아! 뻥 터진다!"

'뻥' 소리와 함께 큰 주머니에 한 가득 뻥튀기가 튀어나오던 모습을 기억하는 세대.

디지로그는 디지털과 아날로그를 합성한 단어이다. 아날로그와 디지털을 모두 몸으로 경험한 그들을 디지로그 세대라 부른다. 지금은 박물관에 보관되어 있는 손가락으로 돌리는 다이얼 전화기를 기억하는 세대이기도 하다. 이들은 삐삐의 추억을 안고 살고 있는 세대이기도 하다. 그중에는 시티폰을 경험했던 이들도 있을 것이다. 이들은 그 당시

---

1 이어령 교수의 저서 『디지로그』로 널리 알려진 용어. 디지털(Digital)과 아날로그(Analog)의 합성어로 아날로그 사회에서 디지털로 이행하는 과도기, 혹은 디지털 기반과 아날로그 정서가 융합하는 첨단기술을 의미하는 말이다.

분명 얼리 어답터였을 것이다. 디지로그 세대 중의 얼리 어답터인 셈이다. 그 뒤로 애니폰 시대가 열렸다. '한국지형에 맞는다'는 광고 문구는 20년이 지나도 생생하다. 삼성 애니폰은 상당 기간 한국 휴대폰 시장을 지배했다. 모델이 새로 등장할 때마다 휴대폰의 화면이 커졌다. 커지는 화면에 놀라는 경험이 쌓일수록 아날로그의 추억은 뒤로 사라져 갔다. 어느새 모두 스마트폰에 익숙해졌다. 그리고 마침내 두 손가락을 화면에 올려놓고 이리저리 움직여 카카오톡 메시지를 자유자재로 날릴 만큼 능숙한 디지털 세대가 되었다.

동네 모퉁이의 뻥튀기 기계를 보고 이를 로봇으로 생각했던 사람이 있었을까? 그렇다면 고속도로 휴게소의 호두과자 기계는 어떤가? 로봇인가 아니면 그냥 기계인가?

최근 인천 차이나타운에 중국식 도삭면을 만드는 짜장 로봇을 소개하는 기사가 떴다. 영화 〈스타워즈〉에 나오는 다스베이더의 모습을 한 주방장이 등장하자 손님들이 열광한다. 쉬지도 않고, 휴가도 안 가는 이 로봇은 불평불만이 없다. 도삭면을 언제나 똑같은 모양으로 만들어 낸다.[2] 이 짜장 로봇이 만든 도삭면을 드신 경험이 있는가? 그 맛은 어떠한가? 이건 로봇인가 아니면 그저 기계인가?

로봇 모양을 하고 있든 아니면 다른 모습을 하고 있든, 다양한 자동

4차 산업혁명 어떻게 시작할 것인가

---

2 김형동, 「[서소문 사진관] 차이나타운에 등장한 무쇠팔 '짜장로봇'」, 『중앙일보』, 2016년 3월 30일.

화 또는 지능형 기계들이 우리 곁에 다가와 있다. 방바닥을 이리저리 움직이는 청소 로봇은 로봇 같지도 않은데 이름이 자연스럽게 로봇으로 불린다.

공기정화기가 기상 정보에 따라 스스로 작동되기도 한다. 이런 기기는 로봇이라고 말하지 않는다. 눈에 보이게 일을 하지 않아서 그런가?

사진 1   KT와 코웨이가 협력해 만든 사물인터넷 공기정화기

공기를 정화하는 일을 하긴 하는데 왜 로봇이라 불리지 않을까? 로봇이 본래 노동이란 뜻이라는데 육체노동을 하지 않아서 그런 것일까? 이런 논란을 피하려 했는지, 기업들은 이런 기기에 색다르고 생소한 이름을 앞에 붙여주었다. 사물인터넷. 사물인터넷 공기정화기가 그것이다.

이들은 주인 몰래 누군가와 소통도 한다. 주인이 시키든 말든 어느새 스스로 다른 누구와 소통을 하는 기계, 즉, 소셜 머신이다. 소셜 머신, 소셜 로봇, 소셜 기계 등 그 이름도 다양하다.

디지로그 세대인 나의 하루는 20년 전과 정말 다르다.

늦잠을 잔다고, 알람이 울려댄다. 과거 투박한 시계 알람소리와는 비교되지 않는 우아한 소리다. 스마트폰에서 나오는 알람이다. 이것이 없으면 과연 제시간에 일어날 수 있을지 모르겠다.

졸음이 가시지 않은 눈을 비비며 스마트폰에 올라온 여러 가지 정보를 확인한다. 미세먼지는 보통. 간밤 미국 나스닥의 주식 정보도 떠 있다. 온라인 매장에서 어제 인터넷으로 주문한 아이보리 셔츠가 내일 오후 3시에 배송될 예정이라고 문자가 와 있다. 그런데 셔츠에 입을 수 있는 초록 카디건이 50% 특별 세일이란다. 같이 구매를 하면 50% 할인을 해준단다. 쿠폰은 이미 도착해 있다. 주문 버튼만 누르면 함께 배송된다고 한다.

'어떻게 알았지? 날씨가 아직 쌀쌀해서 카디건이 필요했는데…'

브랜드와 디자인을 보니 내가 평상시 눈독 들이던 바로 그 제품이다. 오호, 50%라면 더 이상 주저할 이유가 없다. 얼른 버튼을 누른다.

클릭!

"주문에 감사드립니다. 잘하셨습니다! 당신의 멋진 모습을 보시겠습니까?" 똑똑하게 스마트폰이 말로 메시지를 전해준다.

클릭!

짜잔. 화면에 아이보리 셔츠에 초록 카디건을 입은 나의 모습이 제주도 서귀포를 배경으로 서 있지 않은가! 내 마음을 어떻게 알았지? 안그래도 요즈음 몸이 찌뿌듯해서 제주도에 가고 싶었는데….

그런데 이건 뭐지? 가상으로 합성하여 만든 사진 아래에 서귀포로 가는 여행패키지 정보가 떠 있다. 이번 달 말까지, 예약 시 20% 할인이란다.

어제 마트에서 배달된 아침 식사를 먹는 둥 마는 둥 급하게 마치고 집을 나선다. 열심히 내달아 지하철역에 도착한다. 교통카드로 1,250원이 결제되었다. 겨우 시간 맞추어서 헐레벌떡 사무실에 도착했다. 그런데 동료 김 부장이 커피 한잔 하자고 눈짓을 한다. 어제 카카오톡으로 논의한 이번 사업 관련 사항을 함께 논의할 모양이다. 함께 엘리베이터를 타고 로비로 내려와서 바깥으로 나왔다. 회사 바로 앞 건물에 있는 카페로 들어섰다.

카페 문을 열자 스마트폰이 '땡' 소리를 낸다. 메시지가 와 있다. 내가 좋아하는 카페라테를 20% 세일로 마실 수 있단다. 귀신같이 내 취향을 알고 쿠폰까지 보내왔다.

'어 이게 무슨 횡재지?' 아침에는 카디건을 싸게 사고, 카페에서는 카

페라테를 20%나 싸게 마신다.'

'이젠 스마트폰 없이 살 수 있을까?'

삼성 페이^{Samsung Pay}로 김 부장과 내 커피 값을 치르며 이런 생각이 퍼뜩 들었다.

스마트폰은 자기 주인이 누군지 안다. 지금 어디에 있는지도 안다. 스마트폰은 내가 어떤 영화를 좋아하는지, 어떤 커피를 자주 마시는지도 안다. 또 오늘 기분은 어떠한지, 얼굴이 부스스한 이유는 무엇인지, 내 가족은 누구인지, 내가 가장 좋아하는 선물은 무엇인지도 안다. 내가 결혼했는지, 안 했는지도 안다. 요즘 내가 차를 바꾸고 싶어 하는 것도 안다. 내가 외우지 못하는 신용카드 번호도 전부 알고 있다. 내가 일일이 기억 못하는 계좌번호, 앱^{App} 접속에 필요한 ID와 비밀번호도 모두 기억한다. 이런 나의 정보는 스마트폰에만 머물지 않는다. 스마트폰에 기록한 내용이 내 컴퓨터와 클라우드에 동기화되어 있다. 또한 내 스마트폰에 들어 있는 사진과 자주 듣는 음악이 컴퓨터 속에 동기화되어 들어가 있다. 그때그때 메모한 내용들도 내가 보유한 모든 기기에 동시에 저장되어 있어서 어디에서나 바로 볼 수 있다.

나의 외모와 신체 정보도 내 컴퓨터나 스마트폰뿐만 아니라 인터넷 클라우드에 기록되어 있다. 모든 정보는 나를 설명하거나 나와 관계된 것들이다. 내가 생각하고 기록하고 정리하고 보관한 것들. 이 모든 것이 나를 말해준다. 가상공간에 존재하는 나다.

'이거 영화에서 보던 그 아바타^{Avatar}와 똑같은 거 아냐?'

맞다. 그렇게 보면 다를 바가 없다.

'아! 나의 디지털 쌍둥이.'

나의 아바타가 클라우드에 살고 있다.

내겐 여러 비서가 있다. 애플Apple의 시리Siri, 구글Google의 나우Now, 마이크로소프트Microsoft의 코타나Cortana가 내가 고용한 비서다. 그중에서 시리가 가장 똑똑하다. 나 대신 저녁 식사 약속을 잡아주고, 식당을 예약하고, 내가 좋아하는 메뉴를 몇 개 추천해준다. 그뿐만 아니다. 회사에서 어떻게 식당까지 갈지, 얼마나 걸릴지, 친절하게 알려준다. 이 비서는 지금 스마트폰 안에 살고 있다. 산혹 내 말을 잘 알아듣지 못하는 경우가 있지만 소통 기술이 나날이 발전 중이다.

그런데 지난번 동창회 모임을 한 이후로 갑자기 시리가 시시하다는 생각이 들기 시작했다. 동창회 모임에 앞서 친구 회사에 들렀는데 친구 사무실에 신기한 기기 하나가 왔다 갔다 하고 있었다. 로봇 비서란다. 그걸 보고 나서 내 사무실에 로봇 비서가 하나 있으면 좋겠다는 생각을 했다. 내가 이런저런 문서를 작성하게 하거나 일정 관리를 시키거나 자료 검색 등을 시키면 편하기도 하고 업무 생산성도 오를 것 같았다. 어떤 로봇 비서는 주인 기분을 알아차리고 분위기에 어울리는 음악을 틀어주기도 한단다.

지보Jibo, 페퍼Papper, 큐빅Cubic, 이모스파크EmoSPARK라는 로봇들이 이미 시중에서 팔리고 있다. 이들은 예약 판매가 되고 있을 만큼 인기가 높다.

사진 2   인간형 로봇 페퍼

인간형 로봇 페퍼는 일본 소프트뱅크가 2012년 2월에 인수한 알데바란 로보틱스(Aldebaran Robotics)와 함께 개발한 로봇으로 2014년 6월에 공개되었다.

큐빅은 또 다른 형태의 로봇이다. 영화 〈그녀Her〉의 사만다를 꿈꾸는 소셜 로봇이다. 네모난 큐빅 모양이 친근하다. 약 7m 이상 떨어진 거리에서도 음성을 인식할 수 있는 것이 특징이다. '파워 배지'라는 소형 마이크가 이 기능을 담당한다. 지보는 이미지와 음성 인식 기술 모두를 가지고 있지만 큐빅은 음성 인식만 되는 로봇 모델이다.

이모스파크도 지보와 비슷한 유형의 로봇 비서다. 이모쉐이프 EmoShape가 자체 개발한 이미지 인식 기반의 감정프로파일그래프EPG, Emotion Profile Graph기술로 사람들의 기분과 감정을 스스로 인식한다. 이를 통해 음악을 추천해주기도 하고 적절한 인사말을 건네기도 한다. 사람과의 대화를 학습해서 다양한 맥락의 대화를 하는 소셜 로봇이다.

2025년의 어느 날

내 아들이 고등학교 3학년이 되었다. 어제도 과외교사 선생님께 어려운 수학 문제에 대하여 밤새 도움을 받았다. 선생님 덕에 중간고사를 아주 잘 보았단다. 과외교사는 늘 바빠서 그런지 직접 집으로 온 것을 본 적은 없다. 그래서 나는 선생님 얼굴을 모른다. 아들은 선생님과 인터넷 문답으로만 교습을 한다. 선생님은 휴가도 안 가고, 밤잠도 없는지, 언제나 답을 잘해준다. 그런 열정이 있는 분이니 늘 고마울 따름이다.

아들은 인터넷 덕에 언제 어디서든지 선생님과 소통하는 것이 전혀 문제가 되지 않는다고 한다. 불만은커녕, 언제 어디서든지 질문하면 즉각 답을 알려주어 오히려 좋다고 한다. 과외 선생님을 만나러 학원에 갈 필요도 없고, 말을 잘 못 알아듣는다고 핀잔을 들을 필요도 없어 아들은 좋아한다.

내일은 아들의 논술과목 기말고사 날이다. 제일 어려워하는 철학에 관한 문제가 나온단다. 아들은 여느 때와 같이, 자신이 궁금해하는 철학 논술 질문을 과외 선생님에게 퍼부었다. 그런데 갑자기 아무 연락이 없단다.

"웬일이지? 이렇게 답이 늦은 적이 없는데…."

아들의 혼잣말이다.

'띵동!'

갑자기 아들 스마트폰 위로 문자 하나가 떴다.

'죄송합니다. 인공지능 선생님을 현재 업그레이드 중입니다. 나중에 질문해주세요. 감사합니다!'

과외 선생님이 업그레이드된다고? 아니 그럼 여태 아들을 가르치던 선생님이 사람이 아니었어?

놀랄 틈도 없이 잠시 후 다시 '띵동!' 소리가 난다.

'인공지능 과외 선생님이 2025년 3월 1일 오후 11시 55분에 업그레이드되었습니다.'

지금까지 소개한 일화는 현재 우리가 경험하는 실제 일이기도 하지만 일부는 아직 상상 속의 일이다. 그러나 이런 일이 실현 불가능한 공상은 아니다. 조만간 실현될 풍경이다.

피터 세멜핵Peter Semmelhack은 "소셜 머신은 소셜네트워크 세계다. 이 세계에 참여하는 것은 인간뿐 아니라, 인터넷에 연결된 전기 제품들, 기계나 온갖 기묘한 기기들도 포함하고 있다"[3]라고 말한 바 있다. 소셜 머신 시대는 기계들이 연결되어 사람들에게 반응하는 시대이다. 인간에게 소셜 머신은 친한 친구처럼 다가온다. 그러나 최근 에릭 브린욜프슨

---

3 Semmelhack, Peter, 『Social Machines: How to Develop Connected Products That Change Customers' Lives』, 2013, p. 6.

사진 3 알데바란 로보틱스가 개발한 로봇 나오(NAO)

Erik Brynjolfsson과 앤드루 맥아피Andrew McAfee의 『제2의 기계 시대The Second Machine Age』(2014)에서 등장하는 '제2의 기계'는 인간과 경쟁하는 듯한 불편한 인상을 준다. '제1의 기계'가 인간의 육체적 능력을 대체했다고 한다면, 제2의 기계는 인간의 정신적 능력과 연관된 일을 대체할 수도 있기 때문이다. 그래서 브린욜프슨과 맥아피는 기계와 맞서지 말고 친구가 되라고 조언한다. 이런 조언을 누군가는 불안한 마음으로 바라보며 걱정하고, 또 누군가는 낙관적으로 받아들여 변화를 반기겠지만 적어도 지금부터 기계와 소통하는 연습이 필요하다는 것을 부인할 수 없다.

새로운 시대가 열리고 있다. 우리 가까이에서 진행 중인 이 변화는 우리 삶의 방식을 근본적으로 바꾸게 할 혁명이다. 변화는 생활 영역 만이 아니라 산업현장에서도 빠른 속도로 나타나고 있다. 제4차 산업 혁명이 시작된 것이다.

우리 회사는 소프트웨어 회사입니다

GE가 소프트웨어 회사라고?

124년 역사의 GE를 소프트웨어 회사[4]라고 소개하면 대부분의 사람들은 믿을 수 없다는 표정을 짓는다. 최근의 사물인터넷의 변화에 대한 관심이 덜한 사람일수록 이런 반응이 강하다. 그런 이들은 과장하기 위해 억지로 지어낸 말이 아닌지 못 미더워하기도 한다. 그러나 부연 설명을 하나둘씩 찬찬히 하면 이들의 표정도 바뀌기 시작한다. 조금은 이해했다는 표정을 보인다. 소프트웨어 회사로서의 GE에 대한 이

---

4   실제 GE는 디지털 회사라는 표현을 사용하지만 여기서는 이해하기 쉽도록 소프트웨어 회사라고 표현한다.

야기를 이어갈수록 이해가 놀라움으로 바뀌기도 한다. 아무리 놀란다고 해도 GE가 소프트웨어 회사로 변화하고 있다는 것은 분명한 사실이다. 제프 이멜트Jeff Immelt는 시스코에서 빌 루Bill Ruh를 데려와 이 임무를 맡겼다.

빌 루는 이렇게 말한다.

"GE는 현재 50단계 중 첫 번째 단계에 있습니다. 내 힘으로는 하나 혹은 두 단계까지만 예측할 수 있습니다. 그 이상 앞으로 나아가려면 당신들의 도움이 필요합니다."

이멜트는 최근 주주들에게 보낸 서신에서 GE의 변화를 분명히 하고 있다.

"GE는 소프트웨어분야에서 세계 10위권으로 조만간 진입할 것이며 지금 순항 중입니다"

소프트웨어 사업에 10억 달러를 투자했는데 작년에만 50억 달러를 벌어들였다는 사실이 GE에게 소프트웨어 회사로서의 자신감을 불어넣었다. 이뿐 아니다. GE는 소프트웨어를 통해서 2020년까지 150억 달러, 우리 돈으로 대략 17조 원 정도의 매출을 올릴 것이라고 천명했다.

대부분은 이런 GE의 변화에 대해서 신기해한다. 왜 그럴까? 그 이유를 살펴보면 우리는 다음 세상에 대한 통찰을 배우게 될지 모른다.

'중성자 폭탄 잭Neutron Jack'이란 별명으로 유명한, 이른바 구조조정 전문가 잭 웰치Jack Welch의 뒤를 이어 GE의 선장이 된 이멜트의 행적은 그동안 세상의 큰 주목을 받지 못했다. 워낙 잭 웰치가 매스컴에 자주 등장하고 항상 뉴스를 몰고 다녀서 그랬는지 이멜트는 상대적으로 조용한 경영자로 비추어졌다. 웰치처럼 사람을 가차 없이 자르고 내보내는 일이 없어서 그랬을까? 그러나 세간에 알려진 것 이상으로 이멜트도 분명 준비된 경영자였다.

그는 회사를 인수하거나 매각하는 일에 힘을 쏟았다. 금융 회사인 캐피탈을 팔았을 때 잘나가는 캐피탈을 왜 팔까 하는 의문이 생겼지만 세상의 큰 주목거리가 되지는 못했다. 에너지 회사 몇 개를 사들일 때도 그랬다. 그의 행적은 2011년까지는 적어도 그 정도였다. 그때만 해도 GE는 항공기 엔진을 만드는 전문 기업, 에너지 관련 기업, 의료기기의 선두 기업 정도로 인식되는 것이 전부였다. 그런데 그가 최근 주목을 받을 만한 일을 하나 벌였다. 에디슨의 흔적이 남아 있는 가전제품 사업부문을 팔았다.

"뭐? 냉장고, 세탁기 만드는 사업부문을 팔아? 그것도 중국회사에?"

가전부문이 중국에 넘어간다는 소식에 세상은 놀라서 반응했다. 이런 세상의 반응에는 관심이 없다는 듯, 2016년 1월 가전부문을 중국의 하이얼Haier에 넘긴 제프 이멜트는 한국을 찾아서는 태연히 말했다.

"우리 GE는 이제부터 소프트웨어 회사입니다."

이멜트 회장은 놀란 청중을 향해 한마디 더 보태었다.

"변화에 빠르게 순응하십시오. 우리처럼"

GE는 지금 그들이 영위했던 하드웨어 중심의 기업에서 디지털 솔루션을 파는 회사로 변신하고 있다. 그 중심에 세상을 뜨겁게 달구는 산업용 사물인터넷이 있다. 이 일에 얼마나 몰두하는지, 산업용 사물인터넷을 말하지 않고는 도저히 설명할 수 없는 단계에 이르렀다. 왜 GE는 산업용 사물인터넷에 회사의 미래를 걸고 있을까?

세상이 사물인터넷으로 뜨거워질 조짐을 보이자 GE는 조용히 산업용 사물인터넷을 준비해왔다. 산업분야에서 이용될 사물인터넷 시장 주도권을 선점하는 계획을 세운 것이다. 이런 일을 위해서 GE는 단독 활동보다는 외부와의 협력이 필요하다는 것을 깨닫게 되었다. 이런 판단하에서 2014년 3월 AT&T, 시스코, IBM, 인텔Intel과 함께 비영리 글로벌 단체인 '산업용 인터넷 컨소시엄IIC, Industrial Internet Consortium'을 세운다. 다섯 개 글로벌 대기업들이 컨소시엄을 시작한 지, 2년이 지난 지금 이 조직에 가입한 기업과 기관의 수는 250개를 넘어섰다. 세계적인 기업과 굵직한 임무를 수행하는 연구기관이 참여했다. 이를 보면 이 컨소시엄의 위상이 얼마나 대단한지 짐작할 수 있다.

GE가 변화를 꾀한 데는 분명한 이유가 있다. 잘 알려진 바와 같이 그들은 항공기용 엔진을 제작한다. 한 대당 200~300억 원인 엔진이다. 그런데 어느 날 이들은 엔진을 팔기보다 엔진을 빌려주는 비즈니스 모델을 채택하겠다고 선언했다. 흔히 말하는, 리스Lease라는 개념을 적용한 것이다. 엔진의 유지보수maintenance 및 관리를 GE가 대신 해주겠다고 했다. GE는 이를 통해 생겨나는 지속적인 수익을 염두에 둔 것이다. 엔진을 사용해야 하는 항공사나 항공기 제조사도 계산기를 두드려보니 나쁠 것이 없었다. 엔진을 구입하면서 한 번에 목돈을 내지 않아서 좋을 뿐만 아니라 엔진 유지·관리의 부담을 덜 수 있기 때문이다. 항공기에서 제일 중요한 엔진은 항공사가 아무리 많은 투자를 해도, 모니터링하고 고치고 관리하기는 어렵다. 이런 어려움을 GE가 도맡아 처리해준다니 이를 좋아하지 않을 고객이 없었다. 결과적으로 엔진을 파는 이에게나 사용하는 이에게나 모두 도움이 되는 원원Win-Win 모델이 등장한 셈이다.

사실 GE 입장에서 가장 큰 문제는 엔진의 잠재적 리스크다. 자칫 엔진에 문제가 생겨 날아가던 비행기가 엔진 때문에 사고라도 생기게 되면 GE가 사고의 모든 책임을 져야 하는 큰 위험이 도사리고 있기 때문이다. 그래서 GE는 운용되는 엔진의 모든 요소를 제대로 꿰뚫고 있어야만 했다. 엔진의 사용 현황, 사용 형태, 사용상의 효율, 부품의 수명 또는 마모, 고장이 일어날 개연성에 대한 분석 등 엔진에 관련된 모든 것을 시시각각 체크하여 거의 완벽에 가깝게 엔진 및 부품을 관리해야만 했다. 이를 위해서는 특별한 기술이 필요하다. 그래서 동원된 것이 바로 사물인터넷 기술이다.

GE는 전 세계 항공기에 달려 있는 자신들의 엔진에 수많은 센서를 붙여놓고 실시간으로 데이터를 수집한다. 이렇게 전송되는 어마어마한 숫자의 데이터, 소위 빅데이터를 정밀하게 분석하고 처리하는 기술을 그동안 연구하고 충분히 개발하였다. 이런 과정을 통해서 이미 항공기 연착 문제를 상당 부분 해결했다. 항공기 엔진 상태에 대한 정보를 활용하게 되면서 GE는 미국 내 항공기의 연착 문제 1천여 건을 예방할 수 있었다. 이는 엔진의 문제뿐 아니라 항공기의 상태를 실시간으로 모니터링하고 분석함으로써 얻은 성과 중 하나이다.

실제 이런 분석의 첫 번째 중요한 임무는 비행기 엔진에 대한 사전 유지 및 보수 서비스의 시점을 찾아내는 일이다. 엔진에 관한 폭넓은 사용 경험과 보수 경험 등 각종 관련 데이터는 다음 엔진 개발에도 직접적인 영향을 미친다. GE는 차세대 엔진의 성능을 대폭 개선하기 위해 수집된 정보를 총체적으로 활용했다. 이런 노력을 통해서 엔진 연비가 개선되고 엔진이 갑작스럽게 고장 나는 일이 예방됐다. 연비의 예를 보자. 엔진의 연비 효율을 1%만 높여도 항공사 전체로 봤을 때는 약 30억 달러(약 3조3천억 원)의 이익이 늘어난다고 한다. 간단히 연비 개선만으로도 이런 이익이 항공기를 운영하는 회사에게 돌아간다고 보면 고객인 항공사 입장에서도 GE에게 주는 엔진 관리 비용은 결코 비싼 게 아닌 셈이다. 고객은 만족했다. GE의 전략은 큰 성공을 거둔 것이다.

GE는 이런 비즈니스 모델을 자사의 엔진사업에서 확인한 이후 다른 분야에도 차례차례 적용하기 시작했다. 에너지사업과 플랜트사업에도 동일한 방법들이 적용되었다. 아무리 뛰어난 사람들을 고용한다고 하여도 사람의 힘만으로 전 세계에 넓게 펼쳐진 송유관과 정유 공장의 플랜트와 같은 거대한 설비의 이상 유무를 완벽하게 감지할 수는 없다. 그래서 동원된 것이 똑똑한 센서다. 설비 기기마다 부착된 센서는 24시간 내내 위치, 온도, 압력 등의 데이터를 클라우드에 전송한다. 실제 설비의 작동 상태, 작동 이력, 이상 유무, 유지보수 등 많은 정보들이 클라우드에 쌓인다. 데이터는 GE가 개발한 다양한 소프트웨어들에 의해 분석된다.

설비의 모든 정보와 데이터가 쌓인 클라우드에는 또 하나의 설비가 들어 있는 셈이다. 이름하여 디지털 트윈Digital Twin[5]이다. 지금 GE는 디지털 트윈에 강한 자신감을 드러내고 있다. 킬러 앱Killer Application[6]으로 기대를 받고 있다. 디지털 트윈은 실제 설비와 연결 및 통합되어 운용 상태, 유지보수를 위한 부품 상태, 효율성 등 많은 정보를 수집하고 분석한다. 이것으로 기계와 설비 등 고객이 보유한 자산을 더 잘 사용하도록 돕는다. 예컨대 결함이 생겨 기계의 작동이 멈추면 고객사는 큰 손해를 감수해야 한다. 그렇기에 사전 예방조치는 고객에게 엄청난 메리트를 가져다준다. 일반적인 보수 활동과 다른, 방대한 데이터와 체계적인 분석에 기반을 둔 이 예지적 능력을 갖추는 것은 쉬운 일이 아니다. 이것 자체가 차별화된 품질이다. 여기서 새로운 비즈니스 모델이 만들어진다. 돈벌이가 되는 것이다.

GE가 소프트웨어 회사로의 변신을 선언한 것은 바로 이와 같은 배

4차 산업혁명 어떻게 시작할 것인가

---

5 실제 사물과 똑같이 가상공간에 디지털화된 쌍둥이 사물을 의미한다. 디지털 트윈은 사물 안에 설치된 센서를 통해서 데이터를 수집하는데, 이를 기반으로 실시간 상황 및 작업 상태 등을 보여준다. 자세한 내용은 GE코리아의 디지털 트윈 소개 영상 참고(https://youtu.be/NLg5vgHFNDM).

6 시장에 출시되자마자 기존의 경쟁 제품을 몰아내고 시장을 새롭게 재편할 만큼 큰 인기를 누리면서 높은 수익을 올리는 상품이나 서비스를 의미한다.

경에서였다. 일반적인 소프트웨어 기업으로 변신하겠다는 것이 아니다. 제조에 기반을 둔 비즈니스 모델을 완전히 새로운 차원으로 업그레이드하겠다는 의미다. 즉 소프트웨어 비즈니스의 동반 성장을 겨냥한, 기존 비즈니스 모델의 강화인 셈이다. 이렇게 해서 GE는 하드웨어인 기계와 분석 기술Analytics 및 운영체제 모두를 동시에 지닌 유일무이한 기업이 되었다.

소프트웨어 역량을 갖추기 위한 GE의 보폭은 한층 더 넓어졌다. 2011년 소프트웨어 연구소를 설립하고 전 세계에서 유능한 소프트웨어 전문가들을 불러 모으기 시작하였다. 무려 1만여 명이 개발자로 모여들었다. 그렇게 준비하여 탄생한 것이 클라우드 기반의 프레딕스Predix라는 이름의 플랫폼이다. 2015년부터 산업 인터넷 플랫폼인 프레딕스를 시장에 선보였는데 이미 적지 않은 성과를 보이고 있다. 이미 2015년에 소프트웨어와 분석 기술로 50억 달러(약 6조 원)의 매출을 기록했다.

또 다양한 산업분야에서 기계 및 설비 50만여 대에 대한 디지털 트윈을 만들고 있다. 디지털 트윈은 물리적인 공장과 설비에 디지털 기술을 응용하여, 가상공간에 현실 세상에서 보이는 공장과 설비를 구축한다는 이야기인데 이는 물리적인 자산 못지않은 중요한 가치를 지닌다. 디지털 트윈을 보유하게 되면 현실 세상에서 비용이 많이 드는 일에 대한 시나리오를 실험하고 평가할 수 있다. 현실에서는 엄청난 비용이 드는 일이지만 가상 디지털 세상에서는 이런 일의 수행에 아주 적은 비용이 드니 큰 부담 없이 이전보다 더 나은 의사결정을 하게 되는 셈이다. 그래서 이에 대한 기업의 관심이 점점 높아지는 것이다.

디지털 트윈을 보유한 기업이 빅데이터의 수집능력과 인공지능의 분석능력을 보태어 활용을 하게 되면 또 다른 수준의 가치를 창출할 수 있다. 사람이 일일이 개입하지 않아도 현장의 실제 데이터를 분석하고 실시간으로 예측하는 일을 기계가 할 수 있게 된다. 인간은 이런 결과들을 즉각 활용하거나 의사결정에 적용할 수 있다. 그래서 디지털 트윈의 가치가 높게 평가되는 것이다.

GE는 이런 가치를 시장에 선보일 목적으로 프레딕스를 개발했다. 이미 2016년 말까지 20만 건의 산업 자산을 관리할 것이라고 한다. 디지털 트윈을 만들어 관리한다는 의미이다. 이런 일을 지속적으로 강화하기 위해서 1만 명의 전문가도 부족해서 개발자 수를 2만 명으로 늘린다고 한다. 앞으로 수백 개의 앱을 개발할 계획도 가지고 있다고 한다. 마치 구글의 안드로이드Android 또는 애플의 iOS 기반에서 수백 수천 개의 앱이 개발되는 것과 같은 원리다. 지금은 몇백 개 수준이지만 앞으로 프레딕스라는 플랫폼 위에서 작동될 앱의 숫자가 폭발적으로 증가할 것이다. 이런 목적으로 프레딕스는 개방형 서비스 플랫폼으로서 2016년 2월에 전 세계 개발자들에게도 공개되었다. GE의 전략은 프레딕스를 오픈혁신 플랫폼Open Innovation Platform으로 제공해서 어떤 기업이든 이 위에서 산업용 사물인터넷을 운영하게끔 만드는 것이다.

프레딕스를 키우기 위한 GE의 발걸음은 점점 빨라지고 있다. GE의 전략 중 하나는 글로벌 기업과의 파트너십을 강화하는 것이다. 이미 인텔, 시스코, 인포시스Infosys, 차이나텔레콤China Telecommunications, 소프트뱅크 등과 다양한 협력을 추구하거나 영향력을 확대해나가면서 프레딕스를 기초로 한 글로벌 생태계 구축에 박차를 가하고 있다.

GE가 제4차 산업혁명 시대에 대응하기 위해 하드웨어 제조 회사에서 기계, 분석, 운영체제를 모두 보유한 회사로 변신하는 모습과 그것의 속사정을 이해하려는 수많은 집단과 전문가의 노력은 현재진행형이다. 아직도 진행 중인 이러한 분석과 평가는 훗날에 더욱 객관적으로 정리될 것이다. 하지만 적어도 GE의 변신의 배경에는 변화하지 않으면 124년의 역사를 가진 기업이라도 한순간에 무너질지 모른다는 생각이 있다고 추측된다. 이런 판단을 바탕으로 GE는 2020년까지 세계 10대 소프트웨어 회사가 된다는 계획을 세웠다. 이 일의 성공 여부는 좀 더 두고 볼 일이다. 이미 경쟁관계에 있는 기업들도 뒤질세라 자신들만의 솔루션을 만드는 일에 착수하거나 관련된 신제품을 이미 만들어 경쟁에 나섰기 때문이다. 지멘스, 보쉬, 로크웰 오토메이션, SAP 그리고 가장 최근에는 HPHewlett-Packard Company까지 이 시장에 뛰어든 상황이다.

독일 기업들은 왜 변신 중인가?

독일의 지멘스는 GE보다 먼저 전략 변화의 필요성에 눈을 떴다. 그래서 전통적인 하드웨어 중심 사업으로 잘나가던 이 회사는 어느 날 다소 파격적인 결정을 했다. 시장에 매물로 나온 소프트웨어 회사 하나를 인수한 것이다. UGS란 이름의 미국 회사였다. 엔지니어링 업무를 지원하는 솔루션분야의 강자였다. 처음에는 이런 결정의 배경을 알 수 없었으나 지멘스는 향후 전 세계 수많은 기업들의 잠재적인 디지털 수요를 보고 이런 일을 한 것으로 알려졌다. 여기에는 그뿐만 아니라 이보다 더 큰 비전이 숨어 있었다. 지멘스가 하드웨어와 디지털 솔루션을 모두 보유한 디지털 엔터프라이즈 솔루션 공급 업체가 된다는 비전 말이다.

이 같은 신속한 인수합병M&A를 통해 지멘스는 현재 제4차 산업혁명의 중심에 서 있다. 기업들은 너나 할 것 없이 제품이나 기업이 보유한 다양한 제조 자산, 즉 설비나 공장을 디지털화 해야 하는데, 지멘스의 PLM Product Lifecycle Management, 제품 수명 주기 관리 7 솔루션이 이런 일을 도울 수 있게 되었다. 한 손으로는 설비를 공급하고, 다른 한 손으로는 디지털 솔루션을 공급하는 것이다. 지멘스는 하드웨어 기업들을 디지털 기업으로 바꾸는 일에 최선봉으로 나서고 있다.

UGS 인수 이후 지멘스는 자신들의 제품 개발 프로세스 및 제조현장에 이 기술을 먼저 적용하였다. 이렇게 추진하면서 얻게 된 모든 지식과 경험은 소프트웨어의 가치를 높이는 데 반영되었다. 성공 사례가 늘

---

7 제품 설계부터 시작해 최종 생산에 이르는 전체 과정을 체계적으로 관리함으로써 제품의 부가가치를 높이는 동시에 원가를 줄이는 생산 프로세스다.

어날수록 소프트웨어는 더 잘 팔려나갔다. 수많은 자동차 회사가 먼저 지멘스의 소프트웨어에 맞춰 자사의 제품을 바꾸기 시작하였다.

디지털화가 잘된 지멘스 공장의 성과가 외부로 알려질수록 이를 눈으로 직접 확인하고자 하는 줄이 이어졌다. 기업의 경영자, 국가의 수반도 이들 공장을 찾곤 했다. 한국 대통령도 이 줄에 섰다. 특히 독일 암베르크 지멘스 공장의 인기가 높았다. 1천100명의 직원을 보유한 이 공장은 디지털화가 잘된 공장으로 평가받고 있다. 부품 단위에서는 종종 식스시그마Six Sigma[8] 수준의 품질을 이야기하지만 완제품 단계에서 식스시그마 수준의 품질을 언급하는 것은 쉽지 않다. 그런데 이 공장은 완제품 상태에서도 식스시그마 수준이 쏟아져나온다. 또한 재고 없이 주문 후 24시간 이내에 납품되는 프로세스를 실현하고 있다. 이는 주문부터 제조 및 납품의 프로세스가 얼마나 유기적으로 작동되는지 보여주는 예이다. 이것을 눈으로 직접 보려고 많은 사람들이 독일 암베르크로 몰리는 것이다.

이런 일을 하면서 얻게 된 경험과 지식을 모아 지멘스는 마인드스피어MindShpere 라는 클라우드 기반의 산업인터넷 플랫폼을 개발하였다. GE와 유사하게 예지적 보수, 에너지 데이터 관리, 자원 최적화를 슬로건으

---

8 모토로라(Motorola)의 품질 향상 노력의 결과로 탄생한 식스시그마는 20년 이상 지속, 발전해 오면서 경영혁신의 중심으로 자리매김했다. 이러한 식스시그마는 통계적 접근을 기초로 기업이 최고의 품질 수준을 달성할 수 있도록 유도하며, 고객 관련 데이터에 기반을 둔 경영혁신 방법론으로 정의할 수 있다.

로 한 서비스에 나선 것이다. 현재 베타 버전이 출시되어 있다. 독일의 또 다른 전통적 굴뚝 기업 보쉬의 변신 또한 주목할 필요가 있다. 초일류 전자 회사이자, 자동차 부품 전문 기업 보쉬의 대표가 독일 인더스트리 4.0 활동을 이끄는 모임의 회장이란 사실은 잘 알려져 있지 않다.

보쉬의 인더스트리4.0 솔루션 개발은 2013년경부터 시작되었다. 이들이 표방하는 것은 커넥티드 인더스트리Connected Industry이다. 이들도 처음에는 사용자의 입장에서 출발했다. 먼저 250여 개 자신들의 공장에 자체 개발한 솔루션을 적용했다. 그 다음에 관계 기업 100여 개에 이 솔루션을 적용하여 적지 않은 성과를 이뤄냈다. 이들 솔루션의 역할은 공장 내부기기들 간의 연결, 그리고 더 나아가서 공장들 간의 연결이다.

디지털화 및 지능화란 개념을 도입하면서도, 보쉬는 늘 사람이 중요하다는 입장을 견지한다. 작업자가 편하고 안전하게 일하는 데 필요한 기술을 개발하거나 이를 추진할 솔루션을 만들었다. 이런 일 대부분은 기계와 디지털기기의 연결 등을 통해서 성취되고 있다. 작업자와 기계 또는 기구들은 RFIDRadio Frequency Identification로 연결되었다. 또 사람을 돕기 위해 스마트 글라스Smart Glass가 도입되었다. 또 작업의 완전성을 확보하는 시스템도 개발되었다. 어떤 부품이든 볼트나 너트로 조이고 나면 확인 과정을 거쳐야 하는데 시스템적으로 확인이 되도록 돕는 것이다. 또 스스로 여건에 맞추어 응답되는 스마트응답 시스템Smart Adaptive Systems도 개발되었다. 이외에도 작업자를 돕는 다양한 시스템이 개발되거나 적용되었다.

　이런 혁신을 통해 보쉬는 대단한 일을 성취하였다. 우선 한 라인에서 다양한 제품을 만들어내기 시작하였다. 그런데 재고는 줄어들었다. 사전 준비 작업 시간도 줄어들었다. 그러니 당연히 생산량은 증가했다. 모든 제조 기업이 원하는 다품종 소량생산, 재고 감소, 생산성 증대를 성취한 것이다. 이제 보쉬는 이런 경험을 원하는 이들에게 솔루션으로 공급하려 한다. 사용자로서 확인하고 경험하고 보완한 결과를 외부의 기업에게 공급하려는 것이다. 전통적인 하드웨어 기업이 스마트 팩토리 솔루션 공급 기업으로 변신하는 과정이다. 보쉬는 이를 이중 전략Dual Strategy이라 부르고 있다.

로크웰 오토메이션과 시스코는 왜 손을 잡았을까?

　로크웰 오토메이션은 다른 회사와 손을 잡고, 공동으로 변화에 대응하고 있다. 미국에 본사를 둔 글로벌 기업 로크웰 오토메이션은 1903년 브래들리Lynde Bradley와 알렌Stanton Allen이 설립한 113년 역사의 하드웨어 제조 기업이다. 주로 자동화 제어와 관련된 하드웨어를 만들었다. 이런 전통적인 기업이 네트워크 장비 기업 시스코와 전략적인 파트너십을 맺으면서 변신하기 시작했다. 이른바 커넥티드 엔터프라이즈Connected Enterprise라는 솔루션을 공급하는 기업으로 탈바꿈하고 있다. 이 회사가 제공하는 솔루션은 공장 구석구석의 제어, 데이터 연결 및 통합, 데이터 송수신 그리고 생산관리와 관련된 하드웨어, 소프트웨어 등을 공급한다. 또 이와 관련된 애니메이션 기반의 디지털 시뮬레이션 Digital Simulation 솔루션이나, MES Manufacturing Execution System 등도 공급한다. 하드웨어 전문 기업에서 디지털 제조 솔루션 전문 기업으로 거듭나고 있는 셈이다.

로크웰 오토메이션과 협력을 하면서 시스코는 별도의 파트너십 또는 인수합병을 추진하고 있다. 시스코의 최근 인수합병 소식은 주목받을 만하다. 이들이 인수한 회사는 야스퍼Jasper란 신생 기업인데, 자동차와 로봇 관련 사물인터넷의 강자로 평가받았다. 시스코는 야스퍼를 약 14억 달러(1조7천억 원)에 인수합병하면서 사물인터넷 경쟁 대열에 합류하였다.

2005년에 설립된 야스퍼는 클라우드 기반 시장에서 다른 경쟁사들보다 월등히 앞선 경쟁력을 갖고 있다. 이 회사가 시스코에 인수되면서 더 큰 활약을 하게 된 셈이다. 야스퍼는 주로 사물인터넷 서비스에 집중할 것으로 예상된다. 이미 사물인터넷 수명주기란 개념을 홍보하고 있는데 사물인터넷을 서비스하게 되면서 나타나는 자동화, 실시간 가시성, 인사이트의 발굴, 서비스 원가관리 등을 집중적으로 지원하면서 사업을 확대할 것으로 보인다. 시스코는 야스퍼 인수를 통해 제조업분야 사물인터넷 시장에 본격적으로 뛰어들었다.

플랫폼 전쟁

여기서 예를 든 기업들이 공통으로 노리는 것은 플랫폼 선점이다. 선점한 플랫폼을 통하여 고객이나 서비스 제공자들의 가치를 높이려는 것이다. 가치가 높아질수록 더 많은 이용자가 몰리는 선순환 구조가 형성된다. 이는 아이폰의 아이튠즈iTunes에서 입증된 바 있다. 한번 아이폰의 사용자가 되고 나면 아이튠즈 플랫폼을 떠나기 매우 힘들다. 아이튠즈 플랫폼이 매력적이고 그 위에서 누리던 수많은 가치를 포기하기 어렵기 때문이다.

새로 벌어지는 플랫폼 선점 전쟁을 이해하기 위해서는 이미 발생한 과거 사례를 살펴보는 것이 도움이 된다. 알려진 대로 스마트폰의 운영 체제는 이미 애플의 iOS와 구글의 안드로이드로 양분되어 있다. 애플은 자신들이 강력하게 관리하는 소프트웨어, 하드웨어, 앱, 생태계를 유지하고 있다. 여기에 대항해서 구글도 오픈 하드웨어, 소프트웨어, 앱 생태계를 추구하고 있다. 양분된 틈새에 마이크로소프트와 삼성전자가 뛰어들었지만 이들의 영향력은 미미하다. 결과적으로 스마트폰의 생태계는 이미 애플과 구글의 플랫폼으로 나뉘어 있으며, 다른 플레이어들은 이 양대 플랫폼 위에서 얼마나 잘 활동하느냐에 기업의 성공 여부를 걸고 있는 상황이다. 이처럼 선점된 플랫폼은 시장을 선도한다.

이제 플랫폼 전쟁은 산업용 사물인터넷으로 옮겨가고 있다. 누가 플랫폼을 선점하느냐에 따라 판세는 달라질 것이다. 아직은 누가 선두인지 알 수 없을 정도로 경쟁이 치열하다. 벌써 GE, 지멘스, 시스코, SAP,

IBM, 보쉬 등이 플랫폼 선점을 두고 각축을 벌이고 있다.

더 많은 파트너들을 규합하여 글로벌 생태계를 주도하는 모습이 여기저기서 보인다. 2016년 하반기에 SAP는 플래트원PLAT.ONE이란 기업을 인수하면서 사물인터넷 시장 참여의 의지를 보이고 있다. 이미 20만 개 이상의 설비를 연결하고 있는 플래트원의 자산은 엔터프라이즈급 사물인터넷 시장을 겨냥하고 있다. 이는 SAP가 보유한 SAP HANA와 같은 강력한 분석능력과 시너지를 내면서 시장의 요구에 부응하게 될 것이다. 산업용 사물인터넷이 강력한 분석 솔루션과 만나서 이뤄낼 가치가 벌써부터 주목을 받고 있다.

전통 기업들의 이유 있는 변신

제4차 산업혁명은 기업들이 보유한 제품, 서비스 그리고 제조 기반을 디지털화하고, 연결화하고, 스마트화하는 것이라고 간략히 말할 수 있다. GE, 지멘스, 로크웰 오토메이션과 같은 기업은 제조업을 기반으로 제4차 산업혁명의 선도적 위치를 차지하기 위해 달려가는 대표적 기업이다. 이들 모두는 지난 세월 동안 쌓은 경쟁력과 명성에 안주하지 않는 특징을 보인다. 스스로 디지털 기업, 소프트웨어 기업 또는 솔루션 기업으로 명칭을 바꾸면서 빠르고 혁신적으로 비즈니스 모델을 바꿔가고 있다. 한국 기업들의 입장에서 변신은 참으로 고통스럽고 힘든 과정이겠지만 이런 외국 기업들의 변화 모습을 참고하면서 벤치마킹하거나 또 다른 차원의 변화를 꾀해야 한다.

그 변화의 방향은 디지털, 연결, 스마트로 향해 있다. 이제 기업들은 이 세 가지 요소의 의미가 무엇인지 하나씩 이해하고 자신들의 여건이나 상황에 맞도록 편집해야 할 시점에 와 있다.

지금까지 GE나 지멘스 등 몇몇 큰 기업의 사례들만 거론하였지만, 이런 흐름은 전 세계 산업현장 곳곳에서 이미 진행되고 있다. 전통 산업분야에서 활약하던 ABB, 훼스토FESTO, 후지츠Fujitsu, 미쓰비시Mitsubishi 등은 물론이며, 상대적으로 짧은 기업의 역사에도 불구하고 중국의 화웨이Huawei 등과 같은 기업들이 제4차 산업혁명 대열에 이미 들어섰거나 들어설 채비를 하고 있다.

다행히 한국에서도 이런 활동을 하는 기업들을 발견할 수 있다. 전통적인 공구 및 설비 제조 기업인 두산공작기계나 화천기계 등이 그 예다. 두산공작기계는 공장 운영과 관련된 실시간 모니터링 시스템을 심토스SIMTOS, Seoul International Manufacturing Technology Show 2016년 행사를 통해 선보인 바가 있는데, 이 행사를 통해 아이두 컨트롤idoo control 솔루션을 공개했다. 모니터를 통해 원거리에서도 실시간으로 공장의 운영을 지켜볼 수 있는 시스템이 공작기계를 만드는 기업의 손에서 나오는 것이다.

이는 소프트웨어 개발 관점에서 중요한 의미를 지닌다. 지금까지는 이런 일이 소프트웨어 전문 기업들의 전유물로 여겨졌다. 소프트웨어 전문 기업들은 하나의 공통 플랫폼을 만들어 모든 산업과 다양한 기업, 가능하면 모든 제품에 적용되길 바라면서 제품 개발을 하고 있다. 이는 당연한 욕구다. 그러나 실제 소프트웨어 기업들은 이런 과정에서 시장의 요구 및 상황을 제대로 이해하지 못하거나 고객의 요구 및 처지를 만족시키는 데 실패하는 경우가 많았다.

예외는 있지만 소프트웨어를 만드는 기업의 전문가들은 산업분야의 특성을 정확하게 이해하지 못하고 있다. 이들 기업에 속한 전문가의 능력과 관심은 소프트웨어 관련 기술 및 프로그래밍에 집중되어 있고, 정작 그들의 고객인 산업현장의 구체적 상황을 피부로 느낄 기회가 거의 없기 때문에 문제가 발생한다. 그래서 그들이 만든 소프트웨어는 종종 고객사 눈으로 보면 어처구니없거나 형편없어 보이는 일까지 있다. 그런 이유로 자주 뜯어고치고 맞춤형으로 다시 요구할 수밖에 없었다. 이런 일은 국내 소프트웨어 관련 기업뿐 아니라 글로벌 기업에서도 자주 나타나는 공통적인 현상이었다.

그런 면에서 전통적 제조 기업으로서 하드웨어를 만드는 기업들이 소프트웨어를 직접 만들고 개발해서 제공하겠다고 시도하는 것은 소프트웨어 시장의 판도가 바뀌고 있음을 의미한다. 이러한 변화는 지멘스와 로크웰 오토메이션 그리고 GE의 사례에서 살펴본 것처럼 추진 모델은 조금씩 달라도 제품을 잘 아는 기업들이 디지털화, 연결화, 그리고 더 나아가 스마트화와 관련된 솔루션을 직접 공급하겠다는 것으로 보아야 한다.

"이제 하드웨어 기술 혁신만으로는 생산성을 올리는 데 한계가 있다.

물리적인 장치에 소프트웨어 기술을 결합하고, 데이터를 분석하는 기술과 융합하여 생산성을 극적으로 향상 시킬 것이다."

제프 이멜트의 이 말은 하드웨어에서의 생산성 향상 한계가 소프트웨어로 극복될 수 있다는 것을 뜻한다. 이로써 얻는 대가는 실로 엄청나다. 하드웨어 제조 기업들에게 소프트웨어는 이전과 비교할 수 없는 매력적인 기회와 이익을 제공한다. 소프트웨어는 재생산의 한계 비용이 거의 제로에 가깝다. 마찬가지로 디지털화된 기업들의 지식, 정보, 경험의 재생산 비용도 제로에 가깝다. 이런 비용으로 만들어진 서비스를 판매하면 이전과 비교할 수 없는 영업이익을 확보하게 된다. 소프트웨어 기업들이 누리던 영업이익 두 자리 숫자가 전통 제조 기업으로 이전되지 못할 이유가 없는 것이다.

혁명은 어떻게 시작되고 준비되었나?

독일, 인더스트리4.0의 포문을 열다

2011년 4월 독일 하노버에 독일 각계각층의 대표 인사들이 모였다. 바로 인더스트리4.0을 세상에 공개하는 순간이었다. 이들은 가상물리시스템, 스마트 팩토리, 제4차 산업혁명 등과 같은 당시로서는 생소한 용어로 말문을 열기 시작했다. 우리가 살아가는 실제 세상 즉, 물리적인 세상이 더 잘 돌아가기 위해서 사이버 세상이 필요하다고 주장했다. 제품을 제조하는 공장에 이 개념이 필요하다는 주장이 봇물처럼 이어졌다.

최근의 조사에 따르면 독일에서는 인더스트리4.0을 모르는 기업이 거의 없다고 한다. 대기업은 말할 것도 없고 중소·중견기업의 95%가 이미 인더스트리4.0의 개념을 안다는 설문 결과가 지난 2016년 9월에 소개된 바 있다. 물론 모든 기업들이 인더스트리4.0과 관련된 프로젝트를 수행하는 것은 아니다. 그러나 중소기업의 절반이 크든 작든 인더스트리4.0과 관련된 활동을 하고 있다. 한국과 달리 독일에서는 제4차 산업혁명과 인더스트리4.0라는 용어가 거의 동일시되어 사용된다. 물론 독일에서도 인더스트리4.0과 제4차 산업혁명이란 용어가 처음부터 각

그림 1 스마트 팩토리를 잉태한 제4차 산업혁명과 인더스트리4.0

광을 받은 것은 아니었다.

각종 매스컴도 처음에는 인더스트리4.0에 대해 시큰둥한 반응을 보였다. 인더스트리4.0의 실체와 추진 방향, 그리고 비전 등이 명확하지 않은 탓일 것이다. 그러나 2014년 즈음 양상이 바뀌었다. 이 시점부터 인용의 빈도가 높아지기 시작하였다. 사용 빈도가 절정에 달한 시기는 2016년 초였던 것으로 보인다. 다보스포럼에서 클라우스 슈밥 교수가 '제4차 산업혁명이 불러올 기회와 불평등의 위기'를 역설한 것이 큰 영향을 끼친 게 아닐까 싶다.

이 일을 계기로 인더스트리4.0로 시작된 제4차 산업혁명은 이제 모든 산업국가는 물론 전 세계의 이목을 사로잡는 일상용어가 되었다.

공짜가 어디 있을까? 준비 기간을 놓치지 마라

독일의 인더스트리4.0 전략에서 놓치기 쉬운 점은 그 준비 기간이다. 많은 보도나 저서들은 2011년 이후의 활동 모습에 초점이 맞추어져 있지만 그 준비 기간은 상세히 다루지 않는다. 첫 논의는 2004년에 시작되었다. 제조업 대표자들과 관련 전문가들 여럿이 모여 미래 지능형 공장에 대한 비전을 그리기 시작했다. 그것이 씨앗이 되어 2005년 6월 독일 카이저슬라테른Kaiserslautern에 'Technology Initiative SmartFactory[KL]' 이란 이름의 소규모 비영리 연구단체가 출범되었다. 이 단체에서 18개 파트너 기업이 모여 세계 최초로 스마트 팩토리 시범 공장을 구현했다.

인더스트리4.0이란 이름이 지어진 곳은 독일인공지능연구소^{DFKI}이다. 1988년에 설립된 이 조직은 초기에 7개 정도의 기업과 연구소의 후원으로 출범했다. 그러나 현재는 전 세계 40여 개 기업과 연구소가 후원하고 참여하는 조직으로 발전했다. 2011년에 인더스트리4.0 프로젝트가 공식적으로 외부에 공개되면서 이 기관의 활동도 외부로 널리 알려지고 있다.

이런 민간 활동과 병행해서 독일 정부는 2006년부터 '하이테크 전략 2020^{High-tech Strategy 2020 for Germany}'이라는 혁신 프로젝트를 추진하였다. 하이테크 전략 2020은 친환경 및 에너지, 헬스케어, 지속가능한 이동 수단, 웹 및 보안 등의 아젠다를 다뤘다. 여기에 2011년경부터 인더스트리4.0이 추가된 것이다. 전체 아젠다 중에서도 새로 추가된 인더스트리4.0이 가장 많은 주목을 받은 것은 흥미롭다. 그 이유가 무엇일까? 독일과 비슷한 도전을 맞고 있는 한국은 사회, 환경, 기술 등의 변화에 대한 독일의 대응 방식에서 시사점을 찾을 수 있다.

2006년 무렵부터 세계 시장은 새로운 변화의 물결로 요동치고 있었다. 불특정 다수를 의미하던 고객은 각각의 개인으로 바뀌었다. 다수는 개인으로 분화되었고, 그에 따라 취향과 니즈도 다양해졌다. 이들은 자신에게 꼭 맞는, 개별화된 제품을 원했다. 경쟁이 치열해지면서 제품 수명주기는 짧아지고, 제조원가 인하 압박 또한 심해지고 있었다. 신흥 산업국가인 중국의 추격은 독일에게 여간 부담되는 것이 아니었다. 실제로 독일은 2009년에 세계 1위 수출국 자리를 중국에 내주게 된다.

독일은 사회 내부적으로도 적지 않은 변화가 있었다. 일본 다음으로 빠른 노령화가 진행되고 있었고 전후 세대의 인력들이 대량으로 은퇴하고 있었다. 능숙한 기능인력이 빠져나가는 반면 대체할 인력은 찾기 쉽지 않았다. 친환경에 대한 관심도 더욱 높아지고 있었다. 에너지 절감과 더불어 친환경 에너지로의 전환을 모색하지 않을 수 없었다.

이처럼 불리한 여건 속에서도 독일은 적지 않은 장점이 있었다. 무려 1,300여 개의 히든 챔피언Hidden Champion[9]을 보유하고 있었다. 산업분야의 빠른 기술 발전 속도도 독일에겐 장점으로 작용했다. 정보통신기술 ICT, Information and Communications Technologies은 물론이고, 사물인터넷, 카본화이버와 같은 신소재, 3D프린팅 혁신제조 방법 등이 가용할 만한 수준으로 무르익은 것이다.

정부의 강력한 리더십도 한몫했다. 새로 집권한 총리 메르켈Angela Merkel은 10년간 일관된 정책을 유지했다. 메르켈 총리는 매년 4월 하노버 산업박람회Hannover Messe에 직접 참여하는 것은 물론 전 세계 주요 국가 지도자들에게 인더스트리4.0을 전파했다.

한국을 비롯한 산업화 국가들은 이런 변화 속에서 시작된 독일 인더스트리4.0의 아젠다와 구체적 추진 활동에 관심을 갖지 않을 수 없게 되었다. 그래서 명칭은 달라도 각 국가들은 저마다 유사한 프로젝트를

---

9 일반적으로 잘 알려져 있지 않지만 각 분야의 세계 시장에서 높은 점유율을 차지하는 강소기업을 가리키는 말이다.

추진 중에 있다. 인더스트리4.0은 이제 글로벌 아젠다가 된 것이다.

2020년은 기술이 인류 역사를 새롭게 쓰는 해

2020년이 불과 4년 남았다. 격동의 세계에서 4년은 긴 시간이 아니다. 그 동안 한국에서는 평창 동계 올림픽이 치러질 것이고 새로운 대통령이 국민에 의해 선출될 것이다. 왠지 모르게 2020년이란 이정표는 상당히 의미가 있게 다가온다.

독일은 오래 전, 2020년을 목표로 하이테크 전략 2020을 발표했다. 대략 15년이란 기간을 두고 잡은 목표와 전략이 이 안에 담겨 있다. 그 내용에는 크게 대여섯 가지의 키워드가 들어 있었다. 에너지, 건강, 정보 보호, 운송 수단 같은 것이다. 즉, 에너지를 적게 사용하고, 더 친환경적인 재생 에너지를 활용하는 것을 담고 있다. 국민의 복리 및 건강을 돌보는 일도 중요한 목표로 설정되어 있다. 웹상에서의 개인의 정보 보호 및 운송 수단의 지속적인 개선 계획도 담겨 있다.

그런데 어느 날 새로운 주제가 한 가지 더해졌다. 인더스트리4.0이 그것이다. 내용인 즉, 제4차 산업혁명의 선도적 지위를 확보한다는 것이다. 인더스트리4.0이 추구할 일들이 10년 만에 모두 끝날 것으로 보이지는 않는다. 2025년 또는 2030년까지 지속될 것이다. 그러나 2020년 정도에 이르면 그간의 인더스트리4.0의 프로젝트 성과가 꽤 많이 세상에 소개될 것으로 보인다.

공교롭게도 일본도 2020년까지 추진할 계획을 많이 잡아놓고 있다. 우선 일본의 '재흥 전략'이 2020년을 목표로 설정되어 있다. 일본에서 올림픽이 열리는 해와 겹치기도 한다. 일본의 목표는 세계최고의 IT국가가 되는 것이다. 이에 더해 2020년에는 로봇 올림픽을 열겠다고 한다. 2020년의 일본은 꽤 떠들썩할 것 같다. '잃어버린 20년'을 회복하고 맞이하는 새로운 10년이 될 것인가, 실패할 것인가? 궁금하지만 상황이 연일 변화하는 일본의 미래를 점치는 것은 쉬운 일이 아니다. 그 중심에 아베의 내각이 있다. 3개의 화살 운운하며 호기롭게 출발한 아베노믹스Abenomics[10]의 미래는 불투명하다. 그래도 일본의 계획은 2020년까지 굳건하다. 일본은 한 걸음 더 나아가 2030년까지의 계획도 가지고 있다. 2030년의 모습은 지금과 다를 것으로 예상한다. 산업구조와 인구구성의 변화에 따른 일자리와 기술의 변화를 반영한 2030년의 모습을 예측하고 계획을 만드는 일로 분주하다.

미국은 일본이나 독일과 같은 계획이 별로 없어 보인다. 정권이 바뀌면 새로운 정부에서 새로운 정책을 쏟아내는 모양새다. 최근의 활동을 살펴보면 오바마Barack Obama 대통령의 2기 정부가 출발한 이후부터 제조업의 부활 및 경쟁력 강화에 초점을 맞춘 정책들이 많이 나오고 있다. AMPAdvanced Manufacturing Partnership, 제조혁신 네트워크NNMI, National

---

10 20년 가까이 일본에 이어져온 디플레이션과 엔고 탈출을 위해 모든 정책과 방법을 동원하겠다는 아베 정권의 정책을 뜻한다.

Network for Manufacturing Innovation, Smart America가 그 예다. 이 중 가장 관심을 끄는 것은 이른바 가상물리 시스템 프로젝트를 주도하는 Smart America이다. 이는 독일 인더스트리4.0의 프로젝트와 유사한 개념이지만, 상대적으로 공공분야에 중점을 더 두고 있다.

산업분야에서는 GE, 로크웰 오토메이션, 시스코, IBM 같은 기업들이 정부보다 더 적극적으로 활약하고 있다. GE는 산업용 인터넷 컨소시엄을 주도적으로 설립하였고 로크웰 오토메이션 등은 '스마트제조 선도기업연합SMLC, Smart Manufacturing Leadership Coalition'을 공동 설립하여 운영 중이다. 이들은 전 세계로 그 활동 범위를 넓혀가고 있다. 예를 들어 GE가 주도하는 산업용 인터넷 컨소시엄은 이미 250개에 이르는 기업과 기관이 참여하고 있다. 전 세계 유력 기업들이 이 컨소시엄에 참여하는 이유는 여기서 표준을 주도적으로 논의하고 영향력을 발휘하기 때문이다. 한국의 기업들도 이 컨소시엄에 참여해야 한다.

최근 산업용 인터넷 컨소시엄은 독일의 인더스트리4.0 플랫폼과 협력을 선포하며 공동 활동에 돌입한 바 있다. 이로써 경쟁관계에 있던 독일의 국가적 프로젝트와 미국의 산업용 인터넷 기업들이 손을 맞잡고 협력하는 모습을 보이고 있다. 이들 두 나라의 협력관계가 앞으로 나타날 제4차 산업혁명의 전개에 중요한 방향키 역할을 할 것 같다.

눈여겨볼 다른 국가는 바로 중국이다. 세계의 공장이 된 중국은 독일 인더스트리4.0을 벤치마킹한 '중국제조 2025'을 선포하고 추진 중이다. 우리가 경제개발 5개년 계획을 바탕으로 선진국에 진입했듯이, 중국도 10년 단위의 제조혁신 계획을 짜고 있다. 중국의 제조업 발전의 목표는 양적인 발전에서 질적인 발전으로 도약하는 것이다. 이를 위해서 다양한 활동 계획을 제시하고 있으며 10년 단위의 청사진을 구축했다. 이 안에는 정보화와 산업의 융합, 품질 브랜드 강화, 제조업 혁신 및 기초 기술 강화, 친환경, 제조 수준 향상, 서비스형 제조의 발전 등이 있다.

개념적 접근방법으로는 디지털화, 인터넷화, 스마트화를 제시하고 있다. 여기서 인터넷화란 연결화를 의미하는 것으로 독일 인더스트리4.0의 개념과 거의 동일하다고 볼 수 있다. 그러나 중국은 여기서 한 걸음 더 나아가 인터넷 플러스Internet Plus[11]라는 개념을 통해 차별화를 모색하고 있다. 인터넷 플러스를 한 단어로 표현한다면 연결이라고 말할 수 있지만, 여기서 말하는 연결은 인더스트리4.0의 스마트 팩토리가 실현하는 연결보다 훨씬 큰 개념이다. 인터넷 플러스는 인터넷을 '인터넷 + 에너지', '인터넷 + 의료', '인터넷 + 교육', '인터넷 + 교통' 등으로 확대하고 응용하는 것이다.

중국에서 독창적인 프로젝트를 민간이 제안하고 정부가 지원하는 것은 놀라운 일이 아닐 수 없다. 이 운동을 처음 제안한 것으로 알려진

---

11 모든 제품과 서비스에 인터넷을 더한다는 뜻으로, 리커창(Li Keqiang) 중국 총리가 2015년 3월 발표한 정부의 액션플랜에서 처음 언급하였다. 모바일 인터넷, 빅데이터, 사물인터넷, 클라우드 컴퓨팅 등을 제조업과 융합시켜 전자 상거래, 인터넷 금융 등의 발전을 이루고 세계 시장에서 중국 기업의 입지를 단단히 하겠다는 전략이다.

중국 인터넷 기업 텐센트Tencent의 마화텅Ma Huateng 회장을 비롯하여 이 운동의 참여자들이 주장하는 인터넷 플러스는 정치와 경제 등 모든 것을 바꾸는 '창조 플랫폼'이다.

혁신의 수용과 확산은 점점 더 빨라진다

지금 전개되는 여러 가지 국가적 프로젝트 또는 기업의 전략적 로드 맵이 5년 단위 또는 10년 단위로 설정되는 데에는 나름대로 이유가 있다고 보여진다. 중국의 산업혁신 로드맵도 10년 주기로 되어 있다. 일본의 경우도 10년 안팎의 기간을 보이고 있다. 독일 역시 인더스트리4.0의 경우 10년 주기로 추진 기간이 맞춰져 있다. 기업 중에서는 GE가 2020년을 목표로 세계 10대 소프트웨어 기업이 될 것을 다짐하고 있다. 이는 그저 우연의 일치일까 아니면 특별한 이유가 있는 것일까?

이론적으로 보면 이런 로드맵은 혁신 제품이 확산될 때 나타나는 인간의 수용 패턴과 관계가 있어 보인다. 비타민 C는 출시된 이래 거의 250년이 지나서 모두에게 확산되었다. 그러나 최근 등장하는 혁신적 제품의 경우에는 인구 50%가 수용하는 기간이 약 10년 정도로 나타난다. 이 혁신의 수용 기간은 꾸준하게 짧아졌다. 50% 인구가 수용하는 데 PC는 20년, 유선방송Cable Service은 15년, 휴대폰은 14년, VCR은 12년, 시디피CD Player는 11년 정도 소요되었다. 그런데 인터넷이 등장하면서부터 수용의 기간이 짧아졌다. 당장 인터넷만 봐도 10년 만에 50%

인구가 사용하기 시작했다.

이제 혁신의 수용 및 확산 기간은 점점 짧아질 것으로 추측된다. 그런 면에서 국가정책은 10년 단위가 선호되는 것으로 볼 수 있다. 반면 몸집이 가볍고 좀 더 적극적으로 혁신을 추진할 수 있는 기업은 이보다 짧은 5년 단위의 목표 설정을 통해 활약하는 것으로 보인다.

왜 다 공개하면서 혁신을 하는가?

공개를 해야 살아남는다

역사적으로 보면 모든 전쟁은 먹고사는 문제 때문에 일어났다. 지금 벌어지는 제4차 산업혁명의 현장에 피가 튀고 뼈가 드러나는 일은 없다. 그러나 분명 누군가에게는 먹고사는 일이 걸려 있다. 그런 면에서 분명 전쟁에 비유될 수 있다. 그런데 지금 독일에서 시작된 제4차 산업혁명 선점이라는 전쟁은 모든 것을 다 공개하면서 추진되고 있다. 독일은 남들 눈에는 분명 경쟁국가로 보이는 이들과도 손을 잡는 모습을 서슴없이 보이고 있다. 왜 그럴까?

독일은 이미 2015년에 인도와 손을 잡았다. 양쪽 국가의 총리들이 서로의 국가를 번갈아 방문하고 협력을 선언하였다. 먼저 인도 총리 모디 Narendra Modi가 독일의 하노버 산업박람회에 직접 참여하였다. 메르켈 총리도 가을 즈음에 답방을 하였다. 그 이후 양국의 협력은 급물살을 탔다.

독일은 2016년에 세계 최고의 강대국 미국을 파트너로 초청했다. 그 이후로 독일 인더스트리4.0에 대해 반응이 없던 미국의 매스컴에 인더스트리4.0이 자주 오르내리기 시작했다. 그리고 미국 대통령 오바마가 독일 총리의 안내를 받으며 하노버 행사장을 찾았다.

지멘스 회장 조 케저Joe Kaeser는 자신들의 회사 부스를 방문한 미국 대통령에게 골프채를 만드는 미국 기업 캘러웨이Callaway를 지멘스가 돕고 있다며 먼저 분위기를 띄웠다.

"저희는 캘러웨이를 돕고 있습니다. 이를 돕는 회사는 미국 텍사스에 있는 저희 독일 회사입니다. 모두 7천 명이 일하고 있습니다."

35만 명의 임직원을 대표한 지멘스 회장 조 케저는 이렇게 오바마에게 자랑하듯 말했다. 오바마는 지멘스가 미국에 진출했다는 점에 감사를 표했다. 독일 기업이 미국을 제대로 돕는다면 더 큰 사례를 보여줄 수도 있었을 터인데 왜 하필이면 골프채 만드는 회사의 예를 들었는지 이해가 되지 않는다. 파트너 국가의 대통령을 모신 자리에서 말이다. 자동차산업이나 의료기기산업에 기여한 것을 이야기 할 수도 있었을 터인데 말이다. 그래서인지 오바마의 얼굴은 그리 유쾌해 보이지 않았다. 그래도 독일로서는 미국에게 마음을 놓으라는 메시지를 전달하고 싶었던 모양이다. 즉, '우리가 하는 일이 실은 경제 전쟁이지만 당신네와는 손을 잡을 것이다' 또는 '미국의 고용에도 도움이 되는 일을 우리가 하고 있으니 걱정 마시라'는 화해의 손짓을 보낸 것이다.

독일이 미국과 손을 잡는 것에는 양측의 다양한 전략적 계산이 깔려 있다. 독일로서는 미국의 움직임과 눈초리가 부담스러운 것이 사실이다. 또 GE와 같은 단일 기업이 추진하고 있는 글로벌 사업용 인터넷 컨소시엄 활동 같은 것도 눈에 거슬리는 것이 사실이었는데 이참에 이들을 우군으로 만드는 전략도 나왔을 것이다. 뒤처질지 모른다는 위기감도 있었을 것이다.

현재 사물인터넷과 클라우드 컴퓨팅을 주도하는 것은 미국 기업들이므로, 독일 기업들은 미국 기업들의 기술에 의지하는 한 언제 어디서든 데이터나 정보가 누출될 가능성이 있다고 염려한다.

독일은 미국보다 산업용 인터넷분야에서 많이 뒤져 있다고 생각하는 것 같다. 독일도 정보통신기술이 뛰어나긴 하지만 사물인터넷, 특히 산업용 사물인터넷은 미국이 앞선다고 보는 것이다. 이는 또 다른 산업국가 일본에서도 비슷하게 느껴지는 분위기이다. 그래서 모두 한결같이 미국을 따라잡는다는 목표를 세우기도 하고 미국과 파트너를 맺는다는 생각을 하고 있는 것으로 보인다. 독일은 꼭 IT라는 키워드에만 집중할 필요 없이 인더스트리4.0을 내세우면서 경쟁관계에 있는 산업용 사물인터넷만 우군으로 잘 활용하면 된다고 보는 것 같다. 독일은 소프트웨어 강화를 위한 포석을 다각도로 마련한 상태이다. 2015년에 인도 수상을 불러, 인도가 갖고 있는 소프트웨어 개발능력을 함께 활용하는 협력관계를 마련한 것이 그것이다. 소프트웨어 파워의 물줄기를 독일 쪽으로 유리하게 돌려놓은 상태이다.

독일의 진짜 속내는 무엇일까? 한국ICT융합네트워크의 김은 부회장의 설명이다.

"인더스트리4.0을 통해 독일은 일석이조를 노린다. 한 가지는 새로운 유형의 설비를 전 세계에 파는 것이다. 새로운 유형의 설비를 자국 내에서 활용해 자동차, 엔지니어링, 전자 등 주력 산업의 경쟁력을 한 단계 더 끌어올리는 것도 또 다른 목적이다. 독일연방경제에너지부^{BMWi}는 제조업의 디지털화에 따라 기존의 제조 시스템은 붕괴할 것으로 본다. 인더스트리4.0의 경제적 파급효과는 긍정적 시나리오 기준으로 독일에서만 2015~2025년 추가 성장 잠재력이 260조~552조5000억원으로 추정된다. 거기에 더해 다음 단계로는 설비에 대한 유지보수 시장에서 추가 매출을 올릴 수 있는 스마트 서비스도 함께 추진 중이다. 현재 독일 내에만 설치된 설비는 약 3000조 원 규모이며, 여기서 발생하는 유지보수 시장은 매년 350조원에 달한다. 전 세계를 대상으로 하면 어마어마한 시장 규모다."[12]

한마디로 독일의 의도는 인더스트리4.0을 통해 전 세계에서 엄청난 규모의 비즈니스 기회를 확보하겠다는 것으로 보아야 한다.

---

12 김은, 「독일 인더스트리4.0의 진짜 의미」, 『매일경제』, 2016년 6월 5일.

독일이 보유한 플랫폼 인더스트리4.0은 사실 국가 단위의 프로젝트 추진 기반이자 개방형 의사소통 시스템으로서, 이를 통해 하나의 표준화된 의사소통과 시스템 인프라 적용이 가능하게 되어 있다. 누구나 조금만 응용하면 쉽게 올라탈 수 있도록 만들어졌다. 이미 설명한 바와 같이 플랫폼이란 더 많은 이들이 올라탈수록 가치가 더 높아지고 강력해진다.

독일은 더 많은 이해 당사자들이 이 플랫폼에 올라타기를 기대하며 참고 모형까지 만들어서 발표하기에 이르렀다. RAMI 4.0이 바로 그것이다. 이는 플랫폼을 어떻게 연결하고 통합하고 관리할 것인지를 잘 보여준다.

독일이 국가적으로 인더스트리4.0 플랫폼, RAMI 4.0을 만들어 추진하고 있다면, 미국은 기업들이 개별적으로 노력 중이다. 이미 설명한 대로, GE는 프레딕스라는 클라우드 기반의 산업 인터넷 플랫폼을 제시했다. 그 메시지를 요약하자면 다음과 같다.

'우리가 운영체제를 만들어 개방했으니, 여러분들이 필요로 하는, 잘 아는 설비나 장치들에 맞는 앱을 마음 놓고 개발하여 사용하세요.'

앱의 수가 많으면 많을수록, 다른 산업들도 쉽게 이용 가능하고, 앱의 품질도 향상된다. 메트칼프의 법칙Metcalfe's law[13]처럼 사용자 수가 많

---

13 네트워크의 규모가 커지면서 그 비용의 증가 규모는 점차 줄어들지만 반대로 네트워크의 가치는 기하급수적으로 증가한다는 법칙이다. 밥 메트칼프(Bob Metcalfe)의 이름에서 유래했다.

으면 많을수록 플랫폼의 가치는 올라가고 사용자는 점점 더 늘어간다. 소프트웨어를 공개하여 많은 지원군과 사용자를 끌어들이는 전략의 효과는 애플, 구글, 페이스북Facebook 등을 통해 확실하게 입증되었다.

연결 표준화를 선점하라

공개적인 전략은 표준화 활동을 뜨겁게 달군다. 독일의 플랫폼 인더스트리4.0과 미국의 산업용 인터넷 컨소시엄이 공개적으로 손을 잡은 가장 근본적인 이유는 데이터를 주고받는 방법에 대한 통신 표준화를 선점하기 위해서다.

〈그림 2〉는 둘의 협력관계를 잘 보여준다. 두 기관이 이번에 잠정 합의한 통신 표준은 OPC UAOPC United Architecture[14]이다. 앞으로 국제표준화기구ISO, International Organization for Standardization 등에서 이를 표준화하면 기계장비 업체들이 통신 기능을 탑재한 장비를 팔기 위해서는 OPC UA를 필수로 설치해야 한다. 이미 최근에 독일 하팅Harting이 공개한 사물인터넷 모듈안의 통신 프로토콜은 OPC UA에 맞추어져 있다고 설명되어 있을 만큼 이런 표준화 활동은 기업들에게 빠르게 받아들여지고 있다.

글로벌 통합 표준이 생기기 이전까지는 기업들이 자체적으로 만든

---

14 OPC에서 개발한 산업용 기계 간 통신 프로토콜을 의미한다.

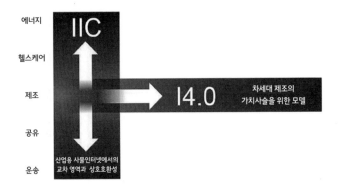

그림 2 산업용 인터넷 컨소시엄과 인더스트리4.0의 협력

통신 시스템 또는 몇 개 기업들이 연합으로 만든 통신 시스템을 탑재
했다. 물론 이런 통신 시스템도 개별적으로 국제표준인증이 되어 있었
지만 이런 통신 시스템 전체를 통합한 표준은 존재하지 않았다. 그러하
기에 기업 입장에서는 지멘스의 제품을 공장에서 사용하고 있었다면
늘 지멘스의 제품을 사용하는 것을 선호하였고, 미국 로크웰 오토메이
션의 제품이나 일본 미쓰비시 설비를 사용하는 것을 주저했다. 호환성
이 떨어지기 때문이었다. 또한 제품의 조건이나 거래 조건이 달라져서
변경을 하고 싶어도 통신 시스템이 다른 제품으로 변경하는 것이 쉽지
않았다. 그래서 '울며 겨자 먹기'로 특정 업체의 제품만을 사용해야 했
다. 일종의 암묵적인 진입장벽이 된 셈이다.

　그러나 기계 간 통합된 글로벌 통신 표준이 확정되면 특정 장비 업
체의 제품만을 사용할 필요가 없게 된다. 호환이 된다면, 어떤 공급사

의 제품을 사용해도 무방하다. 반대로 이 통합 표준을 채택하지 않는 기기공급 업체는 설자리가 좁아지게 되었다. 설비를 공급하는 업체들이 표준화 활동에 적극적으로 협력하고 노력하는 이유다.

그림 3 현재 존재하는 한국 내 산업 이더넷 통신 프로토콜 사례

그런 면에서 현재 진행 중인 표준화 논의의 중심에서 빠진 나라들은 과연 어떻게 대응해야 할까? 일단 일본은 재빠르게 독일과 협력하는 방안을 모색하고 있다. 아베 신조Abe Shinzo 총리가 직접 나서 독일과 협력을 추진하고 있다. 아베는 최근 사물인터넷 성장 전략 마련을 위한 연계강화 공동성명도 발표했다. 우리나라도 현재 산업 이더넷 통신 표준화 작업을 진행 중이다. 위 그림에 보이는 6개 산업 인터넷 통신 프로토콜은 국내 스마트 팩토리용 한국산업규격(KS) 통신 표준으로 2016년 말쯤 확정될 예정이라고 한다. 국내 시장에 공급되는 산업용 인터넷의 종류가 6종인 만큼 향후 국제기구의 표준이 정해짐에 따라 이를 반영한 국내용 표준을 만들 예정이다. 중국도 한국과 비슷하게 국제기구

의 표준화 작업에 주목하고 있다. 한국이나 일본보다 대응이 늦어 다소 밀리는 감이 있지만 규모의 경제를 내세워 표준화 시장에서 반격의 기회를 마련할 것으로 보인다.

이처럼 각 국가들은 자신들의 산업 특성에 맞는 기능을 강조하고 보안 등 유리한 세부 조건을 넣기 위해 온 힘을 기울이고 있다.

연결의 가치를 실현하는 기업들

혁명이 진행될수록 새롭고 다양한 시도가 변화의 틈새를 헤집고 나온다. 지금 새로운 비즈니스 모델이 하얀 종이 위에 새롭게 그려지고 있다.

1차 산업혁명 시기인 1814년, 30t 화물을 실은 8량의 조지 스티븐스 증기기관차 운행이 시작되자 역사가 지어졌다. 역사를 따라 전보 서비스가 생겨났다. 또한 역사를 따라 숙박 및 상점 그리고 여행 서비스가 생겨났다. 각 지방의 특산물을 이송하는 서비스도 나타났다. 창고산업도 등장했다. 이와 마찬가지로, 제4차 산업혁명은 이전에 생각하지 못했던 새로운 비즈니스를 창출해낼 것이다. 이미 이런 조짐이 여기저기서 보이고 있다.

방 하나 없이 방을 파는 사나이, 브라이언 체스키Brian Chesky. 차 한 대 없이 손님들을 택시에 태우고 돈을 받는 트래비스 칼라닉Travis Kalanick. 이들의 공통점은 무엇인가? 이 둘의 공통점은 연결을 통해서 돈을 번다는 점이다.

빈 공간을 연결한 기업, 에어비앤비

호텔 하나 없이, 세계 최대의 숙소체인이 된 에어비앤비 창립자 브라이언 체스키는 미국 로스앤젤레스 출신이다. 2008년 당시 20대가 된 그는 직업을 찾아 샌프란시스코로 이주했다. 가난한 그는 아파트 임대료조차 부담이 되었다. 그래서 꾀를 냈다. 자신의 아파트에 침대 3개를 깔아 놓은 것이다. 그리고 아침 식사까지 제공했다. 생애 첫 숙박사업이 이렇게 시작했다. 자신과 처지가 비슷한 젊은이들에게 침대와 아침식사를 제공하면 좋을 것이라는 생각이 그 시작이었다. 그의 비즈니스 모델이 특별난 것은 아니었다. 그저 침대Airbed와 아침식사Breakfast를 합성해서 에어비앤비Airbnb라 했고 그의 비즈니스는 이렇게 시작되었다.

결과는 설명이 필요 없다. 대박이 났다.

그는 지금 전 세계의 개인이나 기업이나 단체할 것 없이 누구든 자신의 집, 방, 콘도, 방갈로, 빌라, 성, 캠프장, 아파트 등 여유가 있는 공간을 내어놓은 사람들의 방을 묶어 잠자리가 필요한 사람들을 엮어주는 세계 최대 서비스의 주인공이다. 호텔보다 저렴한 공간을 찾아주는 서비스는 분명 새로운 비즈니스였다. 190개 국가 3만 개 이상의 도시에서 2백만 개의 방을 제공하는 이 서비스는 상상이 현실이 된 비즈니스 모델이다. 저렴한 호텔 가격 비교를 아무리 열심히 해봐도 이들의 서비스를 당해낼 수 없다. 이 서비스를 이용하려고 전 세계 여행객들이 줄을 서 있다. 지금까지 6천만 명 이상이 서비스를 이용했다 하니 자신의 방 하나로 시작한 사업치곤 대단하다.

에어비앤비의 기업 가치는 30조 원에 육박한다. 100년 역사를 넘보는 힐튼 호텔(1919년 설립되었고 현재 78개 국가에서 65만 개 이상의 방을 보유)보다 가치가 높다.

이동 수단 정보를 연결한 우버

우버 앱을 깔면, 자신의 주변에 있는 우버 서비스를 하는 개인 운전자들의 위치가 지도 위에 나타난다. 이 우버 택시 서비스를 신청하면 근처에 있는 운전자가 자신의 이름, 차종, 차 번호를 알려준다. 또 얼마나 빨리 도착할지 알려준다. 내가 탈 곳과 가야 할 목적지만 입력하면 된다. 차가 오면 탄다. 목적지에 도착하면 내린다. 그뿐이다. 우버는 여전히 진화 중이다. 이들은 택배 서비스도 시작했다. 음식, 서류, 세탁물 등을 전해준다.

이 서비스의 주인공은 트래비스 칼라닉이다. 그는 2009년 개인 운전자들과 택시 서비스를 원하는 승객들을 연결해주는 모바일 앱-우버를 만들었다. 현재 71개 국가의 471개 도시에서 이 서비스를 제공한다.

우버 서비스는 2013년 8월 우리나라에 들어 왔지만 택시 기사들의 반대로 철수하였다. 그러다가 개인 운전자들 대신 택시 기사들을 연결하는 방식으로 바꿔서 우버 택시 서비스를 2014년 10월부터 개시했다.

이에 카카오가 도전장을 내었다. 카카오택시다. 겉으로 보기엔 승객과 택시 운전사를 연결하여 우버와 비슷하다. 하지만 우버가 근본적으로 일반 개인 운전자들을 연결하는 것과 달리, 카카오택시는 택시 기사와 승객을 연결하는 서비스다.

엔지니어링과 가치사슬을 연결한 테슬라

"예약자가 11만5천명이 넘었대요. 예약하려고 200명이 줄을 섰다나요. 1천 달러를 내면 예약되는데 2017년 말에나 차가 배송된대요."

최근 테슬라의 모델3은 이미 30만 대가 예약되었다. 실제 상품은 2017년 말에 나올 예정인데 말이다. 한국에서도 적지 않은 사람들이 1인당 1천 달러의 예치금을 걸었다. 혹자는 테슬라의 양산능력을 의심한다. 그때 가보면 알겠지만 엘론 머스크는 늘 남들이 안 된다는 일을 해왔다. 지금은 그의 능력을 의심할 필요는 없다.

테슬라가 그린 그림은 기존 그림을 지우고 새로 그리는 것이 아니라 아예 깨끗한 종이 하나를 새로 준비해 그리는 방식이다. 공장도 새것이고 프로세스도 새롭다. 개발팀과 생산팀이 넓은 공장에서 함께 일한다. 완전히 새로운 환경이다. 초기 스타트업에서나 볼 수 있는 물리적 협업의 현장이다. 진정한 협업을 시도하는 것이다. 이는 디지털 협업이 아니라 물리적 협업이다. 제품에 문제가 있으면 곧바로 생산현장으로 달려가 함께 확인한다. 또 공장 내에서 만들 수 있는 것은 다 만든다. 기존의 자동차 회사들처럼 400~500개에 이르는 1차 공급사도 없다. 일부 공급사만 있다.

테슬라 자동차는 2012년 모델S 전기차를 출시했다. 최고 사양을 갖춘 차 가격이 10만 달러로, 한 번의 충전으로 서울에서 부산을 달릴 수 있게 되었다. 이전의 전기차들은 생각할 수 없는 거리였다.

지금 테슬라 자동차가 꿈꾸는 계획이 현실화되면 2020년 전기자동차 시장 예측은 다시 써야할지도 모른다. 남들이 가지 않았던 새로운 비즈니스 모델 때문에 재정적으로 어려움을 겪던 테슬라 자동차는 회생의 길로 들어설 조짐도 보인다. 모델3가 100만 대가 팔리면 기존 시장에 어떤 일이 생길까? 이미 30만 대는 선 예약이 끝났다니 100만 대가 불가능한 숫자는 아니다. 엘론 머스크는 테슬라가 가지고 있던 전기차 특허를 이미 일반에게 공개하였다. 누구든지 원하면 자신들의

사진 4 테슬라 모델S

전기차 특허를 활용하여 전기차 개발에 필요한 기술을 사용하고 전기차 개발을 함께하자는 것이다. 전 세계를 무대로 테슬라 전기차의 글로벌 생태계를 이끌어가겠다는 구상이다.

자동차 설계나 제작 경험이 전혀 없는 테슬라 자동차가 전기자동차를 제작하는 동안 기존의 자동차 회사들은 무엇을 한 것일까? 그들은 테슬라 자동차처럼 하면 안 되는 이유를 찾기에 바빴다. 그러나 막상 테슬라 자동차가 만든 전기차를 보게 되자, 이제는 또 다른 이유를 찾고 있다.

24시간 고객과 연결되어 있는 아마존

아마존은 전혀 다른 비즈니스로 세상을 놀라게 한다. '대시Dash'가 그

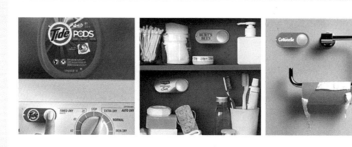

사진 5 아마존 대시로 주문하는 모습

것이다. 이는 6천 원짜리 장치다. 세탁용 세제, 면도기, 아기 기저귀, 페이퍼타올, 커피원두, 콜라, 맥주 등 자신이 자주 쓰는 제품 옆에 놔두고 있다가 제품을 거의 다 썼을 때, 대시버튼만 누르면 주문은 물론, 결제, 배송이 모두 일괄 처리되는 서비스다. 이 새로운 서비스가 보편화되는 날, 이마트와 G마켓 그리고 커피원두를 판매하는 회사 중 누가 웃고 누가 울게 될까?

확실한 것은 고객이 공장과 연결된다는 점이다. 아마존은 대시를 판매하고, 제품 공장은 고객의 주문을 실시간으로 받는다. 결제와 배송지 정보를 아마존에서 받아 배송을 준비한다. 고객과 제조 공장이 바로 연결되는 것이다. 아마존은 충성고객을, 제조사는 제품을 락인Lock-in[15]하는 효과를 얻을 수 있다.

아마존은 제품을 직접 만들지 않는다. 고객과 공장을 빠르고 편리하게 연결할 뿐이다. 고객은 만족하고 공장은 제시간에 제조할 수 있어 좋다. 아마존은 언제쯤 고객들이 제품을 주문할 것인가를 알 수 있어 만족스럽다. 연결의 힘이다.

---

15 새로운 상품이 나와도 소비자가 다른 제품으로 옮겨 가지 않고 기존의 제품이나 서비스에 계속 머무르는 현상을 말한다.

2장

스마트 팩토리의
미래 엿보기

"혁신은 고갈되지 않는다.
재조합을 통해서 새로운 혁신이 계속 나올 것이다."

- 에릭 브린욜프슨Erik Brynjolfsson & 앤드루 맥아피Andrew McAfee,
『제2의 기계 시대The Second Machine Age』

　제4차 산업혁명이 말하는 스마트 팩토리는 몇 가지 단면만으로 그 실체를 온전히 이해할 수 없다. 여러 기술들의 융복합이 특징이기에 더욱 그렇다.

　이 장에서는 스마트 팩토리의 기본 특징을 일별하고, 이후 현재 최첨단 산업현장에서 벌어지는 상황에 기초하여 스마트 팩토리의 미래 모습을 그려볼 것이다. 현실은 미래를 품고 있기 마련이다.

　예를 들어 GE나 IBM이 하는 일을 보면, 현장에서 유지보수Maintenance 때문에 공장을 멈추는 일이 사라질 것이라고 예상할 수 있다. 또 보쉬가 적용하는 기술을 보면 작업자들에게 필요한 작업지시서는 더 이상 인쇄되지 않을 것을 알게 된다. 가상현실VR, Virtual Reality[16]기기나 스마트 글라스 또는 홀로그램을 통해 필요한 내용을 보여줄 것이기 때문이다.

이런 시스템 덕에 작업자들은 긴장감이 덜한 환경에서 일하게 될 것이다. 이는 현장 작업자와 솔루션 제공자 사이에 실시간으로 정보가 공유되고 상황이 연결된다는 것을 의미한다. 무선으로 연결된 단말기 또는 웨어러블Wearable 디지털기기가 널리 보급되는 시대에는 모든 것을 다 공부하고 외울 필요가 없다. 필요한 때에 필요한 정보와 조치를 정확히 알려주는 시스템 덕분이다. 기업들의 고질적인 품질관리 스트레스도 줄어들 것이다. 모든 제조 관련 데이터는 추적 및 기록됨으로써, 인공지능과 똑똑한 센서가 작업자의 실수를 고쳐주거나 예방해줄 것이기 때문이다. 이런 일에 소요되는 추가적인 노동은 모두 사라질 것이다. 이제 산업현장에서 사람들은 힘들고 위험하고 더러운 환경에서 벗어나 로봇과 협업하는 세상에서 일하는 편안함을 얻게 될 것이다.

스마트 팩토리가 땅으로 내려온다

스마트 팩토리란 무엇인가?

---

16 특정한 환경이나 상황을 컴퓨터로 만들어서, 그것을 사용하는 사람이 마치 실제 상황 안에 들어가 주변과 상호작용하고 있는 것과 같은 상황을 구현한다.

스마트 팩토리를 무엇이라 이해해야 할까? 이에 대한 답을 찾는 과정이 지금 기업현장에서 활발하다. 지금 스마트 팩토리의 개념을 이론적으로 논의하기는 것은 다소 한가하게 보인다. 그렇기에 스마트 팩토리의 기원이 어떠하고 누가 처음 주장을 하였다는 원론적인 논의를 하는 것은 큰 의미가 없어 보인다. 독일에서 설립된 한 연구단체는 아예 스마트 팩토리라는 이름을 붙여서 활동하고 있다. 2005년의 일이다. Smart Factory[KL]라는 단체이다. 한국에도 여러 번 방문한 이 단체의 임원들의 입에서는 흥미롭게도 '스마트 팩토리가 이것이다'라고 하나로 정의된 개념이 나오지 않았다. 대신에 그들은 스마트 팩토리가 어떠할 것이란 것을 짐작하게 하는 여러 가지 요소들이 담긴 자료를 제공하거나 구체적인 연구 및 수행 프로젝트를 소개했다. 실제 이 연구소에서 활약하는 핵심 인물들은 지금 우리가 사용하는 인더스트리4.0이란 용어를 만든 이들이기도 하다.

지금은 누구나 한마디씩 거드는 스마트 팩토리라는 용어가 우리 주변에서 아주 빈번하게 등장한 것은 그리 오래된 일이 아니다. 세계적으로 보아도 2011년 하노버 산업박람회 이후다. 이전에는 일부만 사용하는 용어였다. 한국 사회는 특히 더 최근의 일이다. 불과 최근 한두 해 사이에 스마트 팩토리에 대한 이야기가 눈에 띄게 증가하였다. 한국에 등장한 초창기 스마트 팩토리에 대한 정의는 비교적 간단하지만 형이상학적으로 정리되었다. 비록 내용이 알쏭달쏭하지만 그럭저럭 자주 인용되는 편이었다.

새로운 산업기술 평가에 주도적 역할을 하는 한국산업기술평가원은 스마트 팩토리를 이렇게 정의한 바 있다.

'제품의 기획, 설계, 생산 – 즉, 제조, 공정, 유통, 판매 등 전 과정을 ICT기술로 통합하여 최소비용과 최소시간으로 고객맞춤형 제품을 생산하는 공장'.

정부의 스마트공장 추진단은 스마트 팩토리를 '기획 설계, 생산 공정, 유통 공급망 관리 등 제조 과정에 ICT를 적용하여 생산성, 품질, 고객만족도를 향상시킨 공장이다'라고 정의했다.

어떻게 생각하는가? 이해가 잘 되는가? 그렇다면 다음과 같이 표현된 스마트 팩토리는 어떠한가?

'공급되는 소재와 설비, 생산되는 제품이 스마트하여 어디가 아픈지 어느 정도로 심한지를 말할 수 있고, 사람의 개입 없이 서로 소통하여, 고객이 원하는 제품을 자동으로 생산하는 똑똑한 공장'.

이는 공장 자동화 및 스마트 팩토리 관련 업무를 오랫동안 수행한 포스코Posco 출신의 전문가가 정리한 내용이다. 어쩌면 이런 정의가 더욱 이해하기 쉽고 나름의 의미도 있다. 현장에서 스마트 팩토리를 직관적으로 이해하고 응용하기에 부족함이 없을 것 같다.

우리는 직관적으로 자신들이 생각하는 스마트 팩토리라는 것을 머릿속에 그려보게 된다. 그래서 우리는 스마트 팩토리가 어떠하다고 몇마디 용어나 구절로 설명하는 것보다는 다른 방법이 필요하다고 생각하게 되었다. 스마트 팩토리를 설명하는 방법과 그 구성요소들은 다양하겠지만 이를 일일이 제시하지 않고 꼭 필요한 개념적 키워드가 어떤 것인가 설명하는 방법이다. 우리는 세 가지 중요한 키워드인 디지털화, 연결화, 스마트화를 논의하고자 한다.

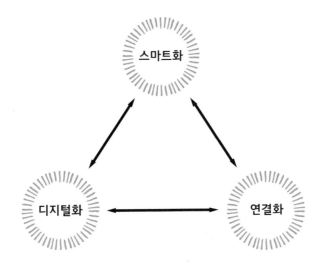

그림 4 스마트 팩토리를 표현하기 위해 포함되어야 하는 세 가지 핵심 키워드

첫 번째 키워드는 디지털화이다. 물리적 설비나 공장을 디지털화하는 것이다. 일단 디지털화되지 않은 공장을 스마트하게 만드는 것은 쉽지 않다. 그런 면에서 디지털화가 중요한 키워드로서 스마트 팩토리를 설명할 때 반드시 포함되어야 한다. 기존 설비나 공장을 디지털화 하는 것이 스마트 팩토리 구축을 위한 첫 번째 단계이다. 이는 원자Atom 의 세계를 비트Bit의 세계로 변환하는 작업이다. 디지털로 된 정보는 재생

산의 한계 비용이 거의 제로다. 무한대로 복사하거나 소통하는 데 비용이 거의 들지 않는다. 소통이 자유롭다. 그럴 정도로 디지털화는 중요한 개념이다.

두 번째 키워드는 연결화이다. 이는 사람을 포함한 모든 사물 즉, 공장 안에 존재하는 부품, 완제품, 설비, 공장, 건물, 기기를 연결하는 것을 의미한다. 하루아침에 모두 완벽하게 연결되기 어렵지만 될 수 있는 한 빠르게 연결하면 좋을 것이다. 디지털화가 되어야 연결이 쉽고, 연결되어야 소통할 수 있다. 수많은 기기들이 데이터를 생성하고 네트워크로 전송하고 소통한다. 연결은 제4차 산업혁명의 핵심이다.

세 번째 키워드는 스마트화이다. 스마트화는 자율이란 개념이다. 이는 사물이 사람과 같이 스스로 행동하고 생각한다는 뜻이다. 현재로서는 100% 완벽하게, 사람의 개입 없이 스스로 운영되는 공장은 없다. 그런 일이 가능하기까지는 적지 않은 시간이 필요할 것이다. 그런 면에서 일부만이라도 자율적 공정이 도입되면 스마트한 것이라 볼 수 있다. 이는 자동화나 무인화와 다른 개념이다. 스마트 팩토리는 디지털화가 이루어지고, 연결되고, 수집되는 데이터를 분석하여 스스로 어떻게 어떤 일을 할지 스스로 결정할 수 있는 똑똑한 공장이다.

적어도 이 세 가지 개념적 키워드가 포함되어 있으면 스마트 팩토리라고 말할 수 있을 것이다. 물론 이외에도 다른 키워드가 추가될 수 있겠지만, 이 세 가지 키워드는 필수적이다. 그래서 스마트 팩토리 구축 활동은 이 세 단계의 활동으로 설명되곤 한다.

그러나 한 가지 잊지 말아야 하는 것이 있다. 스마트 팩토리의 출발은 언제나 '물리적 공장'이다. 실제 공장이 반드시 있어야 한다. 물리적 공장은 제품을 실제 제조하는 기반이며 현장이다. 제품, 공정, 자원으로 구성된 실제 공장이 있어야 한다.

이제 이 세 가지 키워드에 대해 보다 구체적으로 알아보자.

디지털화

공장은 기계 및 설비 등을 이용하고, 일련의 공정을 거쳐 제품을 생산한다. 디지털화란 이런 구성 요소와 공정 전반을 디지털 시스템으로 처리하는 것을 의미한다. 디지털화된 기기가 존재하는 공간은 물리적 공간과 사이버 공간 양쪽 모두이다. 〈사진 6〉을 보자.

이 기기는 배관 사이에 설치되어 배관에 흐르는 유체를 제어하고 압력을 측정하는 기기다. 왼쪽의 예는 아날로그기기의 모습이다. 배관에 흐르는 유체의 압력이 바늘의 위치로 나타난다. 중앙에 위치한 예는 디지털기기이다. 배관 안에서 흐르는 유체의 압력이 디지털 숫자로 나타난다. 이런 숫자는 데이터로 표현되어 받아쓰기 편하다. 디지털 데이터는 그래프로 보아도 되고 특정 순간의 데이터만 취해 사용해도 된다. 오른쪽 예는 스마트하면서도 연결된 기기다. '네트워크와 연결되어 데이터를 송수신할 수 있다. 또한 유체 압력에 따라 자율적으로 스스로 여닫는 기능을 한다.

사진 6 아날로그기기, 디지털기기, 스마트기기의 예

예를 든 것과 같이 디지털화란 아날로그기기의 측정값을 디지털값
으로 변환하여 저장하고 전송하는 것을 의미한다. 또한 물리적인 세상
에 존재하는 기기를 가상의 공간에 그리거나 데이터화하는 것을 의미
하기도 한다. 현실과 가상 양쪽에서 활동하기 위해서다. 여기서 가상
공간이란 컴퓨터 또는 인터넷 공간을 말한다.

이는 제품의 경우 사양, 규격, 형상, 수량, 무게, 원가, 공급처 등과 같
은 기본 정보부터 공차, 재료 또는 재질 등에 이르는 모든 정보를 컴퓨
터나 마이크로프로세서Microprocessor로 처리할 수 있는 형태의 데이터로
만드는 것을 의미한다. 제품에 대한 디지털화는 보통 도면이나 상세 규
격을 디지털화하는 것을 의미하기도 한다. 이것 이외에도 부품의 구성

에 해당하는 BOM^{Bill of Material, 자재 명세서}[17] 정보 등도 포함된다.

예를 들어 제품을 만드는 제조 기업들은 제품 설계를 컴퓨터로 한다. 설계의 디지털화 덕분에 기술자들은 도면 정보를 스마트기기나 현장에 설치된 모니터로도 쉽게 확인한다. 또 설계 기술자는 현장에 내려가지 않고도, 자신의 컴퓨터 모니터 안에서 공장의 설비와 라인을 확인하면서 설계한 제품이 조립될 모습을 예측 및 확인할 수 있다. 이것이 가능한 것은 공장의 설비와 현장 정보가 디지털화되어 컴퓨터 속 가상공간에 들어와 있기 때문이다. 이것이 자주 접하는 디지털화의 사례다.

제품 정보만 디지털화하는 것은 아니다. 공정에 대한 정보도 디지털화한다. 보통 공정이라 하면 절차나 순서, 조건과 방법 등을 뜻한다. 어떻게 부품이 가공되고 조립되는지에 대한 정보부터 제품 생산 일련의 과정을 디지털화하는 것이다.

자원에 해당하는 기계와 설비 그리고 에너지 사용에 대한 정보도 디지털화해야 한다. 여기에는 지그^{Jig}와 공구도 포함된다. 이런 대상 자원들을 필요에 따라, 간단한 외부 형상과 크기와 무게만을 디지털화하기도 하고 기계 내부의 구조나 메커니즘을 포함하는 정보 그리고 운영 및 관리 조건, 공급 회사, 제조 회사 등 가능한 모든 정보를 디지털화하기도 한다.

---

17 모든 품목에 대해 상위 품목과 부품의 관계와 사용량, 단위 등을 표시한 목록, 도표, 또는 그림이다.

작업자에 대한 정보를 디지털화하기도 한다. 신장, 몸무게와 같은 신체 조건, 나이, 성별, 이름, 보유한 능력 등의 정보를 디지털화하는 것을 의미한다. 이는 작업자의 신체 조건이나 기능이 작업환경에 맞는지 확인하기 위해서다. 예를 들어, 항공기 제작에서 그런 일이 생기기도 한다. 좁은 공간이나 약한 구조 위에 올라서서 작업을 해야 할 때는 가벼운 작업자 또는 날씬한 작업자가 선택되는 경우가 있다.

연결화

연결화의 예를 살펴보자. A라는 베어링공급 회사는 H자동차의 제품 K승용차의 생산 수요에 맞춰 계획을 짜고, 실시간으로 대응한다. 이 공장에서는 창고에 입고된 모든 완제품과 현재 공정이 진행 중인 제품까지 모든 제품의 현황을 실시간으로 파악하고 있다. H자동차의 생산계획부서에서 온라인으로 수요 정보가 도착하면 A사는 즉각 분석에 들어간다. 즉, 언제부터 설비 및 공정을 바꾸어 K승용차에 납품할 베어링을 제조하면 좋은지를 실시간으로 판단한다. 물론 사람이 하지 않고 컴퓨터가 처리한다. 예전처럼 영업부 직원과 생산 계획 담당자가 마주앉아 엑셀시트로 작성된 도표를 보며 논의할 필요가 없다. 공장 스스로 어떤 생산 계획이 최선의 계획이 될 수 있는지 대안을 찾아 담당자에게 제시하기 때문이다. 물론 A사로 부품을 공급하는 부품공급 회사의 현황도 반영되어 대안이 만들어진다. 이와 별도로 정치, 경제, 문화,

날씨 등과 같은 A사를 둘러싼 환경적인 여건도 빅데이터 분석을 통해 반영된다. 이러한 사례는 이미 서비스업에서 많이 사용되는 방법이다. 제조업에서도 머지않아 등장할 모습이다. 실제 사례는 아니다. 그러나 아주 빠른 시일 내에 등장할 미래의 모습이다.

연결화를 위해서 반드시 필요한 요소는 데이터를 주고받을 수 있는 통신 모듈이다. 통신 모듈의 종류와 연결 네트워크의 종류에 따라서 연결화의 성능은 현격하게 달라진다. 일단 다른 설비나 부품이 각각의 데이터를 중앙처리 장치를 통해 유무선으로 통신함으로써 비로소 공장은 연결된 상태가 된다. 이것은 완전히 연결된 것이 아니고 부분만 연결된 것이다.

공장 내부뿐만아니라 다른 공장도 연결된다. 공급사슬망도 연결된다. 제품 기획이나 개발도, 서비스 업체와 파트너 업체도 연결된다. 제조와 관계된 모든 것을 연결하는 것이 제4차 산업혁명이 말하는 스마트 팩토리의 범위이며 개념이다. 공장 간의 연결은 횡적인 연결이거나 수직적인 연결일 수 있다. 부품을 공급하는 관점에서는 수평적으로 연결되는 것을 의미하기도 하지만, 하나의 조립품이 하위 공정이나 생산라인에서 먼저 제조된 후 조립·연결되어 올라오는 경우는 수직적 연결인 것이다

또 다른 수직적 의미의 연결은 데이터가 높은 부분에서 아랫부분으로 흘러가는 것을 의미한다. 예를 들어 설계된 제품 정보가 설계 사무실에서 제조현장의 로봇에게 매끄럽게 흘러가는 것을 의미한다. 반대

로 상위로 연결된다는 것은 생산현장의 데이터가 경영관리 수준에서 활용되는 시스템으로 흘러가도록 연결된다는 것을 의미한다. 데이터 흐름의 관점에서 상하좌우의 개념이 그리 중요한 것은 아니지만 프로세스 관점에서 이런 상하좌우의 개념이 만들어지고 이에 따라 연결의 방향이 정의되기도 한다.

연결된 환경에서는 어떤 데이터든 이전보다 훨씬 가치 있게 변화될 수 있다. 먼저 데이터가 가시화된다. 예를 들면 작업지시량, 생산량, 생산 라인 내 반제품의 수량, 현장에서 사용할 수 있는 부품의 수량 등과 같은 기초적인 데이터를 실시간으로 확인할 수 있다. 게다가 공정에서부터 품질에 이르기까지의 전반적인 정보가 언제 어디서든 시각화된다. 이런 데이터를 그대로 사용하거나 활용할 수도 있지만 이를 잘 분류하여 분석하고 가공한다면 이전과 비교할 수 없는 새로운 가치를 창출할 수 있다.

스마트화

스마트 팩토리의 또 다른 필수 요소는 스마트화다. 지능화도 스마트화와 함께 활용할 수 있는 용어로 볼 수 있다. 다만 지능화란 용어는 스스로 처리하는 능력의 수준을 판단하고 평가할 때 주로 사용되는 개념이다. 즉 지능이 높고 낮음을 설명할 때 적합한 용어다. 또 자율화도 사용하기에 적합한 용어이다. 스마트화, 지능화, 자율화 모두 사람이 개입하지 않아도 스스로 역할을 해내고 목표를 이뤄낸다는 자율의 의미를 지닌다.

스마트 팩토리를 무인화 공장이라고 하거나 자동화 공장이라고도 설명하는 이도 있다. 완전히 틀린 말은 아니다. 하지만 무인화는 스마트화를 설명하는 일부의 개념이다. 즉, 스마트 팩토리가 꼭 무인화 공장을 뜻하지는 않는다. 마찬가지로 스마트 팩토리가 단순히 자동화만 말하는 것도 아니다. 스마트 팩토리를 자동화로만 본다면 혁신의 범위가 줄어들 수 있다. 자동화를 주장하는 이들은 반도체 공장이나 베어링 공장의 예를 든다. 이들의 논리는 이러하다.

"이미 오래전부터 자동화가 되고 있는데 지금 말하는 스마트 팩토리가 무슨 새로운 의미를 갖는가?"

스마트 팩토리에 대한 이들의 관점은 한 부분에 고정되어 있다. 단적으로 말해서, 스마트하다는 것은 기계에 물린 공작물의 재료가 딱딱한지, 부드러운지를 기계가 스스로 알아차리고 힘을 달리 조절할 수 있는 능력을 뜻한다. 또한 그렇게 일한 결과를 기계가 기억했다가 다음 작업에 다시 응용하거나 다른 설비와도 이런 정보를 공유해서 사용하는 능력이 있는 것을 말한다.

그에 반해 자동화는 그저 정해진 조건의 일을 기계가 사람의 개입 없이 수행하는 것을 말한다. 이는 스스로 조건과 환경을 파악해서 대응하는 것과 분명 다르다. 이게 스마트화와 자동화가 다른 점이다. 또한 자동화는 디지털화 여부와 관계가 없고 연결화와도 관계가 없다.

자연의 이치를 이용하는 자동화는 이미 인간이 오래전부터 사용하는 지혜였다. 물의 높낮이를 이용해서 기구를 움직이는 물레방아도 자동화의 예이다. 풍력의 힘을 이용해서 물을 뿜어내는 것도 일종의 자동화다. 반면 스마트화의 전제조건은 디지털다. 또한 자율성이 더해져야 한다. 또 전체를 보고 최적화를 찾는 것도 스마트화다.

따라서 베어링 공장의 자동화나 반도체 공장의 자동화는 스마트화의 초보적인 단계라고 볼 수 있다. 예를 들어 전통적인 방법으로 자동화된 베어링 공장은 정해진 일정 기간 동안 6206DD라는 이름의 제품을 24시간 내내 쉬지 않고 계속 생산한다. 베어링 제조 공장 내 생산라인은 재료의 공급과 완성품을 쌓고 포장하는 것을 제외하고는 대부분 자동화되어 있다. 이 정도는 되어야 생산성이 유지되고 경쟁사와 겨룰 수 있다.

한편 베어링 공장 중 스마트 팩토리의 개념 수준으로 진화된 곳이 있다고 가정해보자. 그런 공장에서는 베어링의 내면을 연마하는 연삭기의 숫돌 마모 상태가 자체적으로 모니터링되어 일정 부분까지는 스스로 보정이 될 것이다. 이렇게 하면 제품의 품질이 남들과 다른 식스 시그마 수준이 될 것이다(사실 지금 이미 그런 수준이다). 만일 스스로 보정하는 단계가 넘어 숫돌을 교체해야 한다면 그 정보는 관련 담당자에게 제공된다. 기계가 사람에게 문자 메시지를 보내는 셈이다.

'나 교체해주세요.'

이탈리아 회사 마르포스Marposs에서 제공하는 솔루션이 이미 이와 같은 서비스를 제공하고 있다.

많은 사람들이 '뭘 더 해야 되지?' 하고 고개를 갸우뚱하는 것처럼 자동차, 반도체, 철강, 석유화학 등 장치산업은 자동화 및 무인화 운전이 상당한 단계에 접어든 것이 사실이다.

여담이지만 외국에서 한국 기업에 견학 온다고 하면 이는 스마트 팩토리를 보러오는 것이 아니다. 물리적 공장의 기술을 배우러 오거나 자동화 수준을 배우러 오는 것이다. 물론 물리적인 공장의 물리적 기술 또한 중요한 기술이다. 외국에서 이런 기술을 배우러 오는 것이다. 자랑스러운 일이다. 미래에는 스마트 팩토리로 견학 오는 장면을 볼 수 있길 바란다.

하지만 물리적 공장의 능력을 스마트 팩토리의 능력으로 오인해서는 안 된다. 고객과 시장의 변화에 따라 능동적으로 변화할 수 없다면 아직 스마트 팩토리가 아니다. 스마트 팩토리의 출발은 고객이며 고객에 대한 대응 능력이란 사실을 사람들은 잘 모르고 있다(이는 3장에서 더 살펴보도록 하자).

고도의 자율화를 위해서는 디지털화와 연결화가 선행 조건이다. 또한 스마트화 과정에는 세 가지 기본 하드웨어 요소가 필요하다. 먼저 설비의 눈과 귀와 코가 되는 센서가 필요하다. 측정할 수 있는 기기 또는 기능이 필요하다는 말이다. 둘째 이런 측정 결과를 토대로 판단을 하고 명령을 내리는 인공지능 또는 제어 명령을 내리는 소프트웨어가 내재된 마이크로프로세서나 마이크로컨트롤러Microcontroller가 필요하다. 마지막으로는 명령에 따라 움직임을 전달하는 구동장치가 필요하다. 모터와 직선운동기기 등 명령의 실행을 위한 동력을 만들어주고 실제 움직이도록 하는 것이 바로 그것이다. 그러나 스마트한 결정을 내리기 위한 재료는 각종 설비, 기기, 공장 등 모든 곳에서 생성 및 수집되는 데이터이다. 데이터를 분석하거나 머신 러닝Machine Learning을 통해서 스스로 배우는 과정도 데이터 기반이다.

독일의 암베르크나 중국 쓰촨성 청두에 있는 지멘스 공장이 대표적인 사례이다. 그러나 자세히 따지고 보면 그리 대단한 것이 아니다. 누구나 정성을 들여 노력하면 충분히 성취할 수 있는 수준이다. 지멘스의 암베르크 공장의 모습을 보면서 스마트 팩토리의 비전과 목표에 대한 평가를 성급하게 내릴 필요는 없다. 이미 지멘스의 공장을 뛰어넘는 수준의 공장이 보쉬나 다른 기업들에서 나타나고 있기도 하다. 하지만 무엇보다 중요한 것은 각 기업의 여건과 목표에 맞는 스마트 팩토리를 구현하는 일이다.

스마트 팩토리 관련 솔루션

2016년 일산 킨텍스에서 열린 심토스에서 있었던 일이다. 마르포스라고 하는 이탈리아 기업은 모든 측정용 센서 및 제어기기용 연결 케이블을 하나로 만들었다. 다른 회사의 제품들이 여러 종류의 선을 사용하여 매우 복잡한 구조로 된 것과 매우 대조적이다. 이게 기술이다. 당장 쓸 수 있는 기술이다. 아직도 수많은 기업들이 연결선을 찾느라 애먹고 있지만 이렇게 할 수도 있다는 뜻이다.

또 이들이 준비한 솔루션은 연삭기에서 돌아가는 숫돌의 위치, 마모 상태 등에 따라 보정하고 균형을 맞추는 등 상황에 맞는 일을 기계가 자율적으로 하도록 한다. 숫돌이 마모가 되는 정도에 따라 스스로 교정한다는 의미다. 물론 숫돌이 교체가 필요할 정도가 되면 자동으로 시스템에 연락해서 교체를 요청한다. '스스로 인지하고 분석하고 맥락을 찾는 공장'이란 뜻의 스마트 팩토리가 지금도 가능함을 보여주는 것이다.

또 다른 예를 보자. 모터의 위치를 제어하는 서보 드라이브Servo Drive라는 것이 있다. 이는 구동체인 서보 모터와 연결되어 있고, 그 위쪽으로는 제어기와 연결되어 있다. 이런 모터가 실시간 운전 명령을 받아 돌아가는 것이다. 그런데 재미있게도 처음에 모터와 기계가 연결되면 기계의 특성을 스스로 알아차린다. 그러고 나서 서보 드라이브는 기계에 맞는 운전 특성을 찾는 것이다. 이를 튜닝이라고 하는데, 지능형 제어기가 그 기계의 상태에 맞는 최적의 제어 설정값을 자동으로 찾아간다.

그뿐 아니다. 스마트 장비에 설치된 어떤 부품이 고장으로 교체되어야 하는 상황이 발생한다면, 지능형 제어기는 자동으로 문제가 생긴 부품의 정보를 확인한다. 마치 스마트폰을 컴퓨터와 연결하면 기기들이 알아서 통성명을 하고 프로그램을 주고받으며, 펌웨어를 업데이트하고 새롭게 추가된 정보를 확인하는 것과 같은 일이 벌어진다. 사람이 일일이 확인하지 않아도 맞지 않는 부품을 설치하는 실수를 방지할 수 있다. 만약 모터 제어용 인버터가 갑자기 고장이 날 경우, 현장의 작업자가 새로운 부품으로 교체하면 제어기는 기존에 사용하던 제품과 동일한 것인지를 스스로 알아차린다. 정확한 부품으로 교체가 된 것이 확인되면 모든 설정값을 자동으로 다운로드해서 즉시 사용 가능하도록 한다.

또 다른 사례를 보자. 설비나 기계는 자신이 가공하는 물질의 특성에 따라 제어기기가 얼만큼의 힘으로 가공해야 하는지를 알아서 정한다. 어느 정도 힘을 주어야 좋은지를 알아서 판단하는 것이다.

위의 두 가지 사례는 로크웰 오토메이션의 솔루션 사례이다. 또 다른 예를 보자. 이 또한 흥미롭다. 설비 증설을 위하여 새로운 로봇을 추가한다고 생각해보자. 그러면 미리 계획 단계부터 공장 자산관리 시스템에 어떤 로봇이 어느 공장에 어떤 업무를 담당할 목적으로 설치될 것인지, 모든 정보가 시스템에 등록된다. 신입사원을 현장에 배치하는 것과 같다. 로봇의 관리 책임자 정보도 시스템상에 등록된다. 그러고 나서 현장에 로봇이 설치되고 산업 인터넷이 연결되면 놀라운 일이 벌어진다.

중앙의 전산 시스템에서는 사전에 등록된 로봇이 맞는지 확인한다. 또 미리 할당된 인터넷프로토콜(IP) 주소를 부여한다. 또 업무 지시를 받을 시스템을 연결해준다. 시스템은 로봇의 상태를 실시간으로 진단한다. 혹시라도 이상이 생기면 정비 책임자에게 알린다. 또한 로봇 회사는 이 로봇이 설치되는 순간부터 모니터링하여, 로봇 내부의 문제를 주시하고 이상 여부를 살핀다. 클라우드로 연결된 로봇 공급 업체의 서비스 담당 엔지니어는 고장의 조짐이 보이면 이를 먼저 감지한다. 그리고 감지된 상태를 실제 운전 중인 공장의 담당 직원에게 전달한다. 장비 점검을 가상공간에서 지원하는 것이다.

"저희 회사에서 이틀 후에 방문해서 303번 로봇을 돌봐줄게요. 그때 한 시간만 로봇을 쉬게 해주세요."

이게 로봇뿐만이 아니다. 지금 한국에서 제작되는 공작기계들이 이런 서비스를 이미 제공하고 있다. GE, 화낙Fanuc, 로크웰 오토메이션, 화천기계 등이 이런 서비스를 제공하고 있다. 이는 스마트 팩토리를 '현장에서 발생하는 경험을 지식화해서 지능으로 축적하는 능력을 겸비한 공간'이라고 말할 수 있다는 증거이다.

로봇과의 협업을 준비하라

풍요로운 삶

"장인 기술을 건네고, 기계의 일부가 되는 조건으로 풍요한 삶을 얻게 되었다."[18] 이 구절을 발견하면서 무릎을 쳤다. 이보다 해학적으로 우

---

18 스티브 사마티노, 김정은 역, 『위대한 해체』, 인사이트앤뷰, 2014, 18쪽.

리의 상황을 절묘하게 표현할 수 있을까? 장인 기술을 내어주고 풍요로움을 얻었다는 말의 뉘앙스에는 뭔가 아쉬움도 배어 있지만 궁핍에 시달리는 사람에게는 희망의 메시지가 될 수도 있다. 궁핍한 이들로서는 풍요로움을 위해 영혼이라도 내어줄 판인데 그깟 장인 기술쯤이야.

인간이 얻게 되는 것은 풍요로움만이 아니다. 안락함도 주어진다. 로봇이 열심히 일할 동안 인간은 좀 더 느긋하게 쉴 수 있다. 동료와 잡담을 나눌 수도 있고, 다른 창의적인 일에 좀 더 집중할 수도 있다.

무엇보다 가장 좋은 것은 안전하게 일할 수 있다는 점이다. 손이 긁히고, 베이고, 가끔은 손가락이 잘리는 참사를 당하지 않아도 되는 것이다. 가끔은 팔이 잘려 삶이 통째로 바뀌는 일이 생기기도 했는데 로봇 덕분에 그런 일을 피할 수 있게 되었다. '제3의 물결'[19]로 유명한 앨빈 토플러Alvin Toffler는 청년 시절 디트로이트의 공장에서 일하면서 기계에 눌리는 사고를 당한 동료 작업자의 모습을 보았다. 모르긴 몰라도, 이 끔찍한 경험이 새로운 세상으로 앨빈 토플러의 눈을 돌리게 하였을 것이다.

반복적인 일은 또 어떤가? 별로 내키지는 않지만 급여의 대가려니 생각하고, 힘들고 지루한 단순 반복 노동을 참고 견디는 작업자들이 수없이 많다. 할 수만 있다면 좀 더 재미있는 일을 하고 싶을 것이다.

---

19 미국의 미래학자 앨빈 토플러가 자신의 저서인 『제3의 물결(The Third Wave)』에서 제시한 개념이다. 제3의 물결은 정보 통신 기술이 발달된 현대의 정보화 사회를 의미한다.

또한 특정 근육을 반복적으로 사용하는 일을 하게 되면, 특정 부위에 스트레스와 피로가 쌓여 직업병을 얻기 마련이다. 이른바 근골격계 질환이다. 조선소의 용접 작업이나 자동차 실내부품 조립과 같은 쪼그려 앉기 자세는 작업자에게 무리를 준다. 볼트 조립처럼 위를 바라보며 진행하는 작업도 반복하게 되면 근육에 무리가 온다. 일자리 걱정만 제외한다면, 작업자들에게 로봇은 복음이며, 해방구다.

로봇과 일자리 문제는 그리 단순하지 않다. 일자리가 줄어든다고 경고하는 이들도 있지만 일자리가 수천만 개 늘어난다고 하는 이들도 적지 않다. 로봇 덕분에 반복적인 일을 하지 않아도 되는 것은 분명하다. 로봇이 일할 때 다른 일을 하거나 가끔 필요한 부품이나 재료를 가져다주면 된다. 보다 먼 미래에는 인간 작업자는 로봇에게 종종 기름을 좀 넣어주고, 로봇이 쉬어야 할 때 스위치를 내리는 일 정도만 하면 될지도 모른다. 그리고 기계와 로봇이 완료한 일의 결과와 품질 검사 결과 같은 것만 확인하면 된다.

대기업은 비교적 덜하지만 제작과 생산 중심의 중소기업은 장인은커녕 사람을 구하는 일이 원체 힘들다. 일할 사람이 모자란다. 한국만이 아니다. 중국에서도 그렇다. 중국선 웃돈을 주고 사람을 구하는 일이 생기고 있다. 기업은 노령화된 기술 장인을 이어갈 인력을 국내에서 구하기 어려워지자 외국 인력을 채용하였지만, 이제는 그마저도 쉽지 않다. 한국 제조업의 현주소다. 이대로라면 한국 제조업의 미래는 누구도 장담할 수 없다.

현재의 기술 수준을 통해 10년 후 미래를 구체적으로 생각해보자. 새로운 대안이 있다는 것을 어렵지 않게 알게 될 것이다. 우리는 그런 모습을 중점적으로 살펴보고자 한다. 과거에는 로봇 가격이 상당히 비쌌지만 로봇의 생산 효율과 능률은 사람만 못했다. 한마디로 경제성이 없었다. 그런데 지금은 상황이 180도 바뀌었다. 로봇 가격이 몰라보게 떨어졌다. 로봇의 성능이 이전보다 엄청나게 향상되었는데도 가격은 떨어졌다. 전자제품 제조업에서는 로봇이 사람보다 경쟁력이 있다.

기업들은 더 이상 주저할 이유가 없다. 이제 기업들은 원하는 로봇을 구할 수 있게 되었다. 로봇을 현장에 설치하면 할수록 로봇은 또 다른 로봇을 불러들이게 된다. 이는 중요한 변화이다. 기업들이 공장을 로봇이 일하기 쉽고 로봇에 최적화된 공간으로 바꾸기 시작했다는 것을 의미한다. 물론 그렇다고 해서 사람의 역할이 사라지는 것은 아니다. 여전히 로봇이 사람보다 능숙하게 처리하지 못하는 부분이나 업무는 존재한다. 사람이 하기 싫은 일을 모두 로봇에게 맡기면서 로봇이 하고 싶어도 하지 못하는 일을 사람이 처리하는 것이다.

제조현장에 있는 로봇은 페퍼와 같은 휴머노이드Humanoid[20](《사진 7》)와 딴판이다. 일단 사람의 생김새를 닮지 않았다. 주로 손과 팔, 다리 등 사람의 일부 기능만을 대체하여 작업하는 것이기에 굳이 인간의 형상

---

20 머리·몸통·팔·다리 등 인간의 신체와 유사한 형태를 지닌 로봇을 뜻하는 말로, 인간의 행동을 가장 잘 모방할 수 있는 로봇이다. 인간형 로봇이라고도 한다.

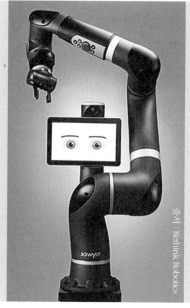

사진 7 휴머노이드 로봇 페퍼　　　　　사진 8 산업용 협업로봇 소이어

을 본뜰 필요가 없다. 이런 로봇이 너무 밋밋하고 어색해 보여서 그런 것일까? 리싱크 로보틱스^{Rethink Robotics}가 개발한 로봇 소이어^{Sawyer}(《사진 8》)는 산업용 로봇이지만 생기 가득한 눈동자를 가지고 있다. 모니터 화면에 귀엽게 생긴 눈이 이쪽저쪽으로 움직이면서 표정을 짓는다. 이를 통해 사람 즉, 작업자와 소통을 시도하는 것이다. 직관적인 소통 말이다.

　산업현장에서 일하는 로봇의 수가 150만 대이다. 로봇의 가격이 떨어지고 반대로 제조현장 인력의 인건비가 오르면서 로봇의 숫자는 증가할 것으로 전망된다.

로봇과 함께 일하기

과거 산업현장에서는 로봇을 철창 안에 가두어놓았다. 로봇이 위험했기 때문이다. 사실 그동안 로봇이 사람을 다치게 하기도 했다. 자동차의 차체와 같이 아주 커다란 작업물을 옮기고 용접하는 과정에서 자신에게 일을 가르치는 프로그래머를 다치게 하는 일도 있었다. 매사추세츠공과대학교^{MIT}에서 있었던 사고는 지금도 자주 이야기된다. 하마터면 유능한 로봇 과학자 한 명이 자신이 개발한 로봇에 의해 죽임을 당할 뻔했다. 세계적인 로봇 과학자 마빈 민스키^{Marvin Lee Minsky}의 이야기이다.

한때 위험한 존재로 인식되던 로봇들이 얌전한 양처럼 변했다. 사람을 해치는 일은 거의 없다고 봐도 될 것 같다. 다름 아닌 눈과 귀가 생기면서부터다. 사람이 있거나 누가 부딪칠 것 같으면 꼼짝 않는 로봇으로 변하고 있다.

또 다른 특징은 크기가 이전에 비해 작아지고 있다는 점이다. 이전에는 한 개의 팔로 자동차 차체 하나를 집어 들고 움직이는 게 가능할 정도로 크고 힘이 센 로봇이 대부분이었다. 그러나 최근에 새롭게 각광받는 로봇은 사람처럼 양팔을 사용하는 다관절 로봇이다. 몸통이나 발은 없지만 팔만 가지고 사람들이 해야 할 일을 능숙하고 정확하게 처리한다. 이런 로봇들은 이전의 로봇들과 달리 큰 힘을 쓰는 것이 아니라 작은 힘으로 아주 섬세한 일들을 처리한다. 예를 들면, 공작기계의 문을 열고 공작물을 갈아 끼운 뒤 완제품을 받아 상자로 옮기는 일을 처리한다.

또 공작기계의 커버를 닫고 다시 공작기계의 버튼을 누르는 일 등 현재 작업자들이 처리하는 단순하고 반복적인 일을 대신하는 수준에 이르고 있다. 또한 다른 일을 하도록 훈련하는 것이 용이한 편이다. 이전 산업용 로봇이 이동조차 하지 못했던 것과 딴판이다. 일단 크기가 작아서 캐리어에 얹어 다른 장소로 옮기는 것은 일도 아니다. 승용차에 싣고 아예 먼 길을 떠나는 것도 어렵지 않다. 예전 같으면 트럭을 부르고 로봇을 설치하는 장소의 바닥 콘크리트 구조를 새로 바꿔야 했다.

작은 로봇들은 아직은 제한적이긴 하지만 사람들이 처리하던 창작 및 공예 작업에서 조수 역할을 맡기도 한다. 장인 기술 중에서도 비연속적인 장인 기술, 즉 그때그때 달라지는 장인 기술을 점차 로봇들이 일부나마 시도하는 것이다. 꽃꽂이 같은 일을 로봇이 하는 것이다. 손님이 몰려 꽃집이 바쁠 때 이 일을 대신할 로봇이 있다면 많은 도움이 될 것이다. 물론 아직 그런 꽃집이 있는지는 알 수 없다. 그러나 10년 후라면 어렵지 않게 볼 수 있는 풍경이 될 것 같다.

그런데 이처럼 로봇이 움직이도록 하려면 로봇을 가르쳐야 한다. 이전에는 로봇이 실제 일을 하게 하려면 프로그래머가 프로그램 언어로 명령을 입력해야 했다. 이는 로봇의 움직임을 일일이 프로그램으로 확인하여 확정하는 것을 말한다. 보통은 현장에서 확인하는 방법을 사용했지만, 1990년대부터는 점차 가상의 3D 환경에서 확인하여 처리하는 기법을 사용하기 시작했다. 컴퓨터 속에 구축한 가상의 공장에서 로봇

사진 9　로봇을 가르치는 모습

움직임을 살피는 방법으로 진화한 것이다.

　더운 여름 날 현장의 소음 속에서 로봇과 씨름해보지 않은 사람들은 지금과 같은 기술 발전이 얼마나 대단한 혁신인지 짐작하지 못할 것이다. 냉난방이 잘되는 방 안에서 로봇의 일거수일투족을 완벽할 정도로 모두 검증한 후 현장에 내려가면 만사가 해결되는 것이 지금의 기술 수준이다. 프로그래머들은 사무실에서 컴퓨터로 검증한 결과를 현장의 로봇에게 전송하면 로봇이 그대로 움직인다. 이후에는 약간의 미세한 차이만 확인하면 되는 것이다. 이를 오프라인 프로그래밍이라 한다.

　그런데 이런 방법마저 구식이 되고 있다. 이제는 좀 더 직관적으로 변화하고 있다. 새로 등장하는 로봇은 작업자가 알려주는 움직임을 배우는 이른바 머신 러닝의 형태로 발전하고 있다(〈사진 9〉). 작업자가 직접 움직임을 가르치면 그대로 기억해서 로봇이 일하는 세상으로 변화하는 것이다. 일대 혁명이다.

유니버셜로봇Universal Robots이나 쿠카 로보틱스KUKA Robotics가 만든 로봇이 준비된 현장에서는 기능공의 업무가 바뀌고 있다. 이전의 기능공이 로봇 코치로 업무를 변경하고 있는 것이다. 이들은 자신들이 하던 시시콜콜한 모든 작업들을 로봇들에게 전수하고 있다.

기계 가공은 대부분 공작기계를 사용하는데 이전의 작업자들은 공작기계가 일을 잘하도록 돕는 것이 주요한 업무였다. 이런 업무가 변하는 것은 아니지만 새로운 로봇은 이전의 사람 작업자가 하던 일을 상당 부분 넘겨받는다. 미국의 테그라 메디컬Tegra Medical의 사례가 인상적이다. 머리가 희끗한 작업자와 로봇이 함께 일하고 있는 것이다. 〈사진 10〉처럼 고령의 작업자는 로봇이 일을 잘했는지 못했는지를 살피고 로봇은 열심히 재료를 깎고, 갈고, 부품을 교체하고, 스위치도 직접 누르면서 고령의 작업자를 돕는다.

꼭 고령자만 로봇의 도움을 받는 것은 아니다. 이제 일하기 시작한 지 얼마 되지 않은 젊은 작업자도 마찬가지다. 전문가의 도움이 필요하겠지만, 얼마 지나지 않아 로봇 감독자의 위치로 변신을 하게 된다. 로봇이 할 수 없는 일만 해결하면서 로봇을 관리하고, 로봇과 하나의 팀이 되어 업무를 처리하는 관리자 역할을 맡는 것이다. 그것도 아주 젊

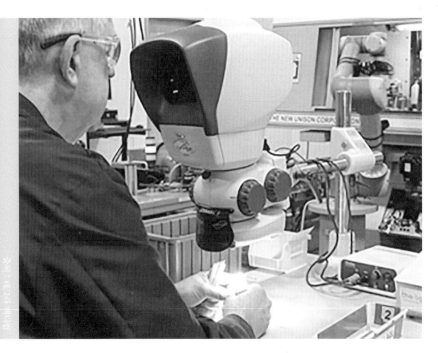

사진 10 미국의 테그라 메디컬의 로봇 협업 사례

은 나이에 말이다.

시간이 지날수록 사람들은 수준 높은 인공지능을 장착한 로봇 동료의 도움을 받으며 일을 하게 될 것이다. 참고로 테그라 메디컬에 적용되는 로봇은 레벨4 수준의 로봇이다. GE의 산업현장에서 활약 중인 로봇 백스터Baxter와 소이어도 이미 중요한 첫걸음을 내디뎠다. 로봇은 스스로 작업을 진행하면서, 인간의 행동을 관찰할 수 있다. 로봇은 새로운 업무 방식을 학습하고 언제 인간이 도움을 요청할지 안다.

무인 이송장치가 공장 안팎을 누빈다

무인 이송장치

산업 제조현장에서 물건을 이송하는 일을 효과적으로 처리하기 위해 등장한 기기가 있다. 로봇의 사촌쯤 되는 이 기기는 무인 이송장치이다. 무인 이송장치 중 실무에서 많이 쓰이는 것은 무인 운반차^{AGV,} Automated Guided Vehicle다. 무인 운반차는 산업현장에서 부품이나 완성된 제품들을 싣고 옮기는 목적으로 사용되는 이송차량을 말한다. 이미 우리 주변에서 쉽게 찾을 수 있다. 삼성, 현대, LG 등 웬만한 대기업은 물론 전 세계 수많은 자동화를 추구하는 기업들의 현장을 무인 운반차가 누비고 있다.

무인 운반차가 나오기 이전에는 사람이 운반대를 통해서 부품이나 완제품을 직접 옮겼다. 특별한 경험과 기능을 요구하지 않는 단순 반복 업무였다. 현재 이런 일 대부분은 지게차가 담당하고 있다.

지게차는 다양한 일을 손쉽게 처리해주었다. 그러나 한 가지 결정적인 단점이 있었다. 훈련된 사람의 손길이 늘 필요했다. 기업들 입장에서는 작업자를 물건 옮기는 일에만 전념하도록 하는 것이 마뜩잖다. 그것도 적지 않은 임금을 주고 고용한 사람과 역시 고가에 구입한 기계가 단순한 업무에 투입되는 것이 오래된 불만 사항이었다. 그래서 기업은 가능한 한, 누구나 그때그때 지게차를 스스로 사용하길 원했다. 그러다 보니 미숙련 운전으로 인해 안전사고의 위험은 더욱 증가하였다.

자동화 및 제어 기술의 발전은 이송장치 영역에서도 예외는 아니었다. 무인 운반차라는 자동화된 이송장치가 등장하게 되었다. 무인 운반차는 가격이 비싼 편이고 그 적용 범위가 제한적이기는 하지만 일단 투자하면 그 가치와 효과는 꾸준하게 유지되었다. 즉, 잘 따져서 투자를 한다면 투자 대비 효과는 분명했다. 무인 운반차는 지게차처럼 빠른 속도로 움직이지는 않는다. 사람이 걷는 속도보다도 느리게 움직인다. 그렇지만 쉬지 않고 사람들이나 기계가 일하는 공간을 누비면서 필요한 물건을 적재적소에 운반하여 전달한다. 사람들이나 기계가 일하는 것을 거의 방해하지 않고 24시간 일을 할 수 있다는 이야기다.

덕분에 산업화된 국가에서는 무인 운반차가 이제 거의 보편화되었다. 물론 지게차도 활용되지만, 그것마저 점점 자동화되어 사람이 그 일을 하지 않아도 되는 방향으로 발전하고 있다.

지능이 있는 자율형 이송장치

이제 무인 운반차의 세계를 좀 더 살펴보자. 원리는 간단하다. 차체를 움직이게 하는 구동장치가 있고, 구동장치를 제어하는 제어장치가 있다. 또 바닥 및 공장의 상황을 알려주는 가이드, 그리고 사람이나 다른 구조물의 유무를 확인할 수 있는 센서가 있어서 정해진 궤도를 따라 안전하게 움직인다.

무인 운반차의 핵심은 제어장치인데 프로그래밍된 두뇌에 해당한다. 이 장치가 센서를 통하여 주변의 상황을 감지하고 모터를 구동하도록 지시한다. 필요에 따라 액추에이터를 통해 싣고 온 물건을 다른 장치로 옮겨 담는 움직임을 지시하는 것이다. 말이 지시이지 사실은 사람들이 미리 입력한 내용에 따라 판단하고 행동하는 것에 불과하다. 이처럼 기존 무인 운반차의 역할은 주로 정해진 틀 내에 머물렀다.

그런데 이러한 낮은 수준의 인공지능에서 벗어나 더 나은 수준으로 성능이 개선되고 있다. 정해진 상황뿐 아니라 변화하는 상황에서 능동적으로 대응하는 단계로 나아가고 있는 것이다. 즉, 자율적으로 반응하는 일이 가능해진 것이다.

일본 오므론Omron이 최근 인수한 미국의 어뎁트Adept사의 무인 운반차 제품에는 '자율주행'이란 명칭을 부여한다. 실제 명칭이 자율주행 로봇이다. 이렇게 불릴 만큼, 이전의 무인 운반차와는 근본적 차이를 보인다. 앞서 설명한 것처럼 스스로 주변의 상황에 유연하게 대응한다.

또 다른 무인 운반차는 세계 최대의 온라인 상점 아마존Amazon의 상품창고에서 찾아볼 수 있다. 아마존이 도입한 로봇 키바Kiva는 고객이 주문한 물건을 찾아 수만 평의 창고를 누빈다. 이전에는 많은 작업자가 창고 내부를 이리저리 뛰어다니면서 해야 하는 일이었다. 아마존이 처리하는 상품이 도서나 CD로 한정되었을 때는 사람 작업자가 각 선반을 돌아다니면서 주문된 상품을 받고 배송대로 옮기는 일이 그리 어렵지 않았을 것이다. 그러나 아마존이 처리하는 상품이 도서와 CD뿐만

사진 11　자율주행 이송장치

아니라 헤아릴 수 없을 만큼 다양한 상품으로 확대된 지금은 사람 작
업자가 주문된 물건을 적정 시간 내에 일일이 찾는 게 어렵게 되었다.
수많은 상품을 분류하는 일도 어려울 뿐만 아니라 아무리 분류를 잘
하여 상품을 저장한다 해도, 이를 체계적으로 기억하고 그 위치를 찾

아가서 필요한 물건을 담아 배송대로 옮기는 것은 인간의 능력 밖이다.

이런 일을 위해 등장한 것이 키바다. 키바는 날씨나 환경의 영향을 거의 받지 않는다. 게다가 키바는 기억력이 비상해서 새로 나온 물품이 아무리 많이 추가되어도 물품이 저장된 장소를 귀신같이 찾아내어 물건을 가져온다. 키바의 능력에 감탄한 아마존은 키바의 대당 가격이 만만하지 않다는 것을 알면서도 키바를 현장에 배치했다. 그 수는 처음에 1만5천 대 정도였다. 아마존은 키바가 무엇을 의미하는지 알아차렸다. 이에 아마존은 아예 키바를 아마존의 자회사로 만들어버렸다.

인수합병 이후 아마존은 더 많은 로봇을 현장에 배치했다. 현재는

4차 산업혁명 어떻게 시작할 것인가

출처·아마존

사진 12 키바

3만 대가 넘는 키바 로봇이 13개 아마존 유통센터에 배치되어 있다. 이제 키바 없는 아마존은 상상하기 어렵다. 아마존은 상품을 사고파는 온라인 상점을 넘어 자율운송기기를 공급하고 관리하는 회사로 진화하고 있다. 아마존의 키바는 자율 로봇의 현재와 미래의 방향을 잘 보여주는 예이다.

키바 외에도 널리 알려진 드론은 아마존의 새로운 이송 수단이 될 전망이다. 아직은 시험 중에 있으나 관련 법규와 기술이 보완되면 적당한 상품부터 드론을 통해 배송하게 될 것이다. 미국처럼 드넓은 평야가 있는 국가에서, 드론은 매우 효율적인 운송 수단이다. 주로 건물 내부에서 활약하는 아마존의 키바와 어뎁트의 자율주행 로봇의 활약뿐만 아니라, 건물 밖에서 공장과 공장을 연결하고 기업과 소비자를 잇는 드론의 활동을 지켜보는 것은 흥미로운 일이 아닐 수 없다.

공장 안과 밖으로 연결되는 자율 이송장치

분명히 자율 이송장치는 이제 건물 내부를 벗어나 야적장이나 외부 공간으로 진출할 것이다. 지금까지는 기술적인 제약으로 공장이나 건물 내부에서만 운영되었지만, 상황이 바뀌었다. 이미 공장 바깥에서의 장거리 이송 활동은 상당히 진화했다. 다임러Daimler AG의 무인자율주행 트럭은 그 구체적 가능성을 보여주는 사례이다. 장거리를 주행하는 이 트럭 속에는 운전자가 앉기는 할 것이다. 하지만 운전석에 앉은 운전자는 운전이 아닌 다른 행정적인 일을 처리하게 될 것 같다. 휴식을 취할 수도 있을 것이다. 아니면 여러 자율운송 차량을 지휘하고 통제하는 관리자의 역할을 하게 될지도 모른다.

사람이 타고 이동하는 목적으로 개발된 자율이동 자동차는 구글의 자율이동 차량을 필두로 이미 다양한 자동차 기업들에 의해 다양한 환경에서 그 적용 가능성과 타당성이 검증되었다. 대중의 관심이 높은 편은 아니지만, 비슷한 원리로 자율 트럭에도 다양한 실험과 연구가 진행되고 있다. 기술의 보완 및 수정을 위한 다양한 시도와 새로운 접근 덕분에, 자율주행 차량의 실제 적용과 응용은 트럭이 오히려 더 빠를지도 모른다.

자율 트럭은 승용차와 달리 빠른 속도로 구동될 필요가 없다는 점, 또 차량이 많이 다니는 낮 시간에 움직이지 않아도 된다는 점이 유리한 변수로 작용한다. 또 한 가지는 아직 시험된 바가 보고되지는 않았지만 필요 시 천천히 줄을 지어 이동하여도 된다는 점이 변수로 작용할 것 같다. 자율 트럭 행렬을 관리하는 소수의 운전자가 마치 기차가 화물칸을 이어 달리는 것과 같이 화물 이송 대열을 이끄는 일이 실현되는 날이 오지 말라는 법은 없다. 물론 인공지능 관제가 되는 중간 물류 기지의 많은 발전을 전제로 상상하는 미래의 모습이다.

장거리 이송 말고도 공장이나 건물 내부 이송과 외부 이송의 접점에서 일어날 이송 수단의 활약도 예상하면 할수록 흥미롭다. 지금처럼 사람이 물건을 일일이 종이전표로 확인하는 일은 역사 속으로 사라질 것이다. 사물과 사물이 연결된 상태에서 공장 창고 앞으로 다가온 이송 수단은 전달될 상품의 리스트를 전달받을 이송 수단에게 실시간으로 공유하게 될 것이다. 이런 일에는 사람이 끼어들 필요가 없다. 물건의 정보는 부여된 코드 및 눈에 보이지 않는 센서에 기록되어 있으므로 물건을 검사하거나 확인하는 일은 아예 사라질 것이다. 인간이 해야 하는 일은 부품이나 조립품이 파손되거나 긁히지 않도록 포장된 포장재를 제거하는 정도가 전부일 가능성이 많다.

지금 산업용 사물인터넷이 추구하는 일은 공장 내부의 사물과 공장 외부의 사물의 연결이라는 점에서, 이런 장면은 공상 소설에나 등장하는 상상이 아니라는 것을 알아야 한다. 실제로 국내의 한 의료기기 회사는 부품의 납품 이전부터 부품에 대한 정보, 창고 입고, 적재, 부품 선택 및 현장 배치를 물 흐르듯 처리하는 프로세스를 실현하기 위한 연구를 진행 중이다. 이런 일에 필요한 기술과 기기는 이미 곳곳에서 제공되고 있다. 선택의 문제만 남았다.

간단히 정리하면 앞으로 펼쳐질 이송의 세계는 이러하다. 공장 내부에서는 기계가 필요한 부품을 요구하는 신호를 스스로 내보내고 무인 운반차는 그런 부품을 전달할 것이며, 자율 트럭이 부품을 외부로 배송하는 모습이 펼쳐질 것이다. 물류는 도요타에서 이미 널리 활용된 방식 - 즉, 필요한 것을 현장에서 바로 쓸 수 있는 저스트 인 타임Just In Time 방식으로 추진되는 것 - 이 자동으로 가능해질 것이다. 공장 외부의 운송에는 자율 트럭, 드론, 견마 로봇과 같은 새로운 수단이 등장할 것이다.

　이런 일들은 스마트 물류 등의 이름으로 자주 거론될 것이다. 자율주행 트럭은 기존 운전사의 일자리를 없애는 것이 아니라 일자리의 질을 개선하고 보완하는 역할을 할 것으로 예상된다. 특히, 자율주행 트럭은 장거리 운송 운전자의 업무를 보완 및 개선할 수 있을 것이다. 도로, 운송차, 여러 공장들의 연결은 장시간 막히는 도로에서 불필요하게 연료를 소모하고 유해가스를 공기 중으로 방출하지 않아도 된다는 것을 의미한다. 당장 필요하지도 않은데 늘 하던 대로 주간에 화물을 전달하기 위해 막히는 도로를 달려야 하는 상황이 최적화 분산 운행의 형태로 바뀌기 때문이다.

　독일 함부르크 항만에는 일일 물동량 처리를 위해 매일 약 4만 대의 트럭이 유입된다. 10년 내에 물동량이 두 배 증가될 것으로 예상되는 상황인데, 항만을 확장하기에는 상황이 여의치 않다. 항만을 오가는 트럭이 늘어날수록 도로가 정체되고 그 위에 길게 늘어선 트럭들의 연료 소모와 배기가스 배출이 많아졌다. 이에 항만 관리청은 항만의 주요 사물인 도로, 부두, 다리, 창고, 크레인, 기차, 트럭, 바지선Barge 등에 센서를 붙이고 270km 상당의 광섬유를 설치하여 이들을 사물인터넷으로 연결했다. 모든 정보와 데이터를 실시간으로 분석하고 관제하기 시작하였다. 그 결과 트럭들의 정체와 불필요한 공회전, 공해물질 배출, 연료 낭비 등이 대폭 줄었다.

　지금의 모든 트럭이 자율주행 트럭으로 대체된다면 항만은 어떤 모습을 보일까? 아마 지금보다 훨씬 더 원활한 항만 운용 및 관리가 가능하게 될 것이다. 미래의 공장은 이처럼 공장 내부와 외부를 가로질러 움직이는 자율형 무인 운반차와 자율주행 운송 수단에 의해 최적화된 물류 시스템을 실현하게 될 것이다.

빅데이터를 활용한 분석이 보편화된다

황금 노다지

많은 사람들이 이미 빅데이터에 대해 말하고 있다. 수많은 전문가들이 활약하고 있기도 하다. 이들은 한결같이 데이터를 효과적으로 이용하면 황금을 캘 수 있다고 말한다. 빅데이터는 정말 황금 노다지일까?

본래 빅데이터는 주로 소비자의 행태, 사회 현상이나 위험 상황을 예측하는 분야에서 조금씩 활용되었다. 그러나 시간이 지나고 데이터 습득 관련 기술은 물론 분석 알고리즘과 분석을 위한 하드웨어와 소프트웨어가 발전하면서 이제 그 응용 범위가 넓어지고 동시에 다양해지고 있다.

널리 알려진 성공 사례는 자라Zara의 이야기다. 2008년경 스페인의 의류 업체인 자라는 빅데이터를 활용해서 신제품을 출시하는 방법을 연구했다. 이 시도가 성공하면서 자라는 고객이 원하는 제품을 더 빨리 내놓고, 더 많이 팔 수 있게 되었다. 흥미롭게도 매출은 늘었는데 재고는 줄어들었다. 보통 다른 의류 관련 기업 같으면 매출이 늘면 의류의 재고도 같이 느는데, 자라는 그렇지 않은 것이다. 그 덕에 자라는 그 해에 3천5백억 원 상당의 초과 이익을 얻었다고 한다.

빅데이터 기술을 바탕으로, 자라는 세계 1위 의류 회사의 자리에 올라섰다. 자라는 지금도 시장이 원하는 제품을 파악해서 1~2주 단위로 신제품을 출시한다. 고객이 어떤 옷을 원하는지 파악한 뒤, 그에 맞는 제품을 빠르게 제공하는 것이 성공의 비결이다.

빅데이터는 병원, 백화점, 쇼핑몰, 인터넷 등 다양한 곳에서 확보한 수많은 데이터를 활용한다. 이를 통해 이전에는 얻을 수 없었던 다양한 인사이트를 얻을 수 있었다. 얼마 전 삼성이 소위 싱글족을 위한 소형 세탁기를 개발해놓고 최종적으로는 출시하지 않았던 일이 있다. 삼성은 동부대우에서 만들었던 싱글 세탁기가 초기에 인기를 끌었던 점에 착안해서 제품 개발을 서둘렀다. 그러나 막상 최종 출시 전에 양산Mass Production을 포기하였다. 결정은 빅데이터의 도움이 있었기에 가능했다. 예상했던 목표 고객인 싱글족이 소형 세탁기를 사지 않는다는 사실을 빅데이터를 통해 확인하게 된 것이다. 소형 세탁기는 반짝 인기를 뒤로 점점 그 수요가 줄어들고 있다. 이렇듯 빅데이터는 우리가 궁금해하는 현상을 과학적으로 보여주며, 이전보다 더 잘 이해할 수 있도록 돕고 있다.

지금 빅데이터는 금융기관의 자금세탁 방지, 기업 감사 및 분석, 범죄 분석 및 예측, 고객 행태 및 선호도 분석, 공기나 수질과 같은 환경의 이상 유무 분석 등 이루 다 열거할 수 없을 정도로 다양한 분야에 적용되고 있다.

산업현장, 데이터의 보고

그런데 성공적으로 빅데이터를 잘 활용하기 위해서는 먼저 좋은 데이터를 확보해야 한다. 데이터의 특징은 세 가지로 요약된다. 양Volume이 많으면 좋고, 더 빠른 속도Velocity로 데이터를 뽑아낼 수 있으면 좋고, 더 많은 종류Variety의 데이터를 얻을 수 있으면 좋다. 영어의 앞 글자를 따 '3V'라고도 불린다. 여기에 데이터의 신뢰성Veracity까지 더해 '4V'를 이야기하기도 한다.

여기서 가장 먼저 주목하는 것은 데이터의 양이다. 데이터가 많으면 일단 분석하기 좋은 환경이 만들어진다. 그래서 양을 중시하는데 이전에는 얻기 어려웠던 데이터도 쉽게 얻을 수 있는 시대로 접어들었다.

데이터의 종류 또한 다양해진다. 이전에는 수집하지 못하던 종류의 데이터를 모을 수 있게 되었다. 종류가 많으면 우리가 인식하지 못하던 새로운 증거를 찾아내거나 그 사이 관계를 들여다볼 수 있게 된다.

데이터의 수집 속도도 중요하다. 데이터를 얼마나 자주, 빨리 수집할 수 있는가에 따라 할 수 있는 일이 달라진다. 특히 자율주행 자동차처럼 실시간으로 끊임없이 판단을 해야 하는 상황이라면 데이터의 수집

속도가 관건이 된다. 공장에서 다양한 제품을 한 라인에서 생산할 때도 이 같은 수집 속도는 중요하다. 빨리 판단하기 위해서는 데이터가 늘 준비되어 있어야 하는 것이다.

빅데이터 활동에 사용되는 데이터는 어디에서 얻게 되는가? 자라의 예처럼 수천 개의 자사 매장에서 데이터를 수집할 수 있다. 또 소셜커머스Social Commerce[21]와 같은 웹이나 모바일 공간에서부터 백화점, 쇼핑몰, 카페 등과 같은 오프라인 장소에서 데이터를 수집할 수도 있다. 이제는 의료기관, 금융기관, 공항 등으로 그 범위가 더욱 빠르게 넓어지고 있다. 데이터 수집의 영역은 규정하는 것이 의미 없을 만큼 빠른 속도로 넓어지고 있다.

그런데 그동안 잘 알려지지 않은 데이터의 보고, 황금어장이 여전히 남아 있다는 점을 우리는 종종 잊는다. 놀랍게도 지금 우리가 앞서 논의한 모든 분야의 데이터를 합친 양과 종류보다 더 크고, 더 다양한 데이터가 매 순간 쏟아져 나올 곳이 있다. 그곳은 바로 제조산업현장이다.

제조산업현장에서 얻을 수 있는 데이터의 양과 속도와 종류는 어마어마하다. 그 규모가 클 뿐 아니라 실시간으로 또 지속적으로 데이터를 얻을 수 있다. 이런 데이터를 제대로 활용하기만 한다면 산업현장은 황금어장으로 바뀔 수 있다.

인더스트리4.0이 말하는 스마트 팩토리가 빅데이터와 접목되는 것도

---

21 소셜네트워크서비스(SNS)를 통하여 이루어지는 전자상거래를 가리키는 말이다..

이런 이유 때문이다. 산업현장의 빅데이터도 여느 빅데이터와 마찬가지로 '데이터의 질'과 '분석 기법'이 매우 중요하다. 만일 데이터의 양과 질의 수준이 동일한 조건에 있다고 하면, 분석 알고리즘이 무엇인지가 중요해진다.

인더스트리4.0이 진전될수록 빅데이터가 요구하는 데이터 취합 시간은 짧아질 것이다. 이를 통해서 소위 실시간 시뮬레이션 또는 의사결정이 이뤄질 것으로 예상된다. 아직 누구도 이런 수준의 기술을 확보하지는 못한 것으로 보인다. 그러나 머지않은 장래, 즉 10년 내로 이런 수준의 빅데이터가 스마트 팩토리 내에서 운용될 것으로 예측하는 것은 어렵지 않다.

제조현장에서의 빅데이터 응용은 이미 최적화나 원인 분석 영역에서 널리 적용될 기반을 갖추고 있다. 예컨대 공장을 어떻게 운영하는 것이 가장 좋을지 결정을 내릴 때 빅데이터의 도움을 받아 훨씬 합리적으로 결정할 수도 있다. 또한 결함 및 불량의 원인 분석 등도 가능하다. 제품이란 품질 문제가 생기기 마련인데 잘 잡히지 않는 원인을 빅데이터를 활용하면 보다 효과적으로 찾아낼 수 있다. 이외에도 다양한 활용이 가능하다. 에너지 절감 방안, 수율 향상 방안, 원료 수요 예측, 문제점 사전 예측, 소비자 수요 분석 등이 그것이다. 이런 황금어장이 어디 또 있을까 하고 반문해야 할 정도이다.

황금어장에는 아직 주인이 없다

이런 기회를 가장 먼저 잡은 기업 중 하나가 앞서 소개한 GE이다. 재빨리 움직인 GE는 개방형 산업 사물인터넷 플랫폼인 프레딕스를 이미 공급하고 있다. 프레딕스 플랫폼은 데이터 수집 프로세스의 절차 및 방법 그리고 가장 중요한 요소인 분석 기법까지 서비스하는 산업용 운용체계이다.

GE 외에도 여러 기업이 빅데이터, 사물인터넷, 인공지능을 비롯한 신기술을 현장에 도입하고 있다. IBM은 자체 개발한 인공지능 기술인 왓슨Watson을 활용해 SROMSmarter Resource and Operations Management이라 불리는 산업별 맞춤 데이터 저장 및 서비스 시스템을 구축했다.

IBM은 이처럼 데이터에 기반한 서비스를 갖춤으로써 설비 보전, 고장 예방 분석, 공정과 장비 분석, 공정 감시 및 공정 최적화와 같은 일을 지원할 수 있게 되었다. 이를 바탕으로 현재는 전자, 반도체, 자동차, 석유화학, 에너지 및 제반 시설, 광업 및 금속산업 등 거의 전 사업분야에 걸쳐서 맞춤 서비스를 제공하고 있다.

빅데이터는 소비자 관련 비즈니스에서도 널리 적용되지만 앞으로는 제조 및 산업현장에서 더 빠르고 폭넓게 활용될 것이다. 궁극적으로는 실시간으로 수많은 데이터를 분석하는 날이 올 것이다. 기업이든 개인이든 이런 변화의 흐름을 주목하고 당장 가용할 수 있는 기술을 빠르게 도입하고 적극적으로 학습하는 자세가 필요하다.

예지적 분석은 이미 시작되었다

예지적인 일이 가능해진다

맥킨지McKinsey & Company는 인더스트리4.0과 관련하여 제조 기업이 당장 적용할 수 있는 다섯 가지 솔루션을 선정했는데, 거기에 예지적 분석Predictive Analysis과 예지적 유지보수Predictive Maintenance가 포함되었다. 예지적이란 말은 '어떤 일이 일어날 것을 미리 알아차리는 것'을 말한다. 이는 이전에 수행하던 예방적 유지보수Preventive Maintenance와 다르다. 예를 들어 철강 공장에서는 오래전부터 전문가들이 정기적으로 현장을 돌곤 하였다. 이들의 임무는 주요 설비를 점검하는 것이었다. 이들 전문가는 기본적으로 소음과 진동 수준을 체크하였다. 설비에 문제가 생기면 소음이 크게 난다는 경험을 토대로 확인 작업을 하는 것이었다. 또한 진동 수준을 확인했다. 진동의 수준이 높으면 문제가 생긴 것으로 판단하는 것이다.

이런 일은 문제가 생기기 전에 예방적으로 조치를 취하는 제법 앞선 혁신 활동이다. 또한 문제 예방을 위한 매뉴얼도 작성되었다. 주요 설비의 베어링을 정기적으로 교체하는 경우를 생각해보자. 본래 베어링은 이론적인 수명이 있어서 일정 시간이 지나면 수명이 다하는데, 이는 확률적으로 판단할 수 있다. 만일 100개당 한 개가 파손되는 상황이(이를 L1 수명이라 부른다)이 확률적으로 10만 시간 가동이라면, 베어링이 아직 생생하게 잘 돌아도 10만 시간이 되면 베어링을 교체하는 것이다. 그렇게 해서 확률적으로 문제가 발생하는 상황을 줄여나가는 것이다. 예기치 않게 기계가 서는 것보다는 비용이 싸게 먹히기 때문이다.

이런 예방적 활동에 비해 예지적 활동은 보다 스마트하다는 점에서 다르다. 베어링을 사용하는 기계에 센서를 설치하여 베어링 부근에 나타나는 진동을 측정하는 것이 핵심이다. 설치된 센서는 기계 또는 설비가 작동하는 동안 실시간으로 그 설치 부위의 진동 수준을 디지털 데이터화하여 클라우드에 보낸다. 이렇게 보내진 데이터는 패턴 및 통계 등 다양한 기준으로 빠르게 분석된다. 패턴이 변하거나 기준 통계를 벗어나면 신호를 보내는 식이다.

구체적으로 설명하면 베어링에는 강구가 연삭면 위를 굴러간다. 아주 반들반들한 표면 위를 구르는데 그 표면은 거칠기^{Roughness}가 0.005mm 정도로 거울처럼 매끄럽다. 그런데 베어링의 수명이 점차 다해가면 작은 흠집이 생기기 시작한다. 피부에 물집이 생기는 것과 같은 이치다. 그런데 그 흠집의 크기 역시 아주 미세해서 0.1mm 정도밖에 되지 않는다. 이런 미세한 흠집이 만들어내는 진동의 차이는 매우 작아 사람은 알아차리지 못한다. 그래서 대부분의 전문가도 이런 수준을 감지하지 못한다. 그러나 센서는 이런 차이를 있는 그대로 측정하고 보고한다. 센서는 스스로 이런 수준을 분석하지 못하지만 이런 데이터들이 쌓여 있는 클라우드 위의 계산기는 미세한 패턴의 변화를 알아차린다. 그리고 주의를 집중하기 시작하거나 이 정보를 관련자에게 전달하는 것이다.

실제 베어링이 이런 작은 흠집에서부터 파손에 이르기까지는 수백 시간이 더 걸린다. 심지어 큰 소음이 날 정도가 되어도 베어링은 여전히 회전을 하고 역할을 한다. 바퀴의 바람이 빠진 타이어가 여전히 굴러가는 것과 같은 이치다.

예지적 분석이란 이처럼 문제가 생기기 전부터 문제를 파악하고 미리 준비를 하도록 하는 것을 말한다. 예지적 유지보수 사례를 보면 공장 관계자들은 설비의 이상을 감지 못하고 있는 것이 대부분이다. 그러나 예지적 유지보수 서비스를 제공하는 기업들은 이미 문제가 시작되고 있는 것을 파악하고 있다.

"단조 기계에 이상이 있으니 다음 주말 공장이 휴무를 하게 되면 설비를 점검해주십시오."

이렇게 메시지를 보내면 공장 관계자는 사실 어리둥절해하는 경우도 있다. 사례는 이뿐이 아니다. 시베리아를 지나는 송유관의 사례를 보자. 이 송유관에 흐르는 원유의 압력에 미세한 차이가 생긴다 해도, 사람은 이를 도저히 감지해낼 수 없다. 이런 문제가 감지되는 것은 송유관에서 기름이 상당 기간 새거나 우연히 그런 기름이 발견된 다음이다. 그러나 예지적 분석용 솔루션은 이상을 바로 알아챈다. 작은 압력의 차이와 패턴의 변화를 통해서 알아내는 것이다. 그 다음 문제의 발생 위치를 찾는다. 원인 추정 또한 가능하다. 그리고 필요한 대응 방안이나 조치를 제안한다. 이럴 때는 과거 문제에서의 경험 및 해결 패턴 등이 참고되고 활용된다. 이런 일들을 인공지능이 해낸다.

이처럼 큰 문제로 이어지기 전에 종합적인 판단과 분석을 하며 미리 조치를 하도록 안내를 하는 것을 예지적 유지보수 활동이라 말한다.

전통적 방법에서 실시간 품질관리로 진화한다

일정한 품질 수준을 확보하기 위한 전통적으로 사용하는 방법으로는 FMEA Failure Mode & Effect Analysis, 고장 유형 및 영향 분석이란 것이 있다. 또 SQC Statistical Quality Control, 통계적 품질관리 기법이 있다. 여기서 FMEA는 제품 개발 단계에서 이전의 제품이나, 유사 제품, 경쟁사의 제품에서 발생했던 품질 문제들을 검토한 것을 응용하는 기법이다. 과거 기록과 정보를 바탕으로 새로 개발하는 제품에 어떤 불량이 생길 수 있는지를 미리 예상한다. 또 이것이 어떤 심각한 문제를 일으킬 수 있는지, 그 문제가 발생할 가능성이 얼마나 되는지 파악한다.

여기에 산업용 사물인터넷과 센서가 더해지면 보다 더 스마트해진다. 수집되는 데이터의 양과 종류가 방대해지면서 가능해지는 것이다. 제조현장에서 수집된 데이터는 클라우드에 모여 분석된다. 데이터는 다음 단계의 FMEA에서 다시 활용된다. 이런 방법 외에도 양산 과정 중에 제품의 품질을 실시간 모니터링하고 실시간 측정하는 기법도 가능하다. 사물인터넷과 센서가 도입된 제조환경은 과거의 제조환경과 근본적으로 다르다. 그 차이는 수집 가능한 데이터의 폭과 종류이다. '누락 없는 데이터'의 실현이 가능해지는 것이다. 이는 샘플링과 전수 검사의 차이와 같다.

제품에서 가장 기본이 되는 치수의 예를 들어보자. 잘 알려진 것처럼 항공산업, 조선산업, 자동차산업과 같은 업종에 종사하는 엔지니어의 가장 큰 고민 중 하나가 공차Tolerance[22] 누적이다. 항공기 제조의 경우 누적 공차를 잘못 관리하면, 극단적으로 일렬로 놓인 모든 부품이 상한치로 조립되어 비행기 조립에 문제가 생길 뿐만 아니라 비행기가 정상적인 길이보다 훨씬 길어지는 문제가 생길 수 있다.

좀 더 쉬운 설명을 위해 〈그림 5〉를 보자. 그림에서 보는 것처럼 A, B 두 개의 부품이 조립될 때 A부품의 위쪽 구멍으로 축이 끼워진다고 하자. 이때 A부품과 B부품이 제품 스펙상으로는 서로 문제가 없으나 이 두 개의 부품이 모두 상한치 또는 하한치로 가공되어 있다면 구멍에 축이 잘 끼워지지 않을 가능성이 크다.

이런 일은 실제 비일비재하다. 중국의 유명한 스마트폰 제조 기업에서는 스마트폰의 커버와 몸체의 제작을 두 개 기업에 발주하는데 두 개 회사 제품을 서로 바꾸어 조립하면 조립이 안 되는 경우가 빈발하였다. 그 원인을 찾지 못해 고생하는 것을 본 적이 있다. 이들이 만일 모든 부품을 모두 측정하여 공차별로 맞는 부품끼리 결합을 한다면 이런 일은 없을 것이다. 물론 더 좋은 방법은 가공 기준 축을 동일하게

---

22 기계부품 및 제품을 제작할 때 설계상 정해진 치수에 대해 허용되는 범위의 오차를 가리킨다.

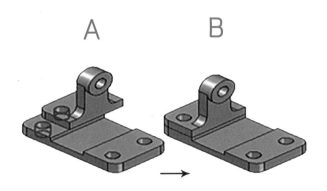

그림 5. 부품조립의 예

관리하여 공차관리를 하면 역시 조립의 문제가 생기지 않을 것이다.

누락 없는 데이터를 실시간으로 수집하는 제조 기업은 주변에서 쉽게 찾을 수 없다. 그러나 가까운 미래의 스마트 팩토리는 이런 일들에 도전할 것이 분명하다.

품질관리를 위해서 머신 비전Machine Vision[23]과 인공지능 알고리즘을 활용하는 경우도 점차 증가할 것이다. 예를 들어 국내의 L기업은 대부

---

23 보통은 사람이 해야 하는 기계, 반도체, LCD 제품 등의 품질 검사를 카메라와 컴퓨터를 통해 대신하는 것이다. 예를 들어 LCD 모니터의 불량을 판별하기 위해서 예전에는 LCD를 켜놓고 사람이 일일이 확인했어야 했다. 하루에 공장에서 생산되는 제품 수를 생각해 볼 때 시간과 인력의 소비가 상당할 것이다. 하지만 머신 비전을 응용하면 LCD 사진을 카메라로 찍어서 컴퓨터로 처리하면 컴퓨터가 자동으로 불량의 유무, 위치, 종류까지 판별해준다. 효율성 향상과 인력 절감이라는 측면에서 획기적인 기술이라 할 수 있다.

분 공정이 기계 중심으로 돌아가는 공정이어서 생산라인에는 인원이 많지 않다. 하지만 유독 사람이 많이 모여 있는 공정이 하나 있는데 바로 최종 검사 공정이다.

이 공정은 완제품을 모두 조립하고 나서 최종 검사하는 공정이다. 제품이 포장된 상태에서 외관을 검사하는 공정으로서 포장 내에 오물이나 먼지가 있는지, 제품에 얼룩이나 오염물이 묻어 있지 않은지, 제품에는 긁힘이나 깨짐이 없는지를 일일이 검사하는 것이다. 수백 명의 작업자가 커다란 돋보기 렌즈로 들여다보며 검사를 한다. 단순하고 반복적인 작업이지만 검사의 특성상 사람이 아니면 불량을 검출해낼 수 없다는 생각 때문인지 이런 방법은 상당히 오랫동안 당연하게 여겨졌다.

그런데 최근 머신 비전 회사의 엔지니어로부터 새로운 제안이 들어왔다. 품질 검사를 수행할 수 있는 알고리즘을 개발해서 자동측정 검사기를 제작하자는 것이었다. 처음에 다소 우려스러웠던 것과는 달리 자동측정 검사기는 사람이 검출해내는 것과 동등한 수준으로 검사 임무를 수행하고 있다. 결과적으로 사람이 하던 검사 업무의 상당 부분을 비전 기능이 부착된 스마트 검사기로 대체할 수 있다는 이야기다.

최근 머신 비전, 엑스레이X-Ray 또는 초음파와 더불어 훌륭한 알고리즘으로 무장한 스마트한 자동측정 검사기기가 활발하게 개발되고 있다. 이 중에는 로봇의 형태로 개발되는 검사기기도 있다.

예지적 유지보수 활동은 이미 수없이 많다

미국의 힐코 에너지^{Hilcorp Energy}사는 알래스카의 석유 시추 설비를 운영하는 회사다. 이 회사는 사이버 원격 서비스^{VSE, Virtual Support Engineer}를 이용하는데, 이 서비스는 마이크로소프트의 애져^{Azure}를 기반으로 하는 로크웰 오토메이션의 클라우드를 플랫폼으로 사용한다.

현장의 고압모터로 구동되는 대용량 펌프는 사이버 공간으로 실시간 연결되어 있다. 항시 운전 상태가 모니터링된다. 원격 서비스센터의 전문 엔지니어는 이런 시스템을 살피면서 만약 연결된 설비 상태에 어떤 이상 징후가 발견되면 즉각 현장의 운전자에게 알린다. 이런 통보는 갑작스런 고장이 발생하기 전 필요한 조치를 포함한다. 종종 현장의 운전자는 놀라기도 한다. 아직 문제를 감지하지 못하고 있었기 때문이다. 수백 킬로미터 떨어진 곳에 있는 지원센터에서 문제를 미리 알고 통보해주는 조치에 감탄하는 것이다. 이런 예지적인 활동 덕에 큰 사고나 문제 없이 석유 시추 활동을 지속하는 것이다.

사출기를 만드는 제조 기업의 또 다른 사례를 보자. 참고로 사출기는 우리 주변에서 볼 수 있는 각종 플라스틱 제품을 만드는 설비이다. 사출기로 만드는 제품은 간단한 물컵, 주사기, 식품용기부터 자동차 내부 인테리어를 완성하는 데 사용되는 부품이나 재료를 말하는 의장재와 범퍼 등 그 종류와 범위가 매우 넓다.

브라질에 있는 B사는 자동차 제조와 관련된 1차 부품 공급사다. 이 회사에 사출기를 납품하는 회사인 A사는 어느 날 B사로부터 긴급한 연락를 받았다. 최근 납품한 사출기가 고장이 났는지 작동하지 않는다는 것이었다. B사의 설비보전팀 엔지니어들이 나서서 수리하려고 시도하였으나 복구하지 못해서 급히 연락을 했다는 것이다. 이들은 최대한 빠른 시간 내에 수리해야 하니 가장 실력 있고 경험이 많은 고참 엔지니어를 보내달라고 요청했다.

A회사에서는 이들이 요청한 대로 유능한 고참 엔지니어를 급히 찾아서 브라질에 있는 B회사로 파견했다. 당연히 B사가 설명한 고장에 따라 이를 고치는 데 필요한 부품들도 함께 챙겨서 보냈다.

문제는 고참 엔지니어가 브라질에 도착했을 때 발생했다. 고장 난 장비를 확인한 고참 엔지니어는 난감했다. 고장의 원인은 막상 다른 곳에 있었다. 열심히 준비해 챙겨간 부품은 아무 소용이 없었다. 고참 엔지니어는 부랴부랴 한국 본사로 연락해서 새로운 부품을 요청했다. 항공기 편으로 부품을 받는다고 최선을 다했지만 이미 상당한 시간이 소요된 뒤였다. 결과적으로 수리를 마친 뒤 설비를 정상적으로 복구시키기까지는 도합 7일이 걸렸다.

B회사의 생산관리팀이나 공장장 그리고 사업부장은 장비가 복구될 때까지 잠 못 이루며 말 그대로 피 말리는 시간을 보냈다. B회사가 납품하는 협력업체의 생산라인이 중단될 우려가 있었기 때문이다. 만일 부품의 결품으로 자동차 생산라인이 멈추게 되면 그로 인한 손실은 모두 B사에 부과되는데 이는 B사로서는 감당하기 어려운 부담이 아닐수 없었다. 하루만 더 늦어도 결품이 생길 상황이었으나, 불행 중 다행

으로 그런 사태까지는 일어나지 않았다.

그러나 B사는 이미 상당한 손실을 입은 상태였다. 정상적으로는 화물차로 보내도 되는 부품을 신속한 공급을 위해 항공기로 운송함으로써 과다한 비용이 발생했기 때문이다.

'만일 자동차 생산라인이 멈췄으면 어찌 되었을까…'

B사의 공장장은 지금도 그때 생각만 하면 모골이 송연하다.

B사는 그 이후에 이런 문제를 사전에 방지하기 위해 A사로부터 원격지원 모니터링 서비스를 받기로 결정했다. 이 서비스를 적용하면서부터 사출기에 관련된 문제점은 A사가 설치한 센서에 의해 미리 감지되고 그 조치 방법이 현장의 담당자에게 즉시 통보되었다.

그 이후부터 사출기가 심각하게 고장 나는 일은 없었다. 혹시 설비에 예기치 않은 고장이 나더라도 A사가 고장 난 부위를 정확히 파악하고 있기에 과거와 같은 불상사는 재발하지 않을 것이라는 믿음이 생겼다. 그 덕에 B사의 공장장은 평온을 되찾았다.

시행착오의 최소화를 위한
실시간 시뮬레이션이 일상화된다

시뮬레이션은 인간만이 누리는 축복

시뮬레이션은 어떤 일을 미리 해보는 것을 의미한다. 일어날 조건을 미리 만들어놓고 검증하는 것이다. 이를 통해서 문제점을 사전에 발견해 고치거나 방지할 방법을 찾는 것이다. 시뮬레이션의 역사는 컴퓨터의 역사와 궤적을 함께한다. 컴퓨터로 시뮬레이션을 하는 것이 비용 측면에서 가장 합리적이었기 때문이다. 그러나 시뮬레이션이 모두 컴퓨터를 통해서 시도되었던 것은 아니다.

과거 한국의 조선소에서는 두꺼운 종이로 만든 모형을 이용해서 블록 배치나 조립을 사전에 검증하기도 하였다. 한국만이 아니다. 도요타 자동차도 설계 검증을 위한 시뮬레이션을 두꺼운 종이로 만든 모형으로 실시하곤 했다. 1990년대 중반까지만 해도 이런 방법이 꽤 효과적이었다. 그러나 이젠 한국의 조선소나 도요타 자동차에서 이런 모습을 발견할 수 없다. 당연하지만 이런 일들은 모두 컴퓨터 안에서 이뤄진다.

설계나 제품의 검증만 이렇게 하는 것이 아니다. 제조 생산의 스케줄도 시뮬레이션의 대상이다. 조선소의 경우에는 생산 스케줄을 거의 매일 점검해야 했다. 모든 조건들이 변하기 때문이다. 도크Dock의 상황도 변화하고 부품의 준비에 따라 작업의 순서나 일정이 바뀌기 때문이다.

또 현장에 투입되는 인력의 유무에 따라서 생산 계획이 바뀌기도 한다. 예정된 전체 일정이 존재하지만, 거의 매일 생산 일정을 시뮬레이션 해보아야 한다. 지금도 이런 여건이 바뀐 것은 아니다.

현재 조선소는 수주 절벽이라는 초유의 위기 사태를 맞아 일거리가 부족하기 때문에 이렇게까지 빠듯하게 일정을 검증할 필요는 없을지 모른다. 그러나 2000년대부터 얼마 전까지만 해도 조선소에서 생산 계획 및 검증 시뮬레이션은 가장 중요한 절차였다.

이런 일이 조선소에만 있는 것은 아니다. 시장은 빠르게 변화하고 고객의 마음은 갈대처럼 흔들린다. 고객은 종종 자신의 특별한 취향을 주문에 포함하기도 하는데 이런 경우에는 제품을 만들다가도 중요한 결단을 내려야 하는 경우가 왕왕 생긴다. 트럭이나 버스와 같은 경우에는 특별한 사양이 많이 반영되기도 한다. 이런 주문을 반영해서 생산 계획을 짠 뒤 제품을 만들고 있는데 갑자기 고객이 주문을 취소하면 어떻게 하는 것이 최선일까? 다양한 조건과 복합적인 여건에서, 예상치 못한 상황이 발생할 때마다 합리적인 대처 방안을 찾는 것은 쉽지 않은 일이다.

과거에 이런 일은 보통 경험이 많은 전문가 또는 직급이 높은 선임자의 몫이었다. 그러나 그들도 사람이고 그들도 모든 내용을 알 수는 없는 법이다. 이런 일을 가장 잘 처리하는 방법은 시뮬레이션을 해보는 것이다. 특정 상황을 모형화한 뒤 어떤 조치가 효과적이고 또 어떤 조치가 불필요한지 일목요연하게 파악할 수 있다면 결정은 훨씬 쉬워질 것이다.

하지만 현장에서 시뮬레이션이 폭넓게 활용되는 것은 아니다. 가장 근본적인 이유는 그 준비가 결코 만만치 않기 때문이다. 우선 이런 일을 구현할 수 있는 소프트웨어가 필요한데 가격도 비싸고 이를 활용할 전문가를 확보하는 것도 쉬운 일이 아니다. 더욱 곤란한 것은 이런 시뮬레이션 검증을 위한 다양한 데이터와 정보 확보에는 오랜 기간의 준비와 노력이 필요하다는 점이다.

결과적으로 투자 대비 효과가 그다지 크지 않아서 정말 중요한 사안이 아니라면 시뮬레이션은 그림의 떡과 같은 존재였다.

실시간 시뮬레이션이 점차 가능해지고 있다

시뮬레이션을 자주 하는 것이 좋다는 것쯤은 누구나 안다. 자동차를 타고 내비게이션이 찾아주는 길을 따라가다가도 시시각각으로 바뀌는 교통 상황을 실시간으로 업데이트하면서 길을 찾아가는 것이 최선인 것과 같은 이치이다. 내비게이션이 한 시간에 한 번만 교통 상황을 반영하는 것과 실시간, 거의 1분 간격으로 반영하는 것 중 어떤 것이 좋은지는 물을 필요가 없다. 제조산업현장도 마찬가지다. 최선의 방법은 실시간이다. 문제는 시간과 비용이다.

시뮬레이션의 극단적인 케이스는 이세돌과 세기의 바둑 대결을 펼친 알파고AlphaGo다. 대략 1천200여 개 컴퓨터를 이어 붙여 만든 알파고는 순식간에 10만 개의 경우의 수를 처리한다. 알파고가 가능하다면 모든 제조 생산라인에서의 생산 계획도 실시간 처리가 가능하다고 볼 수 있다. 아무리 경우의 수가 많아도 10만 개씩이나 필요하지는 않으니 말이다. 우리는 다섯 개 미만의 대안을 찾아서 어떤 것이 제일 좋은 방안인지만 확인해도 충분하기 때문이다.

인공지능을 이용한 패턴 분석과 같은 기법이 응용된다면 시뮬레이션으로 얻는 결과는 더욱 정교해지거나 많아질 수도 있다. 다만 문제는 아직까지 알파고와 같은 인공지능 기술을 도입할 여건이 되는 기업이 그리 많지 않다는 것이다. 알파고보다 먼저 세상에 명함을 내민 IBM의 왓슨도 이런 일을 할 수 있는 인공지능 형태의 컴퓨터이다.

세계적인 천재 과학자 니콜라 테슬라는 이미 100여 년 전에 사람들이 주머니 안에 인공지능을 넣고 다닐 것으로 예상한 바 있다. 알파고나 왓슨 수준은 아니지만 이미 스마트폰이라는 상당한 수준의 인공지능이 우리 주머니 안에 들어 있다. 향후 머지않은 미래에 우리 주머니 안에는 정말 인공지능기기가 들어 있을지도 모른다. 그렇다면 시뮬레이션쯤은 별일 아닌 일이 될 것이다.

관리자와 작업자 모두 일하기 편하고 쾌적한 공장

인간은 안전하고 편하고 쾌적하게 일하고 싶어 한다

재료를 가공하고 변형하는 일은 상당 부분 기계에게 맡겨진 지 오래되었다. 제3차 산업혁명의 불을 댕긴 PLCProgrammable Logic Controller[24]와 마이크로프로세서의 힘 덕분에 자동화 시대가 열리면서 인간은 비로소 위험한 노동에서 해방되기 시작했다. 그러나 사람이 직접 단순노동에 참여해야 제품이 완성되는 경우가 여전히 많다. 지금까지의 자동화 기계 또는 로봇은 부품을 조립하는 영역에서 사람의 능력을 넘어서지 못하였다. 지금 가용한 기술들을 모두 동원하여 개발을 한다면 조립을 해주는 로봇이나 설비를 만드는 것이 불가능하지는 않지만 투자 대비 효용까지 고려한다면 인간만 한 대안을 찾기 어려운 것이 현실이다. 그러나 기술이 발전하는 추세를 본다면 로봇의 도입과 자동화가 미래 어느 순간에는 보편적으로 적용될 것이라고 예상하는 것은 어렵지 않다.

실제로 최근 일본 동경의 빅사이트 전시장에 등장한 가와사키Kawasaki의 양팔 로봇은 이런 인간의 단순노동을 로봇이 대치할 가능성을 구체화해주는 예이다. 로봇은 작은 볼트를 조이거나 제품을 종이상

---

24 조립라인, 자동화기기 등 높은 수준의 관리와 프로그래밍이 필요한 과정을 관리하는 산업용 디지털 컴퓨터.

자에 하나씩 담는 일을 할 준비를 하고 있다. 이 일이 있은 지 얼마 지나지 않아서 중국에 진출하여 아이폰과 아이패드 등 애플의 주력 제품을 생산하는 대만계 기업인 폭스콘Foxconn은 차기 아이폰 제품의 조립에 로봇을 투입하겠다고 발표했다.[25] 이 말은 조립현장에 있는 사람 작업자를 로봇으로 대체할 수 있다는 의미이다. 앞으로 얼마나 많은 로봇이 얼마나 빠르게 제조현장에 도입될지 지켜봐야겠지만, 사람들은 벌써부터 일거리 걱정이 많다.

그러나 이런 우려와 달리 지금 전개되는 기술의 진보는 노동에서 오는 스트레스를 점점 낮춰주고 있다. 아무 생각 없이 조립해도 잘못된 조립이 발생하지 않도록 하는 설계기법이 통용되고 있다. 예를 들자면 어떤 부품의 조립 방향이 바뀔 경우 조립이 안 되도록 설계하는 것이다. 이를 풀프루프 시스템Fool-Proof System[26]이라 부른다. 현장에서는 크고 작은 다양한 재료와 천차만별의 모양을 한 부품이 수도 없이 많다. 이를 구분해서 정확하게 관리하는 것은 쉽지 않다. 그래서 더 단순화된 작업 환경을 제공하는 것도 산업계의 숙원이다.

'어떻게 하면 숙련되지 않은 작업자도 실수 없이 작업을 잘해낼 수

4차 산업혁명 어떻게 시작할 것인가

---

25 Wakefield, Jane, 「Foxconn replaces '60,000 factory workers with robots'」, 『BBC』, 2016. 5. 25.

26 조립 공장에서 숙련도가 낮은 작업자라도 실수 없이 조립을 할 수 있도록 필요한 부품에 구분이 뚜렷한 모양, 구멍, 표식 등을 추가하는 것을 말한다. 품질 향상, 생산성 향상, 안전 제고 등에 기여한다. 일본말로는 포카요케(Poka-Yoke) 방식 설계라고 부른다.

있을까?'

사람들은 일자리를 찾는다고 아우성이지만 반대로 기업 입장에서는 일에 적합한 사람을 찾는 데 어려움을 겪는다. 설사 적합한 사람을 찾아도 그들을 훈련하고 역량을 끌어올리는 일에는 많은 투자와 시간이 필요하다.

지금 그런 골칫거리가 서서히 해결될 조짐이 보이고 있다. 바로 가상 현실 또는 증강현실이라고 불리는 기술과 다양한 웨어러블 기기 덕분이다. 그중에서도 가장 먼저 가능성을 열어준 것은 구글이 개발한 스마트 글라스다.

누구나 힘들이지 않고 일할 수 있는 시대가 온다

'재주는 곰이 부리고 돈은 일본 기업이 번다'는 말이 있다. 스마트 글라스를 두고 하는 말이다. 구글이 발명한 구글 글라스Google Glass는 점차 잊혀가고 있지만 스마트 글라스는 일본 등지에서 나날이 유명해지고 있다. 스마트 글라스는 이미 현장에서 당장 적용되고 활용되는 수준에 이르렀다. 브라더Brother, 엡손Epson 등이 원격 조립 지시, 유지보수, 원격 지원, 원격 재고 관리 등에서 스마트 글라스를 벌써 활용하고 있다.

예를 들어보자. 제품의 조립이 확인되면 저절로 안경 속에 불이 들어온다. 남은 모르지만 작업자는 초록불이 들어온 사실을 안다. 조립이 잘된 것을 확인하는 것이다. 문제가 있는 설비의 부품 교체도 어렵지 않다. 안경에 비춰진 도면과 귀로 들리는 메시지에 따라서 해당 위치의 부품을 교체하면 된다. 창고에서 부품을 찾는 일도 부품 수를 확인하는 일도 스마트 글라스를 통해 확인되고 지시받는다. 창고 업무에 실수가 대폭 줄어든다. 재고관리와 정리에 시간을 낭비할 필요가 없다. 실시간으로 창고의 재고를 파악할 수 있는 것이다. 〈사진 13〉은 폭스바겐Volkswagen 조립 공장의 모습이다.

사진 13 폭스바겐 조립 공장에 도입된 스마트 글라스

언제 어디서나 공장을 모니터링하고 제어한다

공장을 운영하는 사람이나 책임자는 한시라도 공장에서 눈을 떼기

어렵다. 잠시 자리를 비운 사이 공장에서 어떤 일이 발생할지 모르기 때문이다. 화재와 같은 예기치 못한 사고 또는 작업자의 부상, 품질 불량으로 인한 제품의 배송 지연 등 공장 내 사건사고는 늘 예고 없이 일어난다. 그러나 이런 걱정은 점차 사라질 전망이다. 큰 회사뿐 아니라 중소기업의 사장도 편한 마음으로 고객을 만나 저녁 식사 자리에서 담소를 나누며 공장의 정보를 모니터링할 수 있는 여건이 마련되고 있다.

많은 기업은 IT 시스템의 도움으로, 기업 내 각종 현황에 대한 정보를 제공받고 있다. 예를 들면 ERP^{Enterprise Resource Planning, 전사적 자원관리}, MES, SCM^{Supply Chain Managemet, 공급망관리}, PLM 등이다. 이러한 시스템을 통해 집에 앉아서도 현재의 생산 현황을 살펴볼 수 있다. 계획 대비 생산 진척 상황과 재고 현황을 비롯해 불량률과 가동률에 대한 정보까지도 알 수 있다. 또 각 장비에서 소비되고 있는 에너지가 어느 정도인지 등도 실시간으로 파악할 수 있다.

한 가지 아쉬운 것은 기존의 시스템들은 현재 현황을 사람들에게 보여주는 일방적 커뮤니케이션 방식이라는 점이다. 다시 말해 사람은 모니터링만 할 뿐이지 나타나는 상황에 대해 적극적으로 개입하거나 조치를 취할 수 없다. 하지만 스마트 팩토리에서는 드러난 문제에 대해 양방향 통신을 통해 직접 개입하여 조치를 취할 수 있게 된다. 보다 궁극적으로는 인간의 개입 없이 시스템이 자동적으로 조치를 취할 수 있다.

예를 들면 제품에 표시되어 있는 바코드를 통해 제품의 판매 현황이 실시간으로 집계되고 모니터링되며, 클라우드에 데이터가 수집된다. 이는 생산통제실과 협력사의 생산 시스템으로 연결된다. 제품 수요에 따라 생산 공급체계 내의 모든 단계에 필요한 적정재고가 자동으로 세팅된다. 제품이 팔리는 수량에 따라 알맞은 시간 단위로 제품 생산이 자동적으로 계획되고 생산된다.

현장의 품질 정보는 클라우드를 통해 다음 공정에 전해져 최적 생산 조건의 요소로 활용된다. 각 공정에서의 품질 현황은 모니터링되며 문제가 발생할 경우 생산라인과 연결된 기기로 직접 조치할 수 있게 된다. 정해진 매뉴얼이 작동되는 특정 사안의 문제에 대해서는 알고리즘을 통해 사람의 개입 없이 조치가 이루어진다. 기존의 SPC^{Statistic Process Control, 통계적 관리 기법}와 실험 계획법, 회귀분석과 같은 품질관리 기법도 응용할 수 있겠지만 빅데이터 수준에서 품질 문제를 사전에 예방할 수 있다.

각 공정에 사용되는 에너지 소모량도 실시간 모니터링하고 최적화할 수 있다. 주요 장치에 사물인터넷 기능이 내장된 각종 센서가 부착되어 설비의 상태를 실시간으로 모니터링할 수 있다. 사전에 빅데이터 분석으로 파악된 특정 신호가 들어오면, 바로 적절한 조치를 취할 수 있게 되는 것이다.

직접 프린트해서 조립하는 공장

더하기 방식의 제조가 온다

어머니의 상태가 위태롭다. 열이 심하고 얼굴이 노랗게 변하더니 갑자기 쓰러지셨다. 처음 당하는 일이라 일단 응급차를 불러 병원으로 향한다. 어떤 병일까. 제대로 치료를 받아 속히 건강을 회복해야 할 텐데….

의사가 한참 진료한 결과, 어머니의 병은 희귀병이고 장기 약물 치료가 필요하단다. 희귀병이면 치료약은 있는 걸까? 구하기는 쉬울까? 가격은 저렴할까? 내 머릿속은 분주하다. 그런데 의사는 컴퓨터 앞에서 무언가 열심히 쓴다. 갑자기 옆의 물건에서 무언가가 만들어지고 있다. 하얀 가루가 한 층 한 층 쌓이면서 금세 알약이 만들어진다. 의사는 일곱 개의 알약을 내밀며 복용 방법을 설명한다. 치료약이 눈앞에서 즉각 만들어진 것이다.

아직 현실이 아닌 가상의 이야기다. 그러나 3D프린팅 제조 방식을 가장 잘 설명하는 사례 중 하나다. 소프트웨어의 명령에 따라 재료를 하나하나 쌓아 올려 제조하는 이 기술은 '더하기 제조' 방식이다. 쌓아 올려 제조한다고 해서 적층제조라고도 불린다.

제조의 영어 표현 매뉴팩처링Manufacturing은 '손으로 만든다'는 뜻이다. 3D프린팅은 소프트웨어 즉, 비트가 원자의 물체를 만드는 것이므로, '비트제조BitFacturing = Bits + Facturing'로 부르는 게 좋을 듯하다.

CD가 사라지고 음악이 소프트웨어로 재생되고 유통되는 것처럼 많은 기업들이 상품을 소프트웨어로 생산하고 유통하는 방식인 3D프린팅, 즉 비트제조 방식을 적용하려는 움직임을 보이고 있다.

기존의 제조 방식은 '빼기 제조' 방식이다. 원료를 자르고 깎아 부품을 만들고 조립하거나 용접하여 최종 제품을 생산한다. 이 과정에서 원료의 상당 부분이 낭비되고 버려진다. 항공산업에서는 이를 Buy-to-Fly 비율[27]로 부르는데 보통 6 대 1에서 33 대 1이다. 많게는 원료가 97% 버려진다는 뜻이다.

이와는 대조적으로 3D프린팅은 금속분말이나 플라스틱 소재를 한 층 한 층 쌓아 제품을 완성하기 때문에 폐기물이 거의 없다. 즉, Buy-To-Fly 비율이 1 대 1에 가깝다. 또한 사용되고 남은 재료들도 재사용이 가능하다. 3D프린팅 제조는 제품을 소프트웨어로 디자인하고 디지털 설계 결과를 활용하여, 전통적인 제조 방식과 비교했을 때 10% 정도의 원료를 사용하여 상품을 만들 수 있다. 멀리 떨어져 있는 소비자에게도 디지털 파일을 전송하여 소비자가 직접 3D프린팅하면 제품이 바로 제작될 수도 있다. 공장에서 제작해서 납품을 위해 트럭이나 기차를 이용할 필요가 없다. 물류에 따른 비용이 줄어든다. 또 곳곳에 있는 창고에 재고를 쌓아둘 필요도 없다. 얼마나 경제적이고 친환경적

---

27 부품에 필요한 총 원료의 무게 대비 완성품의 총무게 비율.

인가?

3D프린팅 기술은 산업현장의 제조 형태를 어떤 모습으로 변화시킬까? 우선 자동차산업을 통해 이를 살펴보자. 1913년 포드Ford의 컨베이어 벨트Conveyer Belt 생산 방식으로 시작된 자동차 대량생산체제는 급격한 변화를 맞이하게 될 것으로 예측된다. 다음의 사례는 이런 예측이 상상 속에만 머무르지 않음을 보여준다.

현재 미국의 로컬모터스Local Motors는 3D프린팅 기술을 응용해 전기차를 빠르게 제작한다. 단지 44시간 만에 제작하는 공정이 이미 2014년에 실현되었다. 로컬모터스는 보디, 새시, 대시보드, 후드 등의 40여 개 외관 자재를 모두 3D프린터로 제작하였다. 배터리와 모터 등 핵심 부품은 기존의 제조 방식으로 만든 것을 사용하고 나머지는 프린팅하여 제조한 것을 사용했다. 이틀 만에 자동차 한 대를 만드는 것이 불가능하지 않다는 것을 보여준 사례이다. 참고로 이들이 아시아 지역에서는 최초로 한국 울산에 공장을 짓는다고 한다. 2018년 울산 공장을 짓고 제주도에도 공장을 지어 전기차를 생산한다는 계획이 들리고 있다. 공장이라고 해봐야 작은 수준이다. 기존의 자동차 공장처럼 큰 규모가 아니다. 또 연간 생산량도 그리 많지 않다. 그러나 이런 시도는 자동차 산업에 신선한 자극제가 될 것이 확실하다.

로컬모터스에서는 고객이 직접 디자인을 선택할 수 있다. 온라인으로 선택할 수 있다. 원하면 다시 디자인을 변경할 수도 있다. 개인의 취향에 맞추어 스타일이나 사양을 바꿀 수 있다는 말이다. 제4차 산업혁명이 추구하는 목표 중 하나인 개별화된 고객의 다양한 요구 수용이 이미 현장에서 이루어지고 있다.

그런데 3D프린팅 기술로 만든 자동차가 제조원가 경쟁력이 있을까? 결론은 '그렇다'이다. 다품종 소량생산의 경우 경쟁력이 충분히 있다. 대량생산체제에 익숙한 전통적인 자동차 회사는 결코 도전하기 어려운 수준의 제조원가를 로컬모터스가 이미 달성했다. 본래 전통적인 자동차 회사의 대량생산 설비는 많은 투자를 필요로 한다. 그래서 이런 설비에서 적은 수량의 제품을 제조하면 큰 손실이 발생한다. 일단 제조단가가 워낙 높다. 그래서 전통적인 자동차 제조사는 최대한 많은 양의 제품을 생산하는 방식으로 제조단가를 낮춘다.

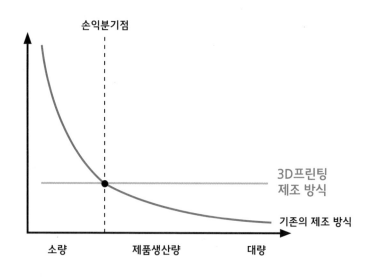

그림 6 3D프린팅 기술의 제조단위당 비용과 생산량의 관계

이에 비해 3D프린팅 기술은 초기 투자비가 상대적으로 낮다. 프린터 구매비 정도만 투자하면 된다. 이런 설비에서는 한 개의 제품을 제조하든, 100개를 제조하든 단위제조 단가가 동일하다. 〈그림 6〉은 전통적인 제조와 3D프린팅 제조의 제조단위 단가의 차이를 보이기 위한 도표인데 손익분기점이 점차 우측으로 이동하는 추세다. 즉 생산량이 많아도 3D프린팅 방식이 기존의 생산 방식보다 경쟁력이 있는 방향으로 발전하고 있다는 의미이다. 연간 1만 개 정도를 생산하는 아이템이라면 3D프린팅이 전통적인 제조 방법에 비해 원가 경쟁력에서 밀리지 않는다는 보고도 나오고 있다. 그러나 동일 모델을 대량생산하는 자동차 제조는 이 방식을 본격적으로 적용하기는 적합하지 않다. 아직은 로컬모터스의 사례에서 본 것처럼 개별 고객의 개별 주문을 소화하는 데 적합한 수준이다.

한마디로 3D프린팅을 이용하면, 고객 한 명만을 위한 자동차 한 대를 생산하는 데는 기존 방식보다 낮은 비용으로 자동차의 제작이 가능하다. 소프트웨어로 차체의 디자인을 바꿔주면 3D프린터는 새로운 모양의 자동차를 같은 절차와 비슷한 비용으로 다시 제작할 수 있다.

3D프린팅 기술이 응용되는 대표적인 분야는 의료산업이다. 보청기가 대표적인 예다. 귀 안에 들어가는 귀 모양의 보청기 쉘을 개인에 맞춰 3D프린터로 제작하는 것이다. 미국에선 보청기 제조 업체가 3D프린팅 방식을 적용한다. 이전의 방식을 고집하던 업체들은 시장에서 사라졌다. 비슷한 일이 인공관절, 인공뼈, 인공장기 등을 제작하는 의료 부속

품 제조현장에서 이미 활발하게 적용되고 있다.

항공산업이나 우주항공분야에서도 3D프린팅 기술이 활발하게 활용 및 응용되고 있다. 적어도 제작 수량이 적은 산업에서는 3D프린팅 이용이 대세가 될 것이다.

3D프린터의 응용과 확대

3D프린터 시장은 2010년 전후로 빠르게 성장했다. 제품 가격이 하락했기 때문이다. 또 오픈소스Open Source[28]를 통해 3D프린터를 조립할 수 있도록 한 것이 성장을 촉진했다. 2004년 당시에 3D프린터는 3천5백만 원 정도였으나 2010년경에는 약 50만 원 정도로 가격이 떨어졌다. 한마디로 누구나 3D프린터를 만들어 쓰거나 사서 쓰게 되었다. 아두이노 Arduino[29]기반의 하드웨어, 이를 구동하는 펌웨어, 아두이노와 호환되는 코드, 3D 모델링 소프트웨어 등의 공개가 3D프린터를 쉽게 제작하는 배경이 된 것이다.

기업에서는 제품 개발이나 제조분야뿐 아니라 마케팅부서에서도 3D

---

28 OSS(Open Source Software)라고도 한다. 소스코드를 무상으로 공개하여 누구나 그 소프트웨어를 개량하고, 재배포할 수 있도록 하는 것이다.

29 물리적인 세계를 인지하고 관리할 수 있는 인터랙티브 객체들과 디지털 장치를 만들기 위한 도구다. 간단한 마이크로컨트롤러 오픈소스 컴퓨팅 플랫폼과 소프트웨어 개발 환경을 말한다.

사진 14 여러 소재를 활용한 3D프린팅 제품 사례

프린터 사용이 확대되고 있다. 가격이 저렴해지고 성능이 좋아짐에 따라 내부에서 구상한 아이디어를 빨리 실물화하여 확인하면서 의사소통을 원활히 하고 시행착오를 줄이는 역할을 하는 것이다.

재료에서도 많은 발전이 있었다. 플라스틱, 철, 티타늄, 스테인레스, 탄소섬유, 그래핀 나노, 금, 은, 동, 놋쇠, 알루미늄, 자기, 유리, 나무, 초콜릿, 음식, 생체조직, 섬유 등 1천여 가지의 소재가 3D프린팅에서 활용되고 있다. GE의 항공기 엔진 노즐은 금속 재료를 사용하는 3D프린팅 기술이 적용된 사례다. 또한 한 번의 프린팅에서 다른 색상은 물론 다른 소재들을 한꺼번에 프린팅하는 기술도 등장하고 있다.

3D프린팅 기술의 장점과 도전

3D프린팅 기술의 장점은 크게 다섯 가지이다. 어려운 디자인을 지원

하는 것, 경제적인 다품종 소량생산, 친환경 제조, 유통망의 혁신, 새로운 비즈니스 모델 제공이 그것이다. 기존의 제조 방식에서 만들기 어려운 설계가 제조될 수 있는 것이 첫 번째 장점이다. 제품의 내부에 다양한 모양이 들어간 제품이나, 복잡한 형태의 물체를 한 번의 공정으로 생산할 수 있다는 것은 매우 큰 장점이다. 아무리 복잡한 디자인도 제작이 가능하고, 속이 빈 구조나 속에 센서를 내장하거나 냉각수를 흐르게 하는 터널도 쉽게 구현할 수 있다.

다품종 소량생산을 지원하는 것도 경제적으로 큰 장점이다. 특히 개인 맞춤형 제품을 싸고 쉽게 생산할 수 있다. 기존의 제조 방식과 달리 폐기물이 거의 없는 친환경이란 점에서 높이 평가할 수 있다. 또 언제 어디서든지 필요한 곳에서 제품을 제작할 수 있어 유통 과정이 짧아진다. 고객이 디자인을 받아서 집에서 직접 제작하는 것도 가능해진다. 이와 같은 장점 덕분에 다양하고 새로운 비즈니스 모델이 생겨날 수 있다.

그러나 3D프린팅은 아직 넘어야 할 산이 많다. 먼저 프린팅에 걸리는 시간이 길다. 물론 미국의 카본Carbon, 한국의 캐리마 등이 빠른 프린팅 기술을 실현하기 위해 노력하고 있으나 여전히 속도가 느리다. 또 실제 사용할 수 있는 소재도 현실적으로는 아직 제약이 많으며, 한 번에 프린팅할 수 있는 제품의 크기도 아직은 작은 편이다.

직접 제조하는 시대가 열렸다

이러한 제약에도 불구하고, 3D프린팅의 장점은 이를 상쇄하고도 남는다. GE는 엔진사업부문에서 3D프린터를 효과적으로 사용하는 사례로 자주 등장한다. 그 성과는 실로 상당하다. 기존의 20개 금속 부품이 한 개의 부품으로 축소되었는데 오랜 시간이 걸리는 조립, 용접 공정 등이 모두 사라졌다. 적용된 재료는 세라믹 매트릭스인데 이 소재 덕에 새로운 방식으로 생산된 노즐은 기존 제조 방식에서 생산된 것보다 다섯 배나 내구성이 좋으면서도 무게는 66% 정도밖에 안 될 정도로 가볍다. 이런 노즐이 적용된 엔진은 보잉 737과 에어버스 A320에 쓰이고 있다. 그 덕에 연비가 향상되어 항공사들은 매년 비행기 한 대당 약 20억 원의 연료비를 절감할 수 있게 되었다. 또한 공장은 소음, 먼지, 폐기물로부터 해방되었다. 더러운 공장 내부가 이제는 3D프린터가 줄지어 있는 깨끗한 공장으로 변화하고 있다.

자동차산업에서는 시제품 제작부터 상용 제품 및 공구 제작 등에서 3D프린터가 활용된다. 대표적인 예로서 BMW 자동차가 있다. EOS라는 3D프린팅 기업의 출범부터 함께 협력을 한 BMW는 3D프린팅 기술을 '쾌속 기술 센터'에서 적극 사용하여 자동차 개발에 적용하고 있다. 매년 평균 10만 개의 부품을 3D프린팅 기술로 제작할 정도로 3D프린팅 기술을 활용하여 경쟁력을 높이고 있다.

하이브리드를 거쳐 고속 프린팅 시대로

최근에는 CNC^{Computer Numerical Control}[30] 기계의 많은 공정과 3D프린팅 기법이 함께 활용되는 소위 하이브리드 방식의 가공이 디엠지 모리 DMG MORI와 같은 기업의 공작기계에 적용되고 있다. 이는 CNC라는 공작기계의 기능과 3D프린팅이라는 기능이 하나의 설비에서 함께 응용되는 획기적인 사례이다. 즉, CNC 기계로 가공된 공작물에 3D프린팅 기술을 응용해 새로운 형상을 적층한 후 이를 다시 정밀 가공하는 방법이다. 이는 금형 제작에도 이용할 수 있지만 동시에 최종 부품 등을 제작하는 용도로 활용될 수 있는 실질적인 3D프린팅 기술로 평가된다.

이런 기술은 지속적으로 발전할 것이다. 이미 미국 다트머스대학교의 리처드 다비니^{Richard D'Aveni} 교수는 5년 이내에 고속 프린팅이 가능한 3D프린터가 나올 것을 예측하고 있다.[31] 이런 일이 가능해지면 대량생산 영역에서도 3D프린터 이용이 활발해질 것이다. 제4차 산업혁명 시대가 도래하면서 3D프린팅 기술이 사물인터넷과 더불어 미래의 핵심 기술로 진화할 것은 확실하다.

4차 산업혁명 어떻게 시작할 것인가

---

30 저장 장치에 코딩 방식으로 프로그램화된 자동화기기를 가리킨다. 수작업으로 작동되는 것의 반대 개념이다.

31 Richard D'Aveni, 「The 3-D Printing Revolution」, 『Harvard Business Review』, 2015년 5월호.

3장

연결 혁명

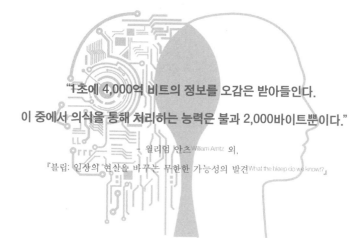

"1초에 4,000억 비트의 정보를 오감은 받아들인다.
이 중에서 의식을 통해 처리하는 능력은 불과 2,000바이트뿐이다."

- 윌리엄 안츠 William Amtz 외,
『블립: 일상의 현실을 바꾸는 무한한 가능성의 발견 What the bleep do we know?』

연결은 가장 어려운 도전이지만 가장 중요한 가치를 기업과 사용자에게 제공한다. 먼저 빅데이터 분석 또는 데이터 분석을 상시적으로 가능하게 하여 의사결정의 질을 끌어올린다. 기업 경쟁력이 자연스럽게 높아진다. 나아가 연결을 통해 얻는 가치를 이용해, 새로운 비즈니스 모델을 찾아낼 수도 있다. 또한 연결은 제조 기업들이 목표로 하는 이상적인 제조원가에 가까이 이르도록 돕는다. 단적으로 표현해서 인건비가 낮은 나라를 찾아 헤매지 않아도 원가 경쟁에서 우위를 점할 수 있다는 것이다.

그러나 연결은 극복해야 할 도전과 과제가 있다. 보안과 단순화 그리고 표준화다. 기업이 먼저 해야 할 일은 엔지니어링분야와 제조현장을 연결하는 것이다. 또한 이를 경영 시스템과 어떻게 연결할지 구상해야 한다. 더 나아가 가까운 미래에 어떤 절차와 방법으로 연결을 도입할지 전략을 강구할 때이다.

연결의 혁명을 제대로 이해하라

첫 번째 임무: 하나로 연결하라

마음은 있어도 같은 회사 내에서조차 연결은 쉬운 일이 아니었다. 특히 경영 시스템과 제조현장의 시스템은 쉽사리 통합되지 못했다. 여기에는 많은 이유가 있었다. 근본 원인은 사람의 마음속에 있었다. 소위 사무실과 현장은 가깝게 하기에 너무 먼 당신처럼 따로 놀았다. 그래서 따로 놀 때 오히려 편하게 느껴졌다. 서로 이해하지도 못하는 두 주체가 서로 아는 척하는 것 자체가 불편하기도 했다.

"필요한 정보만 주면 되지 뭘 다 알려고 합니까?"

그렇게 필요한 정보만 주어도 되는 시절이 있었다. 현장에서 사용하는 정보통신기술이 사무실에서 사용하는 기술과 다를 리 없지만 다루는 정보가 다르다는 이유로 사무실은 CIO^Chief Information Officer의 지휘 아래 있고 이를 IT라고 불렀다. 그러나 공장은 COO^Chief Operating Officer의 지휘 아래 있으면서 이를 OT^Operational Technology, 운영기술라고 칭했다. 제4

차 산업혁명을 바라보는 지금 이런 불일치는 비효율적이다. 기업 생존 차원에서 본다면 IT와 OT는 통합적으로 연결되어야 하는 것은 선택이 아니라 의무다.

시대가 바뀌고 있다. 이제 공장의 연결망과 사무실의 연결망은 하나로 연결되고 통합되어야 한다. 그런데 이것이 생각만큼 쉬운 일이 아니다. 만만치 않다는 것을 알고 시작해야 한다. 그렇게 인정을 해야 실제이 일에 더 잘 도전할 수 있다. 그 어려움과 도전의 정도는 비유하자면 서울 강북 재개발과 신도시 건설 간의 차이다. 강북 재개발이 신도시 하나를 새로 건설하는 것보다 어렵다. 도시 하나를 새로 개발하기 위해서는 인프라를 구축하고 그 위에 건물과 도로를 만들겠지만, 오래전 만들어진 도시를 재개발하기 위해서는 기존 거주자 및 건물 주인과 협상해야 하며, 기존 건물을 부수면서 인프라를 개선해야 하는 등 제약 조건이 많다.

이해관계의 충돌은 늘 있다. 그래서 아직까지도 날고 긴다는 기업들 중에서조차 경영관리 시스템과 현장운영 시스템이 통합적으로 실현된 곳을 찾기 쉽지 않다. 해외의 사정도 크게 다르지 않다.

과연 무엇 때문에 연결을 하려는가? 연결을 하면 불필요한 비용이 줄어들고 더 기민하게 대응할 수 있기 때문이다. 한마디로 경쟁력이 올라간다. 이런 경쟁력을 잘 활용하고 지속적으로 개선하면 이상적인 제조원가에도 가까워질 수 있다. 또 다른 이점은 새로운 비즈니스 창출이다. 그것도 아주 괜찮은 비즈니스가 생겨난다. 이런 연결을 통해 이전에 없었던 비즈니스가 탄생하는 것이다. 이렇게 중요한 주제다 보니 연결 과업은 종종 최고 경영자가 나서서 지휘할 수밖에 없다.

이미 설명했지만 스마트 팩토리는 연결화를 통한 혁명을 추구한다. 산업용 사물인터넷이 연결화를 주도할 것이다. 무선통신이나 유선통신 방식인 이더넷Ethernet을 사용해서 기계와 설비를 연결하고 제어할 수 있다. 이 '제어가 가능한 연결망', 쉽게 말해 네트워크는 2000년대 이후부터 비로소 디지털 방식으로 연결되기 시작했으니 그전의 설비들은 아날로그 방식이 대부분이었던 셈이다.

현재 이더넷으로 연결된 기계나 설비의 숫자는 전체 설비의 5% 정도다. 그 정도밖에 안 된다. 달리 말해 대부분의 설비 연결은 여전히 아날로그 방식으로 되어 있다.

이제 연결 대상은 사람뿐만 아니라 모든 사물로 확장된다. 컴퓨터는 기본이고, 모바일기기, 생활가전, 이동 수단, 디스플레이, 폐쇄형 카메라 등 그 수가 굉장히 많다. 우리는 이런 것을 대체로 스마트홈Smart Home[32]과 관련된 사물로 취급한다.

산업현장으로 들어가면 이보다 훨씬 많은 사물들이 있다. 사물의 수가 조 단위가 넘는다는 예측이 있을 정도다. 제4차 산업혁명이니 인더스트리4.0이니 하는 것들은 그 많은 산업현장의 사물을 모두 연결하겠다는 야심찬 프로젝트에 다름 아니다.

---

32 TV, 에어컨, 냉장고 등의 가전제품을 비롯해 수도, 전기, 냉난방 등의 장치와 도어록, 감시카메라 등 집 안의 모든 것을 통신망으로 연결해 모니터링, 제어할 수 있는 기술을 말한다.

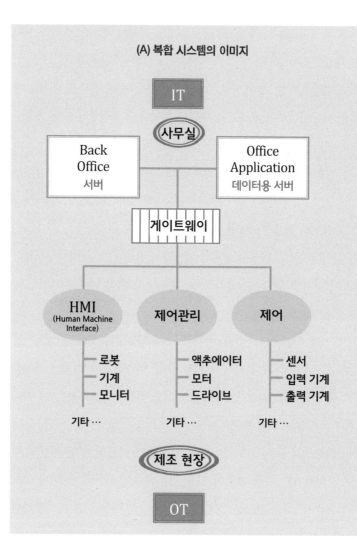

(A) 복합 시스템의 이미지

IT

사무실

Back Office
서버

Office Application
데이터용 서버

게이트웨이

HMI
(Human Machine Interface)

제어관리

제어

로봇
기계
모니터

액추에이터
모터
드라이브

센서
입력 기계
출력 기계

기타 …

기타 …

기타 …

제조 현장

OT

4차 산업혁명 어떻게 시작할 것인가

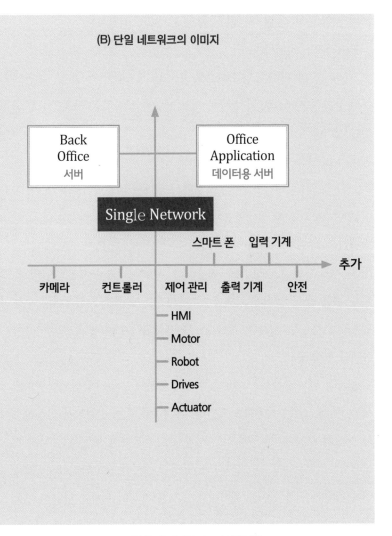

그림 7　공장 네트워크의 진화 방향

기업의 네트워크를 형상화한 것이다. A는 연결되지 않는 모습을, B는 이를 통합한 모습의 이미지다. A의 모습에서 B의 모습으로의 변화를 추구해야 한다.

두 번째 임무: 연결 혁명은 담을 넘어 스마트기업으로 뻗어나가는 것이다

"가치사슬의 비전은 단순하고도 우아한 시스템이 가치사슬 전반에 걸쳐 통합된 정보 채널과 활발한 정보 전달을 보장하는 구조조정을 달성할 것이다."[33]

이미 20년 전에 패트리셔 무디Patricia E. Moody와 리처드 모얼리Richard E. Morley가 『2020년 기업의 운명』(2001)에서 설파한 내용이다. 기막히다. 이미 20년 전에 제4차 산업혁명이 목표로 하는 것을 예상한 것이다.

연결은 회사 내부에만 머물지 않는다. 외부의 공급망도 연결의 대상이다. 기업의 공장 담장 위로 대용량의 데이터가 넘나든다. 공급망 속에는 부품 공급 업체와 고객이 있다. 고객은 인터넷에 접속해서 주문을 한다. 주문된 제품은 실시간으로 생산되어 배송된다. 희망사항이 아니라 현실이다.

중국의 매니웨이Mainiway라는 회사는 2016년 하노버 산업박람회에서 아주 재미있는 시연회를 열었다. 매니웨이 부스 방문자가 선물상자의 색상과 모양 등 마음에 맞는 사양으로 주문하면, 방문자는 자재 처리에서부터 생산에 이르기까지 전 공정을 실시간으로 확인할 수 있다. 비록 간단한 선물 상자의 예이지만, 고객은 자신이 원하는 다양하고 섬세한 사양의 제품이 나오기까지 공장이 얼마나 빠르게 반응해 개별화

4차 산업혁명 어떻게 시작할 것인가

---

33 패트리셔 무디·리처드 모얼리, 이재규 역, 『2020년 기업의 운명』, 사과나무, 2001.

된 제품을 제공하는지 실제로 체험하는 것이다. 이 부스에서는 주문 후 2분 안에 선물상자가 만들어졌다. 놀라운 것은 이런 솔루션을 독일 기업이 아닌 중국 기업이 선보였다는 것이다. 그것도 인더스트리4.0의 고향에 해당하는 독일 하노버에서 말이다.

데이터로 무엇을 할 것인가를 생각하라

데이터 크기는 빠르게 증가한다

지금 우리는 1초에 1GB^{Gigabyte, 기가바이트}를 처리하는 시대를 지나고 있다. 구글의 자율주행 자동차가 도로에 나서는 것은 이 정도 처리가 가능하기 때문이다. 그렇다면 데이터의 크기가 얼마나 빠르게 변화하고 있는 것일까? 1GB보다 1천 배 큰 것이 테라바이트^{TB, Terabyte}이다. 아직은 생소한 용어인 페타바이트^{PT, Petabyte}는 기가바이트의 1백만 배 큰 데이터이다. 제타바이트^{ZB, Zetabyte}는 페타바이트의 1백만 배 크기이다. 이런 제타바이트보다 1천 배 더 큰 데이터 크기가 요타바이트^{YB, Yottabyte}이다. 10의 24승에 이르는 크기이다. 우리는 벌써 요타바이트를 아무렇지 않게 이야기하는 시대를 지나고 있다.

페이스북과 구글이 보유한 데이터가 페타바이트 정도다. 기가 데이터의 1백만 배다. 그런데 놀라운 사실이 있다. 지금 세상에 있는 데이터

Kilobyte 10^3 (KB)

Megabyte 10^6 (MB)

Gigabyte 10^9 (GB) · · · · 구글 자동차가 1초에 처리하는 데이터 수

Terabyte 10^{12} (TB) · · · · MP3에서 듣는 노래 26만2천 개의 데이터 양

Petabyte 10^{15} (PB) · · · · 페이스북과 구글이 보유한 데이터 수

Exabyte 10^{18} (EB)

Zettabyte 10^{21} (ZB)

Yottabyte 10^{24} (YB)

그림 8 데이터 크기의 단위

의 90%는 2년 전에 존재하지 않았다. 다른 말로 하면 90%의 데이터가 지난 2년 내에 만들어진 것이다. 데이터의 크기는 사물인터넷, 소셜 모바일, 그리고 클라우드와의 융합에 의해 앞으로 더 커질 것이다. 산업 현장의 공정 및 설비에서 쏟아지는 막대한 규모의 데이터가 데이터의 역사를 새로 쓰게 될 것이다. 현재 1조 개에 달하는 모든 사물과 기기가 매일 각각 2.5GB의 데이터를 생성하고 있다고 하니 현기증이 날 정도다.

현재 전 세계적으로 기계가 생성한 데이터의 양은 8.5ZB 수준이다. 제타바이트는 기가바이트의 1조 배 크기이다. 2020년에 이르면 40ZB에 이를 것으로 추정되고 있다. 그때가 되면 기계가 생성한 데이터가

인간이 보유한 모든 데이터 양의 40%에 이를 것으로 전망된다. 센서와 기기로부터 생성되는 데이터의 양이 소셜미디어, 인터넷통화, 그리고 기업들이 보유한 데이터를 앞서게 될 것이란 이야기이다.

사진 15   IBM 왓슨이 장착된 로컬모터스의 자율주행 자동차 올리

빅데이터, 데이터를 엮고 확장하다

데이터 소스와 데이터 형태

데이터는 제조 공장, 산업설비, 공장과 가정에 있는 수많은 센서, 소

셜미디어, 스마트폰, 위성 이미지, 기상 관제소, 스마트 가전기기 그리고 우리가 운전하는 차량에 이르기까지 도처에서 생성되고 있다. 데이터의 유형도 구조적인 것, 비구조적인 것, 비디오, 오디오, 텍스트 등 매우 다양하다.

데이터는 형태에 따라 정형 데이터Formal Data, 비정형 데이터Informal Data, 정적 데이터Static Data, 동적 데이터Dynamic Data 등으로 나누기도 한다. 정형 데이터는 숫자, 문서 등이다. 비정형 데이터는 음악, 이미지, 사진, 영상 등이다. 정적 데이터는 데이터의 내용이 변하지 않는 형태를 말한

4차 산업혁명 어떻게 시작할 것인가

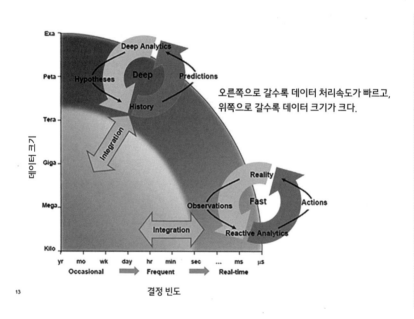

13

그림 9 동적 데이터와 정적 데이터 처리 프로세스

다. 이런 데이터는 과거에 일어난 사실이므로, 데이터를 토대로 예측을 하고, 다시 깊이 있는 분석^{Deep Analysis}을 하는 과정을 거친다. 그리고 다시 가설을 세운다. 이런 프로세스를 반복한다. 의류 업체 자라가 사용하는 방식이다.

이에 반하여 동적 데이터는 데이터의 내용이 바뀌는 데이터다. 구글의 자율주행 자동차나 로컬모터스의 자율주행차 올리^예가 길거리를 달리면서 수집하는 것이 이런 데이터다. 수집된 자료를 관찰하고, 결과에 따라 반응하며 실제상황과 비교하면서 확인하는 방식으로 데이터를 분석한다. 정적 데이터와 동적 데이터의 처리 프로세스는 〈그림 9〉와 같다. 즉, 동적 데이터는 수집 및 관찰하면서 동시에 분석하고 반응하는 빠른 처리가 중시된다. 한편 정적 데이터는 시간적인 여유를 두고 처리해도 되므로 추론 및 과거 데이터 검색 등을 거쳐 처리된다.

빅데이터로 무슨 일을 하나?

그렇다면 이렇게 많은 데이터를 가지고 무엇을 할 수 있을까? 앞서 언급했듯이, 의류 업체 자라는 경쟁사가 수개월 또는 1년 단위로 상품을 출시하는 것과 달리 매주 화요일 및 토요일에 신제품을 출시하였다. 이 덕에 이들은 세계 1위의 의류 업체로 등극하였다. 그런데도 옷의 재고가 별로 없어 손실이 적다. 비결은 데이터 처리와 분석에 있다.

보통의 의류 매장에 고객이 방문하는 횟수는 연평균 3회 정도인데,

자라의 경우는 연평균 17회나 된다. 왜일까? 자라에 자신이 원하는 옷이 더 많기 때문이다. 약 3천 가지 종류를 가진 일반 의류사와는 달리 자라가 제공하는 옷은 대략 1만 가지가 넘는다. 자라는 시장이 원하는 옷이 무엇인지를 빨리 파악하고 빨리 제품으로 만들어 제공하는 것으로 차별화를 꾀했다. 자라가 성공 가도를 달리는 이유다. 그러면서도 재고가 없는 까닭은 매사추세츠공과대학교의 제레미 갤리언 교수^{Jérémie Gallien}의 재고분석 기법을 잘 활용한 덕이다.

통신 업체에도 비슷한 사례가 있다. 통신 기업인 T-Mobile사는 약 3천만 명의 가입자로부터 나오는 170억 개 가량의 통화 관련 데이터를 분석한다. 빅데이터 분석으로 이탈 고객의 성향을 파악하는데 이를 통해 약 50% 정도의 이탈 고객을 줄이고 있다. 이들은 소셜 링크 분석을 사용한다. 사용자 간의 관계, 즉 영향을 미치는 이와 영향을 받는 이의 관계 및 둘의 상호작용을 파악하는 방법을 활용하는 것이다.

최근 한국에서도 영화 서비스를 제공하기 시작한 넷플릭스^{Netflix}의 사례도 흥미롭다. 넷플릭스의 영화 추천 서비스는 빅데이터를 성공적으로 활용한 사례다. 이들은 자신들의 서비스로 영화를 본 이용자의 이용 행태를 데이터로 수집하고 분석한다. 데이터를 분석해 고객에게 맞춤형 서비스를 제공하는 것이다. 넷플렉스는 정보의 양방향성을 적극 활용한다. 인터넷을 통해 7만6천 편의 영화를 제시하고 이를 이용하는 고객의 행태를 빅데이터 기법으로 분석한다. 데이터 처리량은 3천만 건의 시청 기록, 400만 건의 이용자 정보, 300만 건의 위치 정보 및 검색 정보 그리고 단말기의 정보 등이다. 주말 및 주중으로 구분해 고객 반응을 살피기도 한다. 이 모든 것이 하루치 분석 데이터다. 실로 엄청난 양의 데이터를 수시로 분석해서 고객 서비스에 활용하는 사례다.

이런 사례는 교육분야에도 있다. 뉴톤^{Knewton}은 학생들에게 개별화된 학습을 지도하는 개인 교사와 같은 서비스를 제공한다. 학생의 반응을 데이터로 수집해서 패턴을 만들고 이를 활용하여 학생 눈높이에 맞는 학습을 추천하는 방식이다. 100만 명의 이상의 학생이 이러한 맞춤형 학습으로 공부하여 효과를 보고 있다. 시스템은 학생이 정답을 제시할 가능성이 높은 문제를 제시한다. 만약 답을 맞히지 못하면 친절한 분위기로 그 문제와 관련된 힌트를 제공한다. 그래도 답에 이르지 못하면 다시 애니메이션, 음악 등을 틀어준다. 이렇게 해서 학생이 스스로 답을 찾고 다시 관심을 가지도록 돕는 방법을 사용한다. 재미, 관심, 자신감, 도전 등의 방법을 적용한 사례다. 뉴톤은 2010년 세계경제포럼에 소개될 만큼 세계적으로 주목받는 벤처기업이다.

빅데이터 분석을 활용한 병원도 상당히 많다. 그중에서도 CHS^{Community Health Systems}의 사례를 보자. CHS는 병원이 의료 서비스를 어떻게 개인맞춤으로 제공할 수 있는지를 잘 보여준다. CHS은 환자 220만 명의 데이터 분석했다. 각 환자당 2천 종류의 데이터를 수집하였다. 약을 먹는 형태, 교육 수준, 소비 형태, 사회·경제적 요소 등을 분석했다. 이를 통해 환자를 7개 그룹으로 구분하여 맞춤형 서비스를 제공하였다. 환자가 치료를 받고 나서 재입원하지 않도록 하는 것이 이 병원의 목표다. 입소문이 나고 평판이 좋아지면서 병원을 찾는 환자가 많아졌다.

중국의 백화점에서는 고객에게 모바일 와이파이Wi-Fi, Wireless Fidelity 기기를 무료로 빌려준다. 고객은 자연스럽게 와이파이 기기를 들고 쇼핑을 즐긴다. 고객의 동선과 구매 행태가 이 기기를 통해 데이터로 수집된다. 이렇게 확보된 데이터는 다양하게 분석된다. 데이터는 다시 방문하는 고객에게 더 좋은 개별형 맞춤 서비스를 제공하는 목적으로 활용된다. 별로 어렵지 않은 이런 서비스가 중국에서 성공하자 한국의 기업들도 이를 빠르게 벤치마킹하기 위해 바삐 움직인다고 한다.

산업현장 사례도 있다. IBM은 제조산업분야에서 분석 시스템 라이브러리를 갖추고 예지적 분석 서비스를 제공하고 있다. 자산관리, 공정 및 장비 모니터링부터 생산 관련 데이터 분석에 이르기까지 각종 서비스를 지원한다. 경우에 따라서는 환경 분석도 실시한다. 공장 내 안전사고 예방을 위한 첨단 분석 시스템도 IBM이 제공하는 빅데이터 기반 서비스 중 하나이다. 이러한 IBM의 서비스능력은 하루아침에 만들어진 것이 아니다. 오랜 기간 동안 이어왔던 인공지능 연구가 하나둘 결실을 맺고 있는 것이다.

이처럼 빅데이터는 일상생활뿐만 아니라 산업현장에서 광범위하게 활용된다. 이를 겨냥한 비즈니스 모델들도 하나둘씩 등장하고 있다. 그러나 이런 비즈니스가 가능한 시스템과 능력을 갖추는 것은 결코 쉬운 일이 아니다. 데이터 마이닝, 기계 학습, 통계 분석 및 최적화 이론 등 전문적 지식이 체계적으로 쌓이고 구축되어야 이런 서비스를 제공할 수 있게 되는 것이다. 연구 기간이 오래 소요된다. 해당 영역에 대한 이해도 높아야 한다.

따라서 사용자 입장이라면 빅데이터 분석을 스스로 개발하기에 앞서 투자 대비 효과 측면에서 따져봐야 한다. 이쪽으로 비즈니스를 추진할 것이 아니라면 빅데이터 분석은 외부에 맡기는 것이 타당하다고 많은 전문가가 이야기한다.

지금까지 살펴본 빅데이터의 제공가치를 요약하면 〈그림 10〉과 같이 크게 네 가지다.

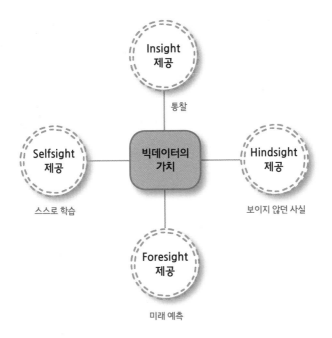

그림 10 빅데이터가 제공히는 가치 네 가지

인공지능과 빅데이터를 어떻게 연결할 것인가?

알파고와 이세돌의 바둑 대결로 최근 인공지능에 대한 관심이 폭발적으로 증가했다. 사실 인공지능에 대한 연구는 꽤 오래전부터 시작되었다. 1940년대에 이미 인공지능의 가능성이 논의되었고, 1950년대부터는 학문분야로 정립되었다.

인공지능을 제대로 이해하기 위해서 버클리대학교 러셀Stuart Russell 교수의 분류를 살펴보자. 그는 인공지능을 여러 단계로 정의하였다. 그 단계는 레벨1부터 레벨4에 이른다.

레벨1은 단순 제어프로그램을 지칭하는 것으로, 우리 생활에 사용되는 에어컨, 청소기, 세탁기 등에 들어가는 수준의 인공지능을 말한다. PCBPrinted Circuit Board, 인쇄 회로 기판에 들어가 있는 수준의 지능이다. 인공지능이란 이름이 거창하지만 사실은 인쇄 회로 기판에 해당한다. 이런 형태의 인공지능은 과거부터 널리 쓰이고 있다. 레벨2는 고전적인 인공지능으로서 다양한 행동 패턴을 처리할 수 있는 수준의 인공지능이다. 입출력 간의 관계가 복잡한 경우에도 간단한 추론이나 탐색을 할 수 있다. 이미 보유한 지식과 정보를 기반으로 일을 매끈하게 처리하는 특징을 보인다. 로봇 청소기, 내비게이터, 고전적 퍼즐게임 등에 사용되는 인공지능이 여기에 해당한다. 레벨3은 데이터 기반 기계학습을 통해 지식을 습득한 컴퓨터가 직접 추론함으로써 자동으로 판단하는 수준이다. 사람이 데이터를 제공한 바탕에서 인공지능이 움직이는 것이다. 대부분의 빅데이터 기반 패턴 인식과 기계번역은 현재

이 레벨3에 속한다. 과거 레벨2였던 뉴럴 네트워크Neural Network, 제네틱 알고리즘Genetic Algorithm, 퍼지 로직Fuzzy Logic 등도 기계학습이 더해져 레벨3으로 진화했다.

인공지능의 가장 높은 단계인 레벨4는 딥 러닝Deep Learning[34]을 기반으로 한다. 이는 기계학습을 응용하는 단계이다. 데이터 입력값 자체를 인공지능 컴퓨터가 스스로 확인하고 학습한다. 그래서 '특징 표현 학습'이라고 부르기도 한다. 레벨3과 레벨4가 구분되는 지점도 여기에 있다. 가령 영상인식 기술에서 사물의 특징을 사람이 정의해주고 컴퓨터가 이를 기계학습으로 처리하면 레벨3이고, 컴퓨터가 사물의 특징 자체를 스스로 정의하고 처리하면 레벨4로 분류한다. 현재 레벨4 수준의 인공지능은 자율주행 로봇 등에서 응용되고 있다.

오라클은 데이터의 양이 증가를 거듭해서 당장 2020년에는 그 양이 45ZB에 이를 것이라 전망한다. 이 정도 분량의 빅데이터는 높은 수준의 인공지능으로 처리될 수밖에 없다. 이를 구현할 기술적 과제는 여러 방면에 걸쳐 있다.

우선 컴퓨터의 두뇌에 해당하는 프로세스 코어의 성능이 획기적으로 개선되고, 대량 연산을 가능하게 할 시스템 통합 솔루션도 개발되어야 한다. 그 한 가지 예로서 메모리 통합 병렬 컴퓨팅 구조의 개발을

---

34 컴퓨터가 여러 데이터를 이용해 마치 사람처럼 스스로 학습할 수 있도록 돕는다. 인공 신경망을 기반으로 한 기계학습 기술이다.

꼽을 수 있다. 이는 시스템 반도체와 메모리 반도체가 통합된 것을 말한다. 이렇게 통합된 컴퓨팅을 활용하면서 최적화된 시스템 소프트웨어를 같이 적용한다면 에너지 효율도 잡고 데이터 처리 성능도 함께 올리는 일이 가능하게 된다. 처리해야 하는 데이터의 양과 다양성이 급증하는 만큼 이런 수준의 컴퓨팅 시스템이 필요하다. 에너지 효율성 한계를 극복하기 위해서는 근본적으로 컴퓨팅의 구조적 변혁이 뒤따를 수밖에 없다.

병렬형 초저전력 및 고속 라우팅Routing을 확보한 두뇌 모사형 컴퓨팅도 한 가지 솔루션이 된다. 이미 미국의 캘리포니아대학교는 두뇌 모사형 멤컴퓨터Memcomputer를 개발하고 있거나 개발이 완료되었다고 하는데 이런 수준의 컴퓨터가 등장해야 빅데이터를 보다 효과적으로 처리할 수 있을 것으로 예측하고 있다.

이런 수준의 하드웨어가 등장하면 우리 주변에서 빅데이터를 보다 적극적으로 이용하는 모습을 자주 보게 될 것이다.

어떻게 이상적인 제조원가에 이르는가를 살펴라

원가란 무엇인가?

지난 세기 가장 성공적으로 제조 혁신을 이끌었던 도요타 생산방식은 4M^Man·Machine·Method·Material을 중심으로 낭비 요인을 축소해서 린 생산 방식^Lean Production[35]을 실현한다. 제4차 산업혁명 이전의 생존 방정식이라고 평할 수 있다. 인더스트리4.0은 그 이상의 목표에 도전한다.

〈그림 11〉에서 보는 것처럼 제조원가는 통상적으로 재료비와 노무비

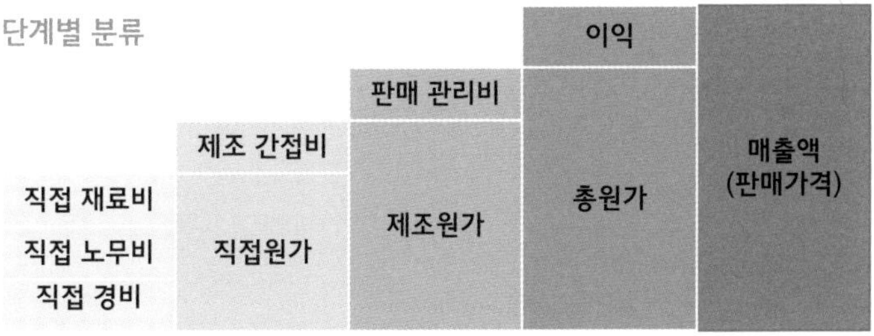

단계별 분류				
			이익	매출액 (판매가격)
		판매 관리비	총원가	
직접 재료비 직접 노무비 직접 경비	제조 간접비 직접원가	제조원가		

그림 11 　제조비 구성 기준의 제조원가

35　인력, 생산설비 등 생산능력을 필요한 만큼만 유지하면서 효율을 극대화하는 생산 시스템을 말한다. 이 생산 방식을 창안한 도요타 자동차의 이름을 따서 도요타 생산 시스템(TPS, Toyota Production System)이라고도 한다.

그리고 경비로 구성된다. 실제로는 산출 기준을 어떻게 적용하는가에 따라 각 비용마다 편차가 발생하지만, 여기서는 편의상 단순화하였다.

재료비		노무비		제조경비			일반 관리비	이윤
직 접 재 료 비	간 접 재 료 비	직 접 노 무 비	간 접 노 무 비	직 제 경 비	접 조 비	간 접 제 조 경 비		
제 조 원 가								
총 원 가								
판 매 가 격								

그림 12 직접비와 간접비 관점의 제조원가 구성

똑같은 원가 내용을 〈그림 12〉처럼 재구성할 수도 있다. 이는 제조원 가를 직접비와 간접비로 세분화한 것일 뿐 내용은 동일하다. 이 정도 개념만 있으면 인더스트리4.0이 추구하는 원가의 비밀을 캘 수 있다.

인더스트리4.0이 추구하는 제조원가

기업 이윤의 극대화 원리는 두 가지로 요약된다. 하나는 가치를 높여 서 높은 가격을 받는 것이고 다른 하나는 낮은 제조원가를 실현해서 이익을 높이는 하는 것이다. 인더스트리4.0은 제조원가를 이상적인 수 준으로 낮춤으로써 가격 경쟁력의 극대화를 꾀할 수 있는 환경을 제공 한다.

앞서 정의한 바와 같이 제조원가에서 재료비는 원재료 가격이 국제적인 시세에 따라 거래 된다고 보면 어디서든 큰 차이가 나지 않는다. 구매 단위가 커서 좀 싸게 사는 경우가 있으면 모를까, 중국에서 구매하든 한국에서 구매하든 재료비는 동일한 수준이라고 가정하자.

실제 제조원가에 큰 영향을 미치는 요소는 노무비이다. 그렇기에 단위 시간당 노무비가 싼 쪽이 유리하다. 한국에서 일하는 한국인 작업자는 한 시간에 1만5천 원을 받는다고 해보자. 동일한 업무를 하는 중국에 있는 중국인 작업자가 약 3천700원(약 20위엔)을 받는다면 중국으로 가서 제조하는 것이 더 낫다. 중국 인건비가 한국 인건비의 1/4이니 말이다. 그런데 한국의 작업자는 한 시간에 10개의 완제품을 만드는데 비해, 중국 작업자는 같은 시간에 제품을 2개밖에 만들지 못한다면 어떻게 될까? 중국인 작업자의 능률이 한국인 작업자의 능률의 1/5이란 뜻이다. 이렇게 되면 인건비가 1/4 수준이라고 해도 제조원가는 낮아지지 않는다. 완제품 1개를 만드는 데 들어가는 실제 인건비가 오히려 높아진다.

그러나 이 같은 가정은 실제 현실과 다소 거리가 있다. 과거에는 중국과 한국의 생산성 차이가 컸을지 모르지만 지금은 많이 좁혀졌다. 지금 중국 제조현장의 생산성과 한국 제조현장의 생산성은 크게 차이 나지 않는다. 그렇다면 이젠 다음 요소를 살펴보자. 바로 경비다. 한국과 중국을 비교하면 비용이 비슷한 것도 있지만 건물 임대료는 중국이 더 저렴하다고 보면 경비도 중국이 유리한 편이라고 볼 수 있다. 그동안 한국 기업들이 중국으로 이동한 것은 이처럼 인건비와 경비 때문이었다.

그런데 만일 모든 공장이 연결되고 스마트화되어 있다고 가정해보자. 원가구조가 어떻게 변할까? 스마트 팩토리가 실현되면 가공 및 조립 공정의 주인공은 자동화 설비와 로봇일 것이다. 이러한 설비에 드는 비용은 중국이든 한국이든 크게 다를 것이 없다. 공정에 사람이 있긴 하지만 이들의 역할은 간접인건비로 할당이 될 것이다. 결과적으로 직접인건비는 거의 차이가 없지만 간접인건비는 여전히 중국이 유리할 수 있다.

다음의 요소는 직접경비다. 직접 생산에 활용되는 전기, 물, 윤활유, 기타 제조 관련 소모품의 비용이 이 항목에 속하는데 중국과 한국이 큰 차이가 날 것은 없다. 한 국가에서 전기를 정책적으로 지원하면 더 싸질 수는 있지만 전기의 생산비용이 비슷하다 보면 그 차이는 거의 없다.

이제 마지막으로 간접비를 살펴보자. 먼저 간접재료비도 큰 차이가 없다. 그렇다면 간접인건비를 보자. 앞서 잠깐 설명한 것처럼 약간 차이가 존재할 것이다. 주로 생산현장에 있는 조장, 그리고 관리자가 사용하는 비용이 여기에 속한다. 그런데 이는 업무 생산성의 영향을 받는다. 하루 종일 일한 결과가 다를 수 있다. 스마트하게 일하는 쪽이 생산성이 높고 시행착오로 발생하는 비용이 급격히 낮아진다.

다소 극단적인 예를 들어보자. 한국과 중국의 공장에서 생산 계획을 짜고 품질관리를 한다고 보자. 한국은 스마트 팩토리 기술을 적용하고 중국은 스마트 팩토리 기술을 적용하지 않은 상태라고 가정해보자. 중국 담당자는 몇 달간의 데이터를 모아 분석해서 엑셀시트 하나를 만들게 될 것이다. 이를 토대로 생산 계획을 짜게 될 것이다. 반면 한국의 담당자는 실제 이 일을 하지 않고 기계가 보내온 생산 계획만 확인하면 된다. 빅데이터에 의해 분석된 계획서에 오케이 신호만 누르면 되는 것이다. 투입되는 시간으로 보면 비교가 안 된다.

품질관리를 중국의 담당자는 수십 명의 품질관리 담당 작업자와 측정기기를 동원해서 완제품의 상태를 확인한 뒤 이를 도표로 작성할 것이다. 한국의 담당자는 빅데이터가 보내온 예지적 품질관리에 의해 조치된 데이터 결과를 모바일기기로 확인만 하면 될 것이다. 제대로 돌아가는지 아닌지만 보면 되는 것이다. 완제품의 품질 수준은 물론이고 완제품을 구성하는 주요 부품의 데이터가 모두 추적되기에 일일이 데이터를 수집할 필요가 없다. 이런 결과는 고객에게도 납품과 동시에 공유된다. 이 또한 두 방법 간의 시간 차이를 비교하는 것이 의미가 없을 정도다.

중국의 담당자는 열심히 고생해서 수요를 예측하고 생산 계획을 짰지만 완제품 품질이 만족할 만한 수준에 이르지 못해 고객에게 보낼 완제품의 수가 모자라는 일을 경험하게 될 것이다. 또 수요가 있을 것으로 생각한 A옵션 사양 제품은 여유가 있고 수요 없을 것으로 예측한 B옵션 사양 제품은 갑자기 들어온 주문에 미처 준비가 안 되어 있어 부랴부랴 생산에 들어가는 상황이 생기기도 할 것이다.

이런 상황을 종합해보면 중국의 간접인건비는 한국보다 월등히 높아진다. 아무리 인건비가 낮은 인력을 대거 투입해도 한국의 스마트한 방식으로 일하는 담당자를 당해내지 못한다. 한국의 담당자는 실제 이런 일에 자신의 시간을 쏟는 비중이 적다. 반면 중국의 담당자는 적게는 몇 명 많게는 몇십 명이 붙어 처리해야 한다(물론 이것은 가상의 상황이다. 현재는 한국 중국 모두 이전의 방식으로 일한다).

	전통 공장 대비 스마트 팩토리의 이익
직접재료비	△
간접재료비	△
직접인건비	○
간접인건비	◎
직접경비	○
간접경비	◎
△ : 차이적다　　○ : 유리　　◎ : 매우 유리	

그림 13　스마트 팩토리와 기존 공장의 원가구조 영향 분석

간접경비는 어떤가? 예를 들어 임대료, 광열비 등을 비교할 경우 차이가 없거나 스마트 팩토리를 운영하는 쪽이 더 유리할 수밖에 없다. 왜냐하면 필요할 때만 운용되기 때문이다. 이를 정리하면 〈그림 13〉과 같은 결과를 얻을 수 있다. 지금 전개되는 인더스트리4.0은 사실 이런

이익 때문에 추진하는 것이다. 이에 따르면 굳이 독일이 중국으로 진출하거나 한국으로 나올 이유가 없다. 독일에서 제조해서 공급해도 경쟁력이 있을 수 있다는 뜻이다. 현재 미국이나 독일 기업에서 추진되는 본국 리쇼링Re-Shoring 현상[36]도 이런 관점에서 볼 수 있다.

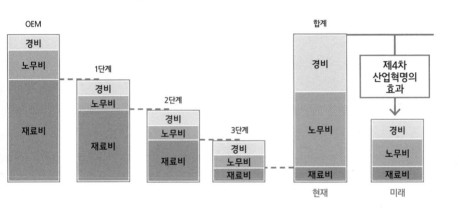

그림 14 인더스트리4.0의 이상 원가(Ideal Cost) 접근 원리

만일 인더트스트리 4.0이 제시하는 연결화가 가치사슬상으로 확대되면 어떤 일이 생기는지 살펴보자. 〈그림 14〉는 이에 대한 원리를 설명한다. 하나의 제품을 구성하는 부품을 만드는 모든 공급자들이 서로 연결되고, 스마트 팩토리를 갖추어 서로 연결된다고 하면 제조원가는

---

36 비용 등을 이유로 해외에 나간 자국 기업이 다시 국내로 돌아오는 현상으로, 기업 생산기지의 해외 이전을 뜻하는 오프쇼링(Off-Shoring)의 반대 개념이다.

놀라운 수준으로 떨어질 수 있다. 제조원가는 순수재료비, 이상적 직접 인건비, 이상적 경비를 합친 수준으로 수렴해 갈 것이다.

우리는 이를 인더스트리4.0이 추구하는 이상적 제조원가라고 말한다. 누구나 지금 전개되는 제4차 산업혁명이나 인더스트리4.0을 가볍게 볼 수 없는 이유는 사실 여기에 있다. 그렇게 되면 제품 경쟁력은 브랜드, 스타일, 개별 고객 맞춤형 제품, 제품 스토리 등에서 누가 더 많은 가치를 제공하느냐에 따라 판가름 날 것이다.

엔지니어링분야를 먼저 연결하고 생산분야를 연결하라

디지털 협업을 기반으로 연결하라

이미 오래 전에 엔지니어의 업무는 연결 기반의 협업을 통해서만 획기적으로 개선될 수 있다고 입증되었다. 이를 더 가시적으로 보여주기 위해 프론트 로딩Front Loading[37] 혁신이란 방법이 정리되어 제시되기도 하였다. 제품 개발 과정에서 제품 설계를 하는 엔지니어는 제품이 만들어지는 제조현장이나 부품공급 기업의 사정을 잘 모르면서 설계하기 때문에 설계한 대로 제품을 만들면 이따금 여러 문제가 생기기도 한다. 부품 간에 간섭이 있기도 하고 의도한 기능이 제대로 실현되지 않는 경우도 있다. '설계하는 사람과 제조하는 사람들이 머리를 맞대고 함께 만들어야 한다'도 이와 같은 맥락에서 이해될 수 있다.

한데, 이런 상식적인 문제를 기업에서 절실하게 깨닫기까지는 적지 않은 시간이 걸렸다. 적어도 산업화 이후 100여 년이 지난 후인 2000년 대 이후에 이르러서 기업들은 이러한 문제를 심각하게 생각하기 시작했다. 선두에 선 것은 도요타 자동차였다. 본래 도요타 자동차는 설계보다는 생산에 강점이 있는 기업이었다. 도요타 생산 시스템이나 칸반 시스템Kanban System[38]만 보아도 그렇다.

도요타 자동차도 본래는 문제가 많은 기업이었다. 설계 엔지니어의 설계 내용이 현장에서 자주 문제를 일으키곤 했다. 그 때문에 수많은 설계 변경이 새로운 차량의 개발 과정에서 발생했고 추가로 지출되는 비용이 수천억 원을 넘곤 하였다. 그러나 이런 비용들을 도요타 자동차는 물론 다른 자동차 기업들은 당연하게 받아들였다. 이런 비용은 신제품 연구 및 개발을 위해서 발생하는 필수적인 비용으로 생각하는

3장 연결 학명

---

37 2000년경에 하버드대학교의 스테판 톰키(Stefan Thomke) 및 도쿄대학교의 타카히로 후지
모토(Takahiro Fujimoto) 교수가 처음으로 사용한 용어다. 기업에서 발생하는 제품 개발 프로
세스의 문제점을 상류화하여, 가능하면 하류에서 발생하는 문제점을 사전에 더 적은 비용과
노력으로 더욱 빨리, 더 근본적으로 해결하는 전략을 일컫는다. 이는 결과적으로 기업의 경쟁
력을 획기적으로 향상시키는 전략이다.

38 칸반이란 생산 시스템의 공정흐름을 통제하기 위하여 사용되는 마분지 카드를 의미한다. 여
기에는 부품에 대한 정보가 기록된다. 낭비를 제거하고 필요한 때에 필요한 물건을 필요한 양
만큼만 만들어서 보다 빨리, 보다 싸게 생산하기 위한 목적으로 활용된다.

것이다.

그러던 도요타가 세상을 놀라게 한 새로운 일은 다른 곳에서 발생했다. 도요타 자동차와 미국의 GM^{General Motors}이 합작생산법인을 미국에 설립하면서부터였다. 이전에 도요타 제조 사업장이 일본 내에 있을 때는 이런 문제점이 심각한 수준으로 여겨지지는 않았다. 그러나 도요타가 해외사업장을 구축하게 되자 일본 국내에서의 커뮤니케이션과 다른 언어와 문화를 거쳐서 수행하는 커뮤니케이션에서 이전과는 전혀 다른 문제에 맞닥뜨리게 되었다.

일본에서 일본 설계 담당자들이 제품을 개발하고 일본 사람들이 주도하는 제품 제작 과정에서도 적지 않은 문제가 있었지만 도요타 특유의 부지런함과 회사와 일에 대한 애정으로 그럭저럭 합리적 협력을 이끌어내었다. 설계부서 쪽이 오류가 많은 도면을 현장부서에 내려보내도 업무 흐름의 하류에 있는 엔지니어나 양산부서에서는 이런 문제점들을 자체적으로 수정하고 개선했다.

그러나 도요타 자동차가 미국에 현지 공장을 설치하게 되면서부터 이런 전통적인 업무 흐름과 사내문화가 많은 문제를 일으키기 시작했다. 일본어와 영어가 혼용되는 새로운 업무 환경은 도요타 자동차를 소통의 어려움 속으로 빠져들게 한 것이다. 문제 해결을 위한 회의를 위해 엔지니어들은 하루가 멀다 하고 미국행 비행기에 몸을 실어야 했다. 소통 문제를 일시적으로 보완할 수는 있어도 소통 문제를 근본적으로 개선할 수 있는 획기적인 기술이 없었다. 2차원 도면과 몇 가지

도구가 전부였다. 이해하기에 용이한 시각적인 정보와 데이터들이 필요한데 도요타 자동차에는 마련되지 않은 상태였다. 디지털 업무 환경 조성에 필요한 설비 또한 자체적으로 개발한 Togo라는 이름의 CAD 외에는 갖추지 못했다.

일본 본사에서도 문제가 드러나기 시작했다. 도요타 자동차 엔지니어의 정보와 데이터, 특히 이들이 중요시하는 암묵지Tacit knowledge, 暗默知와 같은 정보는 깨알 같은 글씨로 종이 노트에 잘 정리되어 있었다. 그러나 이런 데이터와 정보는 생산현장에서 필요할 때 원하는 위치에서 접근하는 것이 쉽지 않았다.

본래 도요타에서는 일종의 도제 시스템처럼, 선배가 후배에게 기술을 가르치고 노하우를 전수하는 전통이 강하였다. 그러나 전후 세대의 대규모 은퇴를 앞두고 도요타에서는 도제식 전수가 문제가 많으며 젊은 사내 종업원에게 선배들의 지식을 전달하는 데 적합하지 않다는 것을 알게 되었다. 이를 개선하지 않으면 안 된다는 위기의식을 느꼈다. 이에 도요타는 부랴부랴 1995년경부터 소위 디지털 혁신을 전사적으로 추진했다. 과제의 책임은 시제품 제작팀이 맡았다. 다른 회사처럼 설계팀이 이런 일을 맡을 수도 있었지만 절묘하게도 설계와 생산기술의 중간에 위치한 시제품팀이 이런 일을 수행하게 된 것이다.

최초의 설계를 제품화해서 검증하는 시제품팀이 먼저 디지털 기술을 응용해서 실시간으로 설계 문제를 검증하는 프로세스를 구축했다. 여기에는 3차원 CAD, 가시적인 효과를 보여주는 소프트웨어, 그리고 간단한 노트와 정보를 기입하는 채팅 도구와 같은 초보적인 통신 시스템이 동원되었다.

도요타 자동차의 변화

도요타 자동차는 1990년대 중반까지는 두꺼운 종이로 부품 모형을 만든 뒤 조립 타당성이나 부품의 적합성을 검증했다. 시작 용도로 만든 자동차가 완성되면 관련된 모든 설계 엔지니어들이 모여 결과를 확인했는데 이런 때가 되면 늘 상대 부품을 관리하는 엔지니어들과 "네가 잘못했다, 네가 고쳐라, 아니다 너희 쪽이 설계변경을 하는 것이 맞다" 하며 옥신각신 설전을 벌이는 모습을 어렵지 않게 볼 수 있었다. 그러나 이런 광경은 1998년경부터 디지털 기술이 보편적인 업무 플랫폼으로 운영되자, 눈에 띄게 사라졌다.

디지털 기술의 핵심은 아직 만들어지지 않은 부품의 설계가 다른 부품들과 어울릴지, 의도된 바대로 완성될지, 또 조립하는 데 문제가 없을지 눈으로 확인하게 하는 것이다. 3차원적인 가시화는 언어가 서로 다른 엔지니어에게도 문제없이 소통을 촉진하는 역할을 했다. 그 덕에 설계 확인 회의를 하기 위해 미국 공장으로 향하는 출장이 대폭 줄어들었다. 엔지니어들의 스트레스는 줄어들었고 소통은 획기적으로 개선되었다. 결과적으로 제품 개발 시간이 기존의 절반으로 떨어지는 성과를 올렸다. 새로운 차량 한 대를 개발하는 데 소요되는 비용도 절반이하로 떨어졌다.

바야흐로 도요타 자동차에서는 설계를 담당하든 생산기술을 담당하는 상대의 관점에서 설계 및 생산 과정을 논할 수 있는 협업 기반이 마련되었다. 디지털 기술 덕에 공간적인 제약, 시간적인 제약을 넘어 거의 완벽에 가까운 의사결정 체계를 구축할 수 있었다. 디지털 시스템의 도입으로 도요타 자동차의 설계 변경 건수는 거의 제로 수준Zero Level 으로 떨어졌다. 설계 변경의 건수가 줄어든 것은 비용 절감으로 이어졌다.

설계 변경의 건수가 줄어드는 것은 비용 절감으로 직접 연결이 된다. 즉, 설계 변경이란 잘못된 설계 내용을 수정하기 위하여 엔지니어들이 확인 절차를 거쳐 도면을 다시 그리는 것을 말하는데 여기에는 적지 않은 시간이 소요된다. 설계를 직접 고치는 담당자의 시간도 투입되지만 관련 부품의 설계 내용이 변경될 때 다른 부품에 영향이 있는지 여부를 확인하기 위해 다른 엔지니어도 의사결정에 참여해야 된다. 또한 변경된 내용을 상위 감독자가 승인을 하는 것도 추가로 시간이 든다. 공정이 더뎌질 수밖에 없다.

더 나아가 이전 설계에 따라서 시제품이나 간이 금형을 만들었다고 한다면 이것을 사용할 수 없다. 즉 비용이 여기저기서 낭비가 되는 것이다. 낭비되는 비용 이외에도 이런 설계 변경은 신제품 출시 전략에 문제를 일으키기도 한다. 치열한 자동차 시장에 새로운 제품을 경쟁사보다 먼저 내어야만 신제품 효과로 판매를 극대화할 수 있는데 만일 출시가 늦어지면 경쟁사의 신제품이 시장 점유율을 확대하는 것을 손 놓고 지켜보게 될지도 모른다. 이런 설계 변경에 따라서 나타나는 문제들을 줄이고, 공정을 이상적으로 운용하는 것이 일본 도요타 자동차의 제품 개발 방식이다.

이런 도요타의 사례는 즉각 전 세계 자동차산업 더 나아가 조립 중심의 산업군으로 빠르게 퍼져나갔다. 도요타의 성공은 미국의 자동차 기업에 자극을 주었다. 미국의 자동차 업체는 이전에 추진하던 제품 개발 업무 프로세스 모두를 디지털화하기 시작했다. 한국의 현대자동차나 쌍용자동차 등도 예외는 아니었다. 설계분야의 업무가 모두 디지털 기반으로 바뀌었고, 이어서 생산기술분야의 업무 환경도 디지털 기술 환경으로 바뀌었다. 도면, 형상, 재질, 수량, 사양을 비롯한 제품 정보와 원가, 공급처가 디지털 정보로 바뀌어 의사결정 과정에서 물 흐르듯이 흐르고 생산 과정 전반이 공유되었다.

이와 같은 업무 기반은 협업을 전제로 만들어진다. 기업들은 이를 디지털 협업이라 부른다. 사실 디지털 협업을 제일 먼저 그리고 폭넓게 시도한 곳은 항공산업이었다. 보잉과 에어버스도 디지털 협업에 적지 않은 시간과 비용을 투자하고 나섰다. 자동차 기업 못지않게 수많은 부품 기업을 보유하고 있는 항공기 제조사는 산업 특성상 자동차산업처럼 업체 간의 디지털 협업을 이루는 것이 쉽지 않았다. 자동차산업이 전통적으로 자동차 완성품 업체를 중심으로 수직적 통합을 이루며 발전해온 반면, 항공산업은 다소 느슨한 형태의 협력 관계를 맺고 발전해왔기 때문이다.

도요타 자동차가 보잉의 디지털 협업 개념을 벤치마킹하여 프로젝트를 뒤늦게 추진했음에도 불구하고 주요 계열사 및 공급사를 포함한 디지털 협업 관계를 1990년대 말경에 완성할 수 있었던 것은 오랫동안 쌓인 통합과 협력의 경험 덕분이었다. 반면 자동차산업보다 디지털 협업 구상을 먼저 주도한 항공산업은 2000년대 들어서도 지속적으로 불완전한 수평적 협업관계를 강화하고, 또 디지털 협업 시스템 구축을 위해 노력했다. 예를 들어 보잉이 프리미엄 여객기 보잉 787을 개발하면서 사업 참여의 조건으로서 이런 시스템 채택을 수용할 것을 부품공급 업체에게 요구한 것은 널리 알려진 사실이다.

주로 북미와 일본 자동차산업과 유럽과 미국의 항공산업에서 시작된 디지털 협업 시도는 전 세계 모든 자동차산업 및 항공산업에 영향을 미쳤고 이제 누구도 설계와 생산기술을 잇는 디지털 협업의 필요성에 대해 이의를 제기하지 않는다. 이제 디지털 협업은 선택이 아닌 필수가 된 것이다.

디지털 협업을 위한 도구

이런 일을 지원하는 솔루션은 PLM과 통신기술 등이다. 이미 여러 소프트웨어 기업들이 이런 트렌드를 적극 활용하면서 세계적인 수준의 기업 명단에 이름을 올릴 만큼 성장하였는데 지멘스, 다쏘시스템Dassault Systemes, PTC 등과 같은 기업들이다. 한국에서도 이런 세계적인 기업을 만들려는 시도가 있었으나 번번이 실패하거나 소규모 로컬 기업에 머무른 상태다. 처음부터 글로벌 시장을 공략하는 것이 아니라 정부에서 지원하는 기금에 기대어 국산화 대체 효과만을 목표로 뛰어든 것이 근본적인 실패 요인이다.

PLM과 같은 솔루션이 중점적으로 하는 일은 제품 정보 생성Authoring이다. 제품의 색깔, 모양, 재질, 메커니즘 등 모든 정보가 디지털 솔루션에 의해 만들어지고 관리된다. 제일 먼저 CAD 시스템으로 디지털 형상을 만들고 관련 정보를 생성하면 이를 CAEComputer Aided Engineering라는 앱이 분석한다. 주로 강성 해석이나 유동 해석, 열분석 등을 처리하곤 했는데 최근에는 마모나 수명에 관련된 사항도 해석한다. 기술이 발전한 덕이다.

제품 설계와 해석은 주로 설계부문에서 맡아서 한다. 이렇게 설계된 제품은 컴퓨터상에서 자유롭게 테스트할 수 있게 된다. 가상현실 기기까지 준비하면 설계된 제품의 질감까지 느껴볼 수 있다. 가상현실을 응용해 물리적인 기기와 연동을 시키면 질감이나 느낌을 확인할 수 있다.

'아무리 그래도 제품은 직접 손으로 만져봐야 안심이 되지…'

우리가 인간인 이상 10년 후에도 이런 욕구는 사라지지 않을 것으로 보인다. 그렇기에, 3D프린팅은 디지털제품 정보를 빠르게 물리적인 시제품으로 바꾸어 확인할 수 있는 최적의 대안이다.

이전에는 대부분 기업들이 설계 엔지니어들의 중요성을 높게 평가하여 사원의 채용 단계부터 혜택을 주는 등 더 유능한 재원을 확보하는 데 많은 노력을 기울였다. 그러나 이런 시각과 관점은 바뀔 때가 되었다. 설계뿐만 아니라 설계를 제품으로 구현하는 생산기술 및 양산 업무를 수행하는 역할도 중요해졌다. 핵심은 이들 모두가 디지털 시스템으로 연결되어 있어야 하며 적어도 같이 일하는 동안에는 실시간으로 원활한 의사소통이 이루어져야 한다는 점이다.

서로 사용하는 도구가 조금씩 다를 뿐 이제 대부분의 업무를 지원하는 도구는 소프트웨어 및 디지털기기가 기본인 세상이다. 예를 들어 설계팀은 주로 설계 정보를 만들어내는 도구를 사용한다고 하면 시제품팀은 이를 빨리 실제 부품으로 가시화해서 필요한 시험 및 검증을 진행한다. 이전처럼 기름으로 흥건히 젖은 바닥 위를 엔지니어들이 오가는 일은 거의 없다. 3D프린터와 다양한 시험 및 평가 장비를 통해 업무를 수행하는 게 시제품팀의 모습이다. 설계 담당자와의 업무 소통도 물리적인 소통보다는 디지털기기를 통한 실시간 소통이 대부분이고 필요하면 동영상, 사진 등을 주고받으면 된다. 모두 사내 인트라넷을 통해 정보를 주고받으므로 내부에서 의도하는 일이 없는 한, 정보가 유출될 일은 없다.

생산기술 또는 양산분야의 엔지니어링 활동과 역할도 이와 비슷하다. 생산현장에 수많은 설비와 기기들이 존재하고 운영되는 동시에, 생산기술 엔지니어는 디지털 트윈 또는 사이버 공장이란 가상의 공간을 소유하고 있다. 이들은 물리적 공장에서 신제품 투입 계획을 수립하는 것이 아니라 우선 사이버 공장에서 신제품 투입을 준비한다. 검증 결과를 실제 물리적인 공장과 라인 위에서 적용하기 위해 새로 필요한 지그나 공구는 3D프린터로 제작하여 사용하기도 한다.

이들은 기본적으로 공정을 설계하는 도구를 사용하고 또 공정에 따라 생산되는 모습을 평가하고 검증하는 여러 가지 시뮬레이션 도구를 사용한다. 실물 공장과 똑같은 가상 공장에서 모든 상황을 확인할 수 있다. 3D스캐너를 사용하여 공장을 빨리 스캐닝하는 것은 기본이고 이렇게 만든 가상의 생산라인에 신제품을 투입하여 가공, 조립, 이동 등의 활동을 검증한다. 어떤 경우에는 아직 실물 공장이 존재하지 않는 상태에서 이런 일을 수행하기도 한다.

양산팀의 활동 또한 디지털 기술의 응용이다. 일단 어떤 제품이든 생산라인을 통해 제조가 시작되면 수없이 많은 데이터가 추출되고 수집된다. 그리고 데이터는 때에 따라서는 실시간으로, 또는 적당한 간격을 두고 분석된다. 데이터 분석은 발생한 문제점의 해결에 응용되면서 동시에 앞으로 발생할지 모르는 문제에 대한 예지적 조치와 활동에도 쓰이게 된다.

디지털 협업 참여에 예외는 없다

대부분의 기업에서는 이 책이 전달하는 내용이 현실과 너무 동떨어져 있다고 할 것이다. 하지만 이런 수준의 일을 실현하고 있다고 말할 사람도 적지만 이런 일이 영영 불가능하다고 말할 수 있는 사람 또한 적을 것으로 본다. 아직 모든 것이 시작 단계에 있다. 한편으로 이는 앞으로 할 수 있는 일이 많다는 의미이기도 하다.

분명한 것은 모든 기업이 제품 개발 초기 단계부터 설계팀, 생산기술팀, 양산팀, 생산관리팀 등이 함께 협업하여 제품을 개발해야 하는 시대가 되었다는 점이다. 이를 실현하기 위해서 추구해야 하는 것이 연결화다. 연결화의 전제조건은 디지털화다.

한 가지 여기에 추가로 보탤 수 있는 조직이 있다. 영업팀과 마케팅팀이다. 제품 개발 초기 단계에서 이들의 참여가 필수적이다. 그 이유는 이들의 참여를 통해 고객에 대한 명확한 정의를 내릴 수 있고 목표 고객을 대상으로 한 제품의 개념화가 가능하기 때문이다. 잘못된 타겟팅 Targeting 으로 인해, 수많은 기업들이 고객의 요구에 부합하지 못하는 제품을 출시하는 경우를 볼 수 있다. 고객의 니즈를 파악하지 못한 제품이 잘 팔리지 않는 것은 것은 당연한 일이다.

영업팀과 마케팅팀이 공정 전반은 물론 양산 이후의 과정에도 참여하는 것이 선두 기업들의 트렌드이다. 중국의 북경자동차는 신제품인 SUV Sport Utility Vehicle 개발 과정에 영업팀 및 마케팅팀, 심지어 재무팀까지 참여하고 있다. 제품 사양이 어떤 절차로 개발되며, 어떤 과정을 거쳐 하나의 제품이 완성되는지 직접 경험한 덕에 영업팀과 마케팅팀은 이전보다 높은 수준으로 핵심 고객 설정 작업을 해낼 수 있게 된다. 이전에는 막연하게 타겟 고객을 정의했으나, 이제는 마케팅팀으로 하여금

특정 사양이 고객에게 실제로 어필할 수 있는지 생각하는 계기를 제공하는 것이다. 원리는 간단하다. 가령 A라는 사양을 위해 500위안의 원가가 늘어나는 것을 연결된 디지털 업무 기반을 통해 알게 되었을 때, 마케팅 차원에서 실제 고객이 A라는 사양을 위해 500위안을 추가로 부담할 것인지 따져보게 되는 것이다.

과거 기아자동차와 현대자동차가 경쟁하던 시절 두 회사의 영업사원은 상대편 회사 차량에 추가된 사양에만 관심을 가졌다.

"현대자동차 B모델처럼 짐칸을 도금해주세요. 그러면 우리도 더 잘 팔 수 있습니다."

"기아자동차 C모델 뒷바퀴처럼 디자인해주세요. 그러면 매출이 10%는 늘 것입니다."

지금도 영업현장의 분위기는 크게 달라지지 않은 것 같다. 경쟁사 제품의 변화에 따라다니며, 큰 틀에서 생각하지 못하는 모습이 여전하다. 이런 태도를 발전적으로 바꾸는 데 연결화만큼 도움되는 것도 없다. 새로운 사양이 원가에 미치는 영향을 스스로 깨닫고 공정 과정에 미치는 영향을 직접 봄으로써 영업팀과 마케팅팀은 원가와 고객의 요구를 동시에 고려하게 된다. 실제 북경자동차의 SUV 신차 성공 사례 뒤에는 이런 과정이 숨겨져 있다.

한국의 기업 대부분은 아직 엔지니어링 업무가 100% 디지털화되어 있지 않다. 중견기업이나 대기업은 적어도 설계부문에서 디지털 업무 환경을 구축한 것으로 보인다. 그러나 생산기술 및 양산 쪽은 대기업이든 중견기업이든 변화의 속도가 더디다. 그러다 보니 엔지니어링분야에서 소위 E2E^{End to End}³⁹ 관점의 엔지니어링 프로세스가 도입된 기업이 많이 존재할 리 없다.

차근차근 디지털화의 완성도를 높여가야 한다. 당장의 이익이 늘지 않더라도, 투자와 노력을 아껴선 안 된다. 그래야 연결이 가능하기 때문이다. 연결이 이루어져야 매출도 좀 더 나아지고 이익도 개선될 것이다. 한국의 기업들은 아직까지 디지털화를 완성하지 못했다. 대기업 및 중견기업의 설계부문은 어느 정도 디지털화가 추진됐지만 생산기술 및 현장의 디지털화는 대기업과 중견기업 모두 갈 길이 멀다. 스마트화는 둘째 치고 디지털 기술도 아직 충분하게 활용하지 못하고 있다.

엔지니어의 상상력은 인공지능이 대체할 수 없다

엔지니어링분야의 디지털화와 연결화는 앞에서 많은 논의를 거쳤다. 기업 입장에서는 제품이 시장에 매력적이어야 한다. 사람들이 사고 싶은 제품이어야 한다. 다른 말로는 고객에게 가치를 충분히 제공하는 제품이어야 하는 것이다. 이런 제품을 빠르게 더 싸게 만들어내는 노력이 필요하다.

이런 일을 위해 우선 제품 정보를 디지털로 만들어내야 연결화를 통

---

39 어떤 일의 추진하는 데 포함되는 처음 단계부터 마지막 단계까지의 모든 활동을 일컫는 말.

해 경쟁력을 뒷받침하는 여러 가지 일을 할 수 있다. 그런데 문제는 제품의 설계이다. 물론 처음부터 완벽한 설계가 나올 수는 없다. 세계적인 린 디자인 컨설턴트 샌디 먼로Sandy Munro는 다음과 같이 말한다.

"첫 설계는 절대 단순하지 않다."

실제로 그렇다. 세상에 존재하였던 대개의 첫 제품 설계는 엉성하기 그지없었다. 설계를 보다 높은 수준으로 끌어올리는 것은 디지털의 힘이 아닌 인간의 힘이다. 이 부분은 인공지능도 대체할 수 없는 영역이다. 인간이 더 활약할 부분이기도 하다. 당연하게도 대부분의 제품은 앞으로 더욱 더 스마트해질 것이다. 그런 과정에서 제품 설계가 복잡해질 것이다. 제품 설계가 복잡해질수록 제작 과정도 복잡해진다.

여기에 핵심 메시지가 담겨 있다. 더욱 스마트한 제품을 만들되 단순한 설계로 단순하게 제조할 수 있어야 한다. 이를 위한 방법이 없는 것은 아니다. 제품의 속성을 체계적으로 분석할 수 있도록 도와주는 코스트맵Cost Map[40]과 같은 도구가 있다. 이런 도구를 통해 체계적으로 제품 설계의 복잡성을 줄일 수 있다.

그러나 이런 도구와 방법론이 모든 일을 다 해결해주는 것은 아니다.

---

40 몇 가지 심벌을 이용해서 제품의 복잡성을 가시화(Visualize)해주고, 정량화(Quantify)하는 도구이다. 즉, 설계된 제품의 복잡한 수준을 수치로 나타내어 더 단순화하게 개선하거나 발전시킬 수 있도록 고안된 솔루션이다. 이렇게 코스트맵을 활용하여 얻고자 하는 것은 제조원가의 개선, 공정의 축소, 품질의 향상과 같은 개선 활동이며, 궁극적으로 끊임없는 혁신을 통한 기업 경쟁력의 제고다.

어디까지나 편의성을 제공해줄 뿐 창의적인 개선 활동은 인간의 땀과 노력 그리고 상상력의 몫이다. 이점은 좋은 소식이기도 하고 나쁜 소식이기도 하다. 무턱대고 자동적 설계를 꿈꾸는 이에게는 나쁜 소식이지만 인공지능 시대에도 인간의 가치와 역량을 믿는 이에게는 좋은 소식이다. 어떤 소식으로 받아들일지는 각자의 자유이지만 인간과 인공지능이 함께 살아가는 세상에 가까워질수록 우리는 땀과 노력을 기꺼이 들일 생각을 해야 한다.

디지털화와 연결화의 답은 현장에 있다

디지털화가 선행되면 연결화는 물 흐르듯이 자연스럽게 이루어진다. 업무 기반도 디지털화가 되면 디지털 협업이 가능해지고 나중에 일어날 문제점을 사전에 방지할 수 있다. 앞서 설명한 프론트 로딩 이노베이션Front Loading Innovation이 달성되는 것이다. 디지털 기술의 대표적 특징이 복사, 공유, 편집, 압축 등이 쉽다는 점과 이에 비용이 거의 들지 않는다는 점이기 때문에, 디지털화는 시행착오로 인해 추가로 발생하는 시간과 비용을 대폭 줄여준다. 생산현장에서도 이 원리는 동일하게 적용된다.

먼저 살펴볼 것이 있다. 우선 디지털화된 설비와 그렇지 않은 설비를 구분하는 것이다. 디지털화된 설비들은 통합 및 연결화가 쉽다. 사물인터넷이든 이더넷이든 무선통신이든 연결화와 관련된 기술을 활용하면 기계들이 데이터와 정보를 주고받도록 할 수 있다. 또한 설비에서 직접 데이터를 분석한 뒤 조치를 내리게 할 수도 있고, 데이터를 중앙센터나 클라우드로 보내어 분석을 하거나 빅데이터로 활용하게 할 수도 있다.

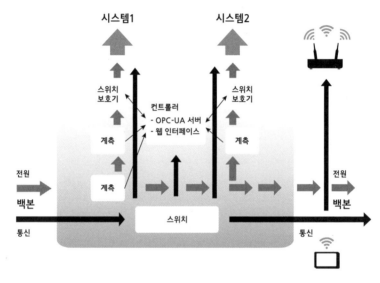

그림 15 산업용 사물인터넷 모듈의 외형 및 내부 로직

　　문제는 기존의 디지털화되지 않은 설비들이다. 이런 설비들은 처한 상황과 조건 등이 모두 다르기 때문에 일률적으로 말할 수 없다. 독일 인공지능연구소에서 발표한 자료에 따르면 디지털화되지 않은 장비들을 디지털화하기 위한 모듈이 있다고 한다. 하팅Harting이란 독일 기업은 이런 일을 주로 한다고 알려져 있다. 이들은 책 두세 권을 합친 크기의

상자 내부에 모듈이 내장된 유니트Uint를 제공하고 한다. 이는 일종의 모듈형 시스템 박스인데 내부에는 통신을 처리하는 기능도 있고 전원, 스위치, 다른 시스템과 연결하는 커넥터 등이 준비된 장치이다. 아날로그기기에 붙여서 거기에서 나오는 데이터나 정보를 모아 필요한 곳으로 전송하는 역할을 한다. 복잡하게 새로 설계를 하고 새로 만들 필요 없이, 유니트를 사서 붙이기만 하면 이전의 기계를 스마트한 기계로 바꿀 수 있는 것이다.

국내에는 울랄라랩이라는 기업이 만든 사물인터넷 모듈이 있다. 주로 중소기업이 사용할 수 있는 소형장치이다. 오래된 기계에 장치를 붙이

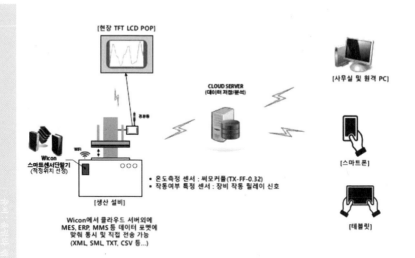

그림 16 울랄라랩의 산업용 사물인터넷 모듈 응용도

면 필요한 데이터를 사무실이나 담당자의 스마트폰 또는 스마트기기로 보내는 역할을 한다. 어떤 변수를 측정하고 데이터로 수집하는가에 따라 필요한 센서가 달라진다. 울라라랩의 이 모듈형 장치는 센서가 정해지면 그 센서와 연결되어 데이터를 수집하고 전송하는 기기인 셈이다.

이런 일은 사람의 손을 빌려 할 수도 있다. 만일 현재 바코드 리더기를 사용하는 공정이라면 이런 데이터를 사물인터넷 모듈과 연결하여 데이터를 수집 및 전송할 수 있다. 바코드기기 외에도 NFC^{Near Field Communication, 근거리 무선통신}기기가 이용될 수도 있다. 이 정도의 투자만으로도 현장 프로세스를 디지털화할 수 있고 이를 통해 데이터를 보다 가치있게 사용할 수 있다.

보안 문제 때문에 연결을 포기하지 마라

바이러스 위험은 증가한다

스턱스넷^{Stuxnet}은 2010년에 악명을 떨친 컴퓨터 바이러스이다. 2010년 7월 동남아 지역에서 처음으로 발견되었는데, 이란 부셰르 원전과 관련된 컴퓨터 3만 대와 중국의 주요 사회간접자본시설^{SOC}을 감염시켰다. 스턱스넷은 발전소 등 전력 설비에 쓰이는 지멘스의 산업자동화제어시스템(PCS7)을 감염시켜 오작동을 일으키게 하거나 시스템을 마비

시키는 신종 웜바이러스로 알려졌다. 이란 대통령은 이 사건으로 자신들의 핵발전 원심분리기가 고장 났다고 밝힌 바 있다. 이 사건 이후 컴퓨터 바이러스가 일반 시민과 공공기관뿐 아니라 사회간접시설, 더 나아가 제조시설이나 공장을 공격할 수 있을 것이라는 가능성이 점차 현실화된다는 것을 환기시킨 바이러스이다. 산업시설을 통제하고 감시하는 시스템 속으로 바이러스가 몰래 들어가서 시스템을 교란시키면 많은 문제가 발생할 수 있다는 사실을 보여준 것이다.

이제 보안 문제는 누구도 피해갈 수 없는 사안이 되었다. 공장의 생산 설비, 기계뿐만이 아니라 보안용 인터넷에 연결된 디지털 카메라, 작업자의 안전모에 부착된 무선센서, 휴대기기 등 모든 디지털기기에서 보안 문제가 발생할 수 있다. 데이터 유출의 위험도 무시할 수 없다.

제조산업현장이 디지털화되고 연결화될수록 사이버 보안의 이슈는 점점 중요해지고 있다. 디지털화와 연결화가 진행될수록 위험은 증가한다. 하지만 리스크가 발생한다고 해서 연결화 작업을 포기한다는 것은 말도 안 된다. 사이버 보안 문제 때문에 제4차 산업혁명의 핵심적인 가치인 연결화를 포기하는 것은 구더기 무서워 장 못 담그는 꼴이다. 문제 해결을 위해 현재 수많은 전문가들이 연결화 이후의 사이버 보안 문제에 대한 논의와 연구를 지속하고 있다.

대부분의 사이버 보안 솔루션 업체 및 전문 업체는 해킹과 정보 유출 등 위험을 강조하기에 여념이 없다. 종종 방송 등에 등장하는 사이버 보안에 관한 뉴스는 보안에 대한 우려를 증폭시킨다. 그런데 가만히 살펴보면 사이버 보안의 핵심에는 기술, 프로세스와 함께 사람이 있다. 그리고 기술 관점으로 보면 보안은 방패와 창의 싸움인데 이는 모순적임을 알 수 있다. 누군가 천하제일의 방패를 만들면 누군가는 이에 대항해서 천하제일의 창을 만드는 것과 같은 이치다. 방패를 만든 이는 방패의 약점을 알고 있다. 창을 만든 사람도 창의 약점을 알고 있다.

어차피 완벽한 것은 없다. 기술 발전의 특성상 이런 약점은 시간이 지나면 알려지게 마련이므로 방패의 약점이 창에 알려지면 방패는 나름대로 보완을 강구하고, 역으로 창의 약점이 방패에 알려지면 창을 더 날카롭게 만드는 방법이 연구된다. 이 경쟁은 끝이 없을 것 같은데 사실 그 중심에는 사람이 있다. 뚫는 목적은 사람에게나 의미가 있지 기술이나 기계에는 아무런 의미가 없다. 이미 알려진 바와 같이 보안과 관련된 문제의 상당수는 사람과 관련되며 그런 면에서 인재에 가까운 경우도 많이 있다.

기업이나 산업현장에서 일어날 수 있는 보안 위협 요소를 정리한 것이 〈그림 17〉이다. 이를 보면 문제의 원인에서 내부 직원이 차지하는 비중이 적지 않음을 알 수 있다. 바이러스 프로그램을 제때 업데이트하지 않으면 바이러스가 들어오는 것이 대표적인 예다. 이는 거의 전적으로, 내부 직원의 실수다. 예를 들어 USB 사용을 금지하는 규정을 어겨 부지불식간에 바이러스가 침투하는 것도 내부인에 의한 문제 발생이다. '괜찮겠지' 하고 외부에서 사용하던 USB를 회사의 시스템에 연결된 기기에 삽입하는 것이다.

그림 17 산업현장의 보안을 위협하는 요소

　이렇게 따지고 보면 최근 외부 해킹이나 무단 접속과 같은 일은 점차 어려워지고 있다. 집이나 호텔에 놓인 거의 무방비 상태의 PC가 아닌 이상 기업이나 기관이 보호하는 보안 사항을 외부에서 침입하는 것은 점차 어려워지고 있다는 뜻이다. 그러나 여전히 존재하는 위험은 내부 직원 또는 내부인의 나쁜 의도나 실수에 의한 것이다. 대표적인 실수는 이메일의 사용 과정에서 자주 발생한다. 업무와 관련이 없는 스팸메일을 건드리지 말아야 하는 이유가 바로 이 때문이다.

전사적 보안 네트워크 인프라를 구축하라

산업 보안은 포괄적인 관점에서 접근하는 게 중요하다. 사람, 프로세스, 그리고 기술적인 측면을 고려하고 회사의 중요 자산을 어떻게 보호할지 생각해야 한다. 견고한 방호벽도 지속적인 공격에 노출될 수 있다는 가정하에 보안 시스템을 설계해야 한다. 또 산업 보안은 필수적으로 다층 보안Defense in Depth 전략을 써야 한다. 즉, 어떤 층이 뚫리게 되면 다른 변수나 기능으로 작동하는 다른 층에 의해서 방호되도록 해야 한다(〈그림 18〉).

4차 산업혁명 어떻게 시작할 것인가

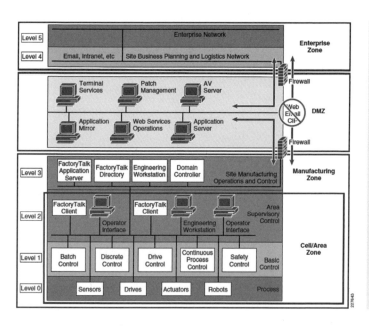

그림 18   전사적 보안 네트워크 참조 모델

기업에서 마련할 수 있는 구체적인 대응 방안을 정리하면 다음과 같다.

- 내부 인트라넷 구축
- 불법적인 USB 등의 사용 금지 정책
- 허락되지 않은 웹에 대한 접속 차단 및 금지 정책
- 안전이 보장되지 않은 디지털 문서에 대한 접근 차단 정책
- 이메일의 보안 시스템 및 사용자 지침 강화
- 허락되지 않은 경로나 방법으로 앱에 접속하는 것을 통제하는 기능
- 네트워크에 대한 접근 제어와 의도되지 않은 접근 및 행위를 감지하는 기능
- 데이터 또는 콘텐츠에 접근하거나 이를 자의적으로 편집·사용하는 것을 방지하는 기능
- 언제, 어디서, 누가, 어떤 장치의 무엇을 하였는지를 파악·관리하는 기능
- 기기에 대한 이중 안전장치 설치

이 중에서 예기치 못한 외부 충격이나 사고에 대한 대책이 설비 단위에서부터 이중으로 준비될 필요가 있다. 예를 들어 기계의 두뇌에 해당하는 반도체칩에 대한 보안 및 안전 기준이나 표준이 아직도 없다. 그러나 연결의 시대에는 반도체칩 수준에서부터 보안 및 안전 기준이 필요한 것은 당연하다. 자동차가 해킹되어 마음대로 굴러가는 모습이 시

연된 것을 보면, 반도체칩이 해킹되거나 외부 충격으로 오작동이 일어나는 위험에 대한 대비책은 반드시 마련되어야 할 것이다. 이를 방치하게 된다면 언젠가 큰 손실을 야기할 것이다.

보안의 필요성은 디지털기기에만 머무르지 않는다. 내부의 허락받지 않은 이들 또는 외부 침입자가 기업이 보유한 문서를 불법으로 복사하거나 프린팅하는 경우도 발생한다. 이런 일을 방지하는 다양한 솔루션이 등장하고 있다.

S기업은 지문과 안면 등을 활용해 불법 복제가 불가능한 솔루션을 마련하였다. 이들은 안면인식, 지문, 홍채인식 기술을 적용하고 있다. 이들이 적용한 은닉부호 추적 기술은 출력자를 식별할 수 있는 8개의 부호를 보이지 않도록 삽입해서, 누가 언제 무엇을 출력했는지 추적한다. 누군가 몰래 자료를 복사해가도 나중에 들통나도록 한 것이다. 이런 자료는 일반 복사기로 재복제해도 은닉부호가 유지된다고 한다. 또 인쇄물의 선 두께, 표시 간격, 글자 크기 등을 사용자마다 다르게 출력하여 누가 복사했는지 쉽게 밝혀낼 수 있다.

C기업은 고객 맞춤 인쇄가 특징이다. 기존 시스템에서는 인쇄명령을 내리는 즉시 출력되어 다른 출력물과 섞였다면, 이 시스템에서는 원하는 프린터에 IC카드를 대고 자신의 출력물만 골라 받을 수 있도록 했다. 모든 과정은 중앙에서 관리돼 기간별, 부서별, 사용자별 등 원하는 형태에 따라 출력 통계를 낼 수 있으며 출력 기록 추적도 가능하다. IC카드가 없다면 외부에서 침투하여도 프린트를 할 수 있는 방법이 없는

것이다. 그리고 만일 IC카드가 있는 이들이 불법을 저지르면 그 기록으로 색출할 수 있는 것이다.

H사는 인쇄 당사자의 정성적 분석을 통해 출력 목적과 공유 방식, 배포 경로 등을 추적한다. 또 이를 저장해두었다가 나중에 필요 시 검증할 수 있다. 높은 수준의 보안이 필요한 문서는 특정 직급 이상만 출력할 수 있도록 설정하거나 출력에 대한 모든 정보를 자동저장하고 유출 여부를 진단하는 이미지 로그 기술도 적용했다.

또 다른 방법은 외부의 침투를 근본적으로 차단하는 분리형 망을 구축하는 것이다. 서버망을 분리하는 물리적 분리, 서버 가상화 분리, 클라이언트 기반망 분리 등이 있는데 결국 외부 인터넷망과 분리하는 방법들이다. 물리적인 분리는 현재 등장한 방법 중 가장 안전한 보안 방법으로 인식된다. 발전소나 중요한 국가기관들의 내부망은 이와 같이 분리된 망을 사용한다. 이런 기관에 근무하는 직원들이 외부 인터넷에 접속하려면 별도의 망으로 접속해야 한다.

보안을 서비스하다

기업들이 자체적으로 보안의 모든 것을 연구하고 대응체계를 갖추는 것은 현실적으로 맞지 않는다. 보안과 관련된 일은 외부의 솔루션을 이용하는 것이 타당하다. 보안 솔루션을 제공하는 수많은 기업들이

전 세계에 포진하여 있다. 이런 기업들은 Cybersecurity 500[41]이란 이름
으로 검색하면 쉽게 찾아 볼 수 있다. 사물인터넷분야의 보안을 중점
적으로 지원하는 기업을 찾는다면 Forecpoint, Global Sign, Bayshore
Network 등을 찾을 수 있을 것이다. 산업용 제어 시스템에 대한 보안
전문 기업은 NexDefense, Indegy 등이 있다.

  반도체 제조 등 첨단 산업의 보안을 지원하는 서비스에 가입하면 모
든 네트워크가 외부 기관 서비스 네트워크를 통해 접속하게 된다. 이는
기업이 갖는 다양한 네트워크의 노출을 하나로 통일하여 운용부담을
줄이고 비용도 낮추며 동시에 보안 위험도 축소하는 방법이다. 그 원리
는 〈그림 19〉에 표현한 것과 같다.

4차 산업혁명 어떻게 시작할 것인가

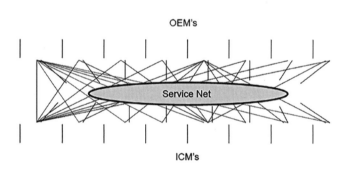

그림 19 외부 서비스넷의 작동 원리

출처 : ILS Technology

---

41 http://cybersecurityventures.com/cybersecurity-500에 들어가면 자세한 정보를 확인할 수
    있다.

4장

편집하고
시작하라,
필요한 기술은
준비되어 있다

"창조는 편집이다.
나는 스티브 잡스보다 훨씬 먼저 이를 주장했다."

└ 김정운, 『에디톨로지: 창조는 편집이다』

"우리 회사의 현장을 한번 살펴봐주십시오. 지금 우리는 무엇을 해야 합니까?"

대부분 기업의 리더들은 이미 변화의 필요성과 현재 일어나는 변화가 무엇을 의미하는 것인지 알고 있다. 모든 것을 속속들이 다 이해하지는 못해도 적어도 변화의 줄거리와 방향을 알고 있다는 뜻이다. 그리고 이들 대부분은 변화의 필요성을 인식하고 있다. 하지만 정작 이들에게 필요한 답은 '무엇을 해야 하는가'이다.

"열린 마음으로 변화를 맞이하십시오. 과거의 성공에 머무르지 말고 새로운 변화에 도전하십시오. 직원들을 교육하고 그들이 새로운 변화에 동참하도록 하십시오. 핵심은 생존입니다. 생존하십시오. 생존 방법을 찾으십시오. 실용적으로 접근해야 합니다."

우리의 메시지는 이것이다.

"상상하고 편집하십시오. 그러면 세상의 기술들이 당신의 회사를 위해 일하기 시작할 것입니다."

이미 인더스트리4.0에 대한 공감대는 널리 퍼져 있다. 그게 맞다면 이제는 구체적인 활동 방안을 찾을 때이다. 모든 것은 생존 관점으로 보아야 한다. 그저 구호를 말하는 것이 아니다. 혁신 기술을 모두 적용하겠다는 막연한 생각보다 당장 5년 후에 살아남기 위해 어떤 것을 먼저 채택하고 활용할 것인지 실용적으로 고민해야 한다. 각 기업이 5년 후 10년 후에도 존재할 수 있는가에 초점이 맞춰져야 한다. 한마디로 살아남는 기업이 되어야 한다.

이런 결심이 선 기업들을 위해, 구체적으로 사물인터넷, 빅데이터, 로봇, 적층형제조기술, 디지털 기술, 보안 시스템, 통신 기술 등을 어떻게 도입하면 좋은지, 연결 방법은 구체적으로 무엇인지 논의할 것이다.

거듭 말하지만 인더스트리4.0을 현실화할 기술은 이미 가용 수준에 이르렀다. 10년 전 평균 1.3달러였던 센서의 개당 가격이 최근에는 10년 전의 60퍼센트 수준으로 떨어진 상태다. 무선통신 속도는 10년간 40배 빨라졌는데 비용은 10년 전 수준 그대로다. 결과적으로 단가는 1/40 수준으로 떨어진 셈이다. 프로세서의 속도도 60배 증가하였다. 스마트폰과 같은 디지털기기도 널려 있다. 값도 싸다. 100달러 정도면 테블릿 PC를 구할 수 있다. 와이파이는 거의 무료다. 보안에 투자하는 솔루션의 비용도 기기당 1달러 선으로 떨어지고 있다. 인터넷 주소는

IPv6 덕분에 무한대로 만들어 사용할 수 있다. 기초 소재 및 재료공학의 발전도 살펴야 한다. 나노, 나노튜브, 그래핀 등에 파급 효과가 큰 기술들이 활용되기 시작했다. 이미 충분히 준비된 기술도 많다. 사물인터넷, 클라우드, 빅데이터, 디지털 기술, 3D프린팅 등이 바로 그렇다. 지금도 발전과 진화를 거듭하고 있지만 현재로도 충분히 적용 가능한 기술들이다.

이런 상황에서 대부분의 기업들은 할 일이 많은 것 같긴 한데 정작 어디서부터 무엇을 해야 할지 판단하고 결정하는 데 어려움을 겪는다. 우선 전체적인 안목을 기른 다음, 분야별 전문가를 찾는 것이 순서다. 실질적인 도움을 위해 이 장에서는 경영자나 기업의 임직원들이 전체적인 흐름을 포착할 수 있도록 인더스트리4.0에 적용될 일반적인 기술적 이슈를 다룰 것이다.

목표는 생존이다

목표는 기업의 생존이다

아무리 좋은 계획이 있어도 기업이 5년 후에 망한다면 무슨 의미가 있으랴. 특히 지금과 같은 격변의 시기에는 어떻게 살아남는가에 초점을 맞추는 것이 필요하다. 이게 현실이다. 디지털화, 연결화, 스마트화 등 이 책의 논의 주제도 사실 기업의 생존과 연결되지 않는다면 부질 없는 구호에 불과하다.

지금 이 책을 읽는 독자가 속한 기업의 생존 방안은 무엇인가? 현재의 사업 경쟁력을 강화하는 것인가? 아니면 새로운 비즈니스 모델을 찾아 새로운 도전을 하는 것인가? 먼저 이를 분명하게 해야 한다. 물론 두 가지 다 포함할 수 있다.

당장의 목표가 경쟁력 강화라면 여러 방법을 강구해볼 수 있다. 인더스트리4.0의 관점에서 말이다. 어떤 회사가 생산라인에 필요한 설비를 제조해서 판매한다고 해보자. 이들이 판매하는 설비에 원격 모니터링을 통한 서비스를 추가하는 것이 한 가지 구체적인 예다. 앞서 언급한 GE의 엔진 경우처럼, 자사가 제작한 설비에 대해서 고객도 미처 알아차리지 못한 문제점을 실시간으로 파악하여 실제 문제가 생기기 전에 미리 통보하고 고쳐주는 서비스를 준비하는 것은 어떨까? 이런 서비스를 받는 고객들은 결코 떠나가지 않을 것이다. 이는 GE만이 아니라 보잉이 항공기를 팔면서 활용한 방법이기도 하고, 국내의 화천기계가 공작기계를 납품하면서 더불어 제공하는 서비스이기도 하다.

또 다른 예를 보자. 현재보다 재고 수준을 대폭 낮추는 것은 어떨까? 이 일이 성공하면 원가구조가 개선될 것이다. 단순하고 반복적인 일을 자동화나 로봇으로 대체하고 그 일을 하던 사람들을 재교육해서 엔지니어링 쪽이나 기술영업 등으로 재배치하는 것은 어떤가? 이런 과정을 통해서 원가구조가 개선될 수 있을 것이다.

일부 발 빠른 기업처럼 새로운 사업모델을 찾는 것도 좋은 목표다.

GE, 시스코, 로크웰 오토메이션, 지멘스, 보쉬, HP 등이 변신 중이다. 또 남들이 아직 시도하지 않은 완전히 새로운 비즈니스 모델에 도전하는 기업도 보았을 것이다. 에어비앤비, 우버가 대표적인 사례다. 한국 기업이라고 이런 일에 도전하지 못할 이유는 없다.

여기에 한 가지 더 보탤 것은 제품의 트렌드이다. 지금 대부분의 제품에는 스마트 기능이 접목되어가는 중이다. 어떤 제품이든 이런 트렌드에 발을 맞추어야 한다. 제품 설계 및 개발에 차별화가 없다면 인더스트리4.0 논의는 공허할 것이다. 제품의 차별화는 기본 중의 기본으로서 우리가 아무리 인더스트리4.0을 중점적으로 이야기한다고 해도 결코 간과해서는 안 된다.

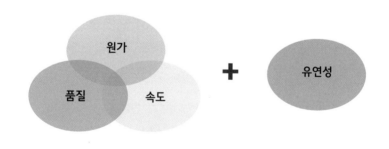

그림 20 경쟁력의 요소

이제 목표는 〈그림 20〉에서 보는 바와 같이 제품과 서비스를 원가와 품질 그리고 속도로 차별화하여야 한다. 여기에 한 가지 더 보탤 경쟁력이 유연성이다. 개별 시장과 개별 고객의 요구에 맞춰 유연하게 대응하는 능력이 점차 중요해지고 있다.

이에 대해 공감한다고 하면 이제 귀사의 현황을 돌아보자. 우선 지금 하는 일의 경쟁력을 끌어올릴 방법을 어떻게 찾는지 살펴보자.

자사의 현황을 파악하라

가장 먼저 파악할 것은 기업 관점에서 '연결된 것'과 '연결되지 않은 것'을 구분하는 일이다. 〈그림 21〉의 순서와 절차가 구분을 체계화하는 데 도움이 될 수 있다.

- 귀사의 업무 프로세스를 다이어그램으로 그려보라.
- 귀사의 시스템을 모두 열거해보자. 예를 들어 PLMProduct Lifecycle Management, ERPEnterprise Resource Planning, MRPMaterial Resource Planning, MESManufacturing Execution System, SCMSupply Chain Management, CRMCustomer Relationship Management, 고객관계관리, APSAdvanced Planning System, 수요예측 시스템, CIMComputer Integrated Manufacturing, 컴퓨터 통합 생산 및 기타 원가관리 시스템, 회계 시스템을 비롯해 회사 내부 개발 시스템In House System등이 망라될 것이다. 어떤 것이든 상관없다. 시스템들을 모두 열거하라.
- 열거한 시스템을 기준으로 절차화해보자. 시스템의 프로세스를 그려보는 것이다.
- 그리고 시스템으로 끊어진 곳을 확인하라. 즉, 프로세스 중에서 디지털

방식으로 연결되지 않은 곳을 찾아라.

- 마지막으로 그 연결 위에서 반드시 사람이 개입해야 하는 곳과 개입하지 않아도 되는 곳을 표시하라.

- 가장 먼저 연결이 필요한 곳을 선정하라. 1순위부터 3순위까지 정하라. 1순위는 당장 해야 하는 일이다. 즉, 1년 내에 반드시 추진해야 하는 일이다. 2순위는 해야 하지만 여유가 있다고 판단되거나 1순위인 일을 마친 후에 해도 되는 일이다. 3순위는 좀 더 시간적 여유를 두고 추진할 수 있는 일이다.

이제 귀사는 무엇을 위해, 어떤 일을 해야 하는지 알게 된 것이다. 이렇게 설명을 해도 사실 손에 잡히지 않는 부분이 있을 것이다. 그래서 일반적인 상황을 가정하여 다시 한 번 구체적으로 설명을 해보자.

대부분의 기업들은 공장을 가지고 있다. 그리고 공장 안에는 여러 가지 설비들이 있다. 자동화 설비가 있을 수도 있지만 자동화되지 않은 설비가 있을 수도 있다. 또 이들 사이를 오고 가는 사람 즉, 작업자가 있다. 부품을 옮기는 장치도 있고 부품을 쌓아두는 공간도 있을 것이다.

공장이 오래전에 설립되었다면 공장의 규모와 관계없이 대부분은 연결망이 도입되지 않았을 것이다. 산업용 사물인터넷은커녕 연결 자체도 제각각일 것이다. 어떤 곳은 정보 흐름이 연결되어 있고 어떤 곳은 정보 흐름이 연결되어 있지 않을 것이다. 현장의 전문가들에 따르면 이더넷을 사용하는 산업현장이 현재 5% 미만이라고 하니, 십중팔구는

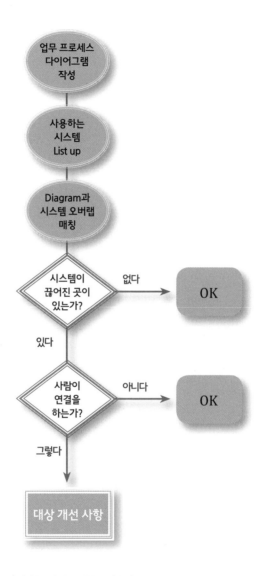

그림 21　자사의 현황을 파악하고 개선 사항을 찾기 위한 절차

4장　편집하고 시각화라, 필요한 기술은 준비되어 있다

아날로그 방식으로 연결된 형태로 운영되고 있을 것이다. 또는 아예 연결되지 않은 채 작업자인 사람이 일일이 정보를 연결하는 방식으로 운영되고 있을 것이다. 부품을 대차에 담아 기계와 기계 사이를 옮겨서 하나씩 투입해야 하는 것이 그런 예이다.

설비끼리 정보를 주고받지 않는 경우가 현장에서는 자주 발견된다. 또 어느 정도 연결화가 이루어진 공장들도 여러 공급 업체에서 제공한 네트워크를 다양하게 사용하고 있는 경우가 많다. 어떤 회사는 현장의 시스템과 본사 및 사무실의 정보 시스템이 연결되어 있다. 그러나 그 연결 형태도 다양하다. 통합적으로 연결되어 있는 곳도 있고 중간의 수동 게이트를 통해 연결되어 있는 곳도 있다.

인더스트리4.0 전문가들은 궁극적으로 이런 것들이 모두 통합적으로 연결되어야 한다고 말한다. 이상적인 디지털화와 연결화를 완성하기 위해서는 우선 현재 상황을 정확하게 진단하고 문제의 원인을 파악해야 한다.

그 다음 단계의 일은 예상되는 개선 효과를 따져보는 것이다. 즉, 단절된 시스템이 연결된다면 어떤 효과를 가져올지 정량적으로 또는 정성적으로 검토해봐야 한다. 또 혹시 여러 종류의 시스템이 이미 자리 잡은 상태라면 이런 시스템을 어떻게 할 것인지도 고민해보아야 한다. 기존의 시스템을 모두 들어내고 새로운 사양으로 통합해야 하는지도 진지하게 따져보아야 한다.

이런 과정에는 고통이 따르기도 한다. 국내의 어떤 자동차 기업은 지난 20년 동안 CAD 또는 PLM을 여러 번 뜯어내고 붙이는 일을 반복했다. 그런 일이 생길 때마다 CIO가 바뀌었다. 그만큼 시스템 변경이 어렵다. 도요타 자동차의 경우도 CAD를 바꿀 때는 회장이 직접 나서 최종 결정을 해야 할 정도였다.

이런 사례는 더 있다. 국내 대형 중장비 업체도 CAD와 제품 개발 엔지니어링 시스템을 여러 번 바꾸었다. 또 국내 대표적인 조선 업체 3사도 정기적으로 CAD를 변경해왔다. 그때마다 타당한 명분은 있었지만 새로운 시스템이 정착되기까지 많은 시간과 비용이 들었을 뿐만 아니라 그 이후로도 이전 데이터를 활용하는 면에서 많은 문제점을 안고 가야 했다.

국외에서도 이런 일은 다반사로 일어난다. 대체로 자동차 업체에서 나타나는데, 수많은 업체들이 다쏘시스템의 CAD를 들어내고 지멘스의 CAD로 옮겨 가고 있다. 항공산업은 여전히 다쏘시스템의 CAD가 대세이지만 다른 산업은 사정이 다르다. ERP분야도 사정은 마찬가지다. 이전의 시스템을 새로운 시스템으로 바꾸는 경우가 허다하다.

이와 관련하여 CIO의 역할도 살펴볼 필요가 있다. CIO가 새로 들어오면 보통 시스템과 정책을 바꾼다. 보통 그 과정은 수년에 걸쳐 진행된다. 이렇게 진행되는 과정에서 다시 일이 꼬이고 문제가 심각해지면 CIO는 경질된다. 새로 들어온 CIO는 또다시 시스템 교체부터 검토한다. 그가 쫓겨날 때까지 이 일은 계속된다.

수많은 기업에서 소프트웨어나 시스템을 새로 깔고 또 다시 뜯어내곤 한다. 이렇게 다 뜯어내고 고칠 때는 엄청난 비용과 시간이 소비된다. 한 가지 명심할 사항은 이런 결정에 앞서 투자 대비 효과를 반드시 확인해야 한다. 적어도 여러 기관의 객관적 분석을 참고한 뒤 결정할 것을 권한다. 특히 CIO의 독단에 맡기지 말아야 한다. 이쪽의 일들이 워낙 알쏭달쏭한 전문어로 뒤덮여 있어서 어려워 보이지만 그럴수록 신중해야 한다. 5년 또는 10년 후에도 바꾸지 않을 자신이 있는지 스스로에게 물어야 한다. 무엇보다 실용적인 방법을 선택해야 한다는 것이다.

GM의 전설적인 CIO인 랄프 자이겐다Ralph Szygenda는 1994년 GM의 CIO가 되자마자 한 가지 중요한 일을 수행했다. 그는 세계적인 컨설팅 업체 네 곳을 불러 모았다. 그리고 각 기관에 동일한 비용과 과제를 제시했다. 즉, GM의 향후 IT전략 제시를 요구한 것이다. 4개 기관이 제시한 전략 중 최고의 안을 선택한 GM은 이때의 원칙을 지금도 유지한다. CIO는 바뀌어도 그 원칙은 지속된다. 그 원칙은 '전 사업장이 통일된 시스템을 사용한다'이다. 종종 이 원칙에서 벗어난 요청이 들어오면 IT팀은 통일된 시스템에서 개발이 가능한지 먼저 검토한다. 만일 안 되면 최종적으로는 인터페이스로 처리한다.

여러 가지 제약이 있음에도 불구하고 기업은 지금 연결을 고민해야 한다. 그것이 제4차 산업혁명에 참여하는 길이다. 그 방식이 통합된 방식이든 누더기처럼 이어 붙이는 방식이든 연결은 해야 한다. 먼저 회사 내부에서 할 수 있는 만큼이라도 연결해야 한다.

가끔 힘겹게 연결화가 이루어졌음에도 시스템을 사용하지 않거나, 지연시키거나 시스템에 엉터리 데이터를 입력하는 이들이 있다. 이들은 과거에 통용되었던 시스템을 고수하면서 불평을 늘어놓는 '저항하는 사람'이 될 수도 있다. 예를 들어 익숙하고 개인적으로 사용하기 간편하다는 이유로 시스템으로 처리해도 되는 일을 꼭 엑셀시트로 자료를 만드는 경우가 있다. 엑셀은 분명 개인이 사용하기 좋은 도구이지만 다 함께 사용하기에는 제약이 많다. 그렇다고 엑셀을 사용하지 말라는 것은 아니다. 엑셀이든 뭐든 함께 공통의 도구로 정한다면 그것을 베이스로 사용해야 한다는 점을 말하는 것이다.

경영자가 할 일은 잠재적인 저항을 단호하게 차단하는 일이다. 어떤 이유에서든지 변화에 저항하는 이들이 있으면 시스템의 운용이든 뭐든 효과가 떨어진다. 이런 사람들이 10%만 있어도 시스템 운용이 원활하게 이루어지지 않는다. 100% 참여하지 않는다면 실패한다는 생각으로 최고경영자가 나서서 모든 임직원이 적극적으로 참여하도록 해야 한다.

전략적으로 새로운 설계를 하라

새로운 설계란 단기, 중기, 장기로 나눠 공장의 자산을 어떻게 조직화하고 활용할 것인가에 대한 그림을 그려보는 것이다. 이 단계에서 고려할 내용을 정리하면 아래와 같다.

- 투자 대비 효과는 명확한가?
- 시스템은 표준화 트렌드에 적합한가?
- 마이그레이션Migration[42] 및 시스템 업그레이드는 용이한가?
- 새로운 시스템에 대한 충분한 교육과 훈련이 가능한가?
- 보안 또는 예기치 못한 외부 충격에 대한 안전장치는 확보되었는가?

이 체크리스트를 일일이 적용한 상세한 설명과 내용 정리는 이 책의 범위을 넘어선다. 우선은 이 정도로 간략히 정리하되 간단한 품질 개선 프로젝트 사례 한 가지만 들기로 하자. 현재 생산 중인 제품의 품질에 영향을 미치는 요인을 데이터화하고 수집해서 개선하는 용례다.

- 현장에서 데이터를 수집한다.
- 수집된 데이터 분석을 통해 연관관계를 찾는다.
- 발견한 정보와 해결책을 지식화한다.
- 이를 저장하고 공유한다.
- 재사용하고 관리한다.

이 예를 놓고 위에서 언급한 내용들을 정성화된 답으로 도출해보라.

---

42 정보통신기술에서 한 운영 환경에서 좀 더 낫다고 여겨지는 다른 운영 환경으로 옮겨가는 것을 뜻한다.

그 사례를 들어보자.

- 현장에서 데이터를 [센서를 통해 디지털로] 수집한다.
- [빅데이터] 분석을 통해 수집된 [디지털] 데이터에서 연관관계를 찾는다.
- 발견한 정보와 해결책을 [데이터베이스화해서] 지식화한다.
- [유저 인터페이스]를 통해 이를 [실시간] 저장하고 [실시간] 공유한다.
- [연결망을 통해] 재사용하고 관리한다.

대괄호([ ]) 안의 내용은 새롭게 추진할 일에 대한 정성적인 표현이다. 구체적으로 표현할수록 좋다.

이렇게 할 일을 정리하고 나면 다음은 투자 순서를 정해야 한다. 투자 순서를 결정하는 것은 쉽지 않다. 기업체마다 투자 여건이 다르고, 현재의 성숙도 수준도 다르기에 일반적으로 적용되는 가이드는 없다. 네트워크, 보안, 데이터 수집, 인프라 구축 등 고려할 게 많아서다.

경험적으로 보면 이런 일의 투자회수 기간은 대체로 길다. 그래서 품질 최적화, 에너지 최적화, 설비관리 최적화 등과 같이 최소한의 비용으로 최대의 효과를 낼 수 있는 지점을 찾는 것이 비교적 쉬운 접근 방법이다. 또한 소규모로 비교적 짧은 시간에 즉각적인 결과를 낼 수 있는 것부터 추진하는 방법도 좋다. 쉬운 것부터 추진한 후 경험을 쌓아 이를 통해 새로운 아이디어를 만들어나가는 것이다. 그러나 늘 장기적 밑

그림과 청사진을 모든 계획의 밑바탕에 두어야 한다. 이것이 없으면 변화에 대응하기 어렵거나 상황이 조금만 변화해도 모든 것이 물거품이 되는 상황이 발생할 수 있다.

솔루션 채택은 지혜를 요한다

이제 솔루션을 선택하는 일이 남았다. 공급자들은 늘 자신들의 것이 최고라고 한다. 자신들의 솔루션이 나쁘다고 말하는 이는 세상에 없다. 그래서 솔루션 채택 역시 쉽지 않은 일이다. 그럴 때 전문가의 도움을 받아야 한다. 솔루션이라 함은 문제를 해결해주는 어떤 것을 의미한다. 보통은 외부 기업으로부터 구입하는 소프트웨어나 시스템을 말한다. 더 나아가 이를 제공하는 업체의 컨설팅도 포함된다.

여기서 한 가지 명심할 것은 모든 상황에 최선인 솔루션은 없다는 사실이다. 각각의 상황에 맞는, 최적의 솔루션을 찾아야 한다. 극단적인 예로서 놀랄 만한 사례가 하나 있다. 미국 핵무기관리의 운영 시스템은 아직도 플로피디스크로 관리된다고 한다. 오래된 기술이 사용되는 것이다. 돈이 없어서도 기술을 몰라서도 아닐 것이다. 오래된 것이라 해도 문제없이 쓸 수 있다면 그대로 쓰는 것도 지혜다.

이처럼 솔루션은 다양하고 대안은 많다. 연결 방안에 대한 것만 보아도 대안이 다양하다. 유선, 무선 등 그 종류가 여럿이다. 예를 들어 자동차산업이나 반도체산업에서는 이더넷 사용이 많은 편이다. 사무실과 공장까지 이더넷으로 연결하기도 한다.

이더넷의 설계는 고속도로, 간선도로, 이면도로를 설계하는 것으로 비유되기도 한다. 도로의 병목 현상에 대한 고려가 필요한 것이다. 고속도로 위로 달리는 것이 트럭인지, 승용차인지에 따라 설계가 달라지듯이 통신 인프라 설계도 조건에 따라 사양이 달라진다. 보통 실시간성, 속도, 안전, 에너지, 동기화 등을 고려하여야 한다. 또 통신의 목표가 실시간 운용인지 이벤트성으로 운용인지도 고려해야 한다.

다음은 이더넷의 효용성을 정리한 것이다.

- 실시간으로 대용량 데이터를 고속으로 MES와 ERP에 전송 가능
- 공장 네트워크와 기업 정보망을 단일 형태의 전사 통합 네트워크 인프라로 구축 가능
- 단일의 물리적 네트워크 내에서 여러 종류의 데이터를 여러 종류의 프로토콜로 동시 사용 가능
- 비용이 저렴하고 사용하기 쉬움
- 교육 훈련이 시중에서 가능

이더넷으로 인프라가 구축된 경우에는 PLC, 모터 제어기, 센서, 로봇 등을 포함한 각종 산업용기기와 전화기, 디지털 카메라, 컴퓨터 등 IT기기를 연결할 수도 있다. 이 상태에서 필요한 여러 어플리케이션을 설치할 수도 있다.

설비를 스마트하게 업데이트하는 방법

스마트한 기계

대부분의 공장에는 오랫동안 사용한 기계가 있다. 이런 기계를 무턱대고 폐기할 수는 없다. 아직 쓸 만한 기계나 설비는 개선해서 활용해야 한다. 즉, 스마트한 기계로 만들어야 하면 적절한 방법을 찾아 개선하면 된다. 이를 위해서는 먼저 스마트 기계의 정의를 알고 접근하는 것이 좋을 것 같다.

스마트 기계의 의미는 보통 사람들이 말하는 자동화 기계와 다르다. 자동화 기계는 정해진 방식대로 고장 없이 업무를 수행한다. 반면 스마트 기계는 반복된 일을 하면서도 기계 스스로 숙련도와 지혜를 높여간다. 즉 기계 자체가 학습을 통해 생산성을 향상시키는 것이다.

예를 들어 보자. 스마트 기계는 운전 중에 진동, 열 등의 변화를 지속적으로 비교·분석하여 고장이 나기 전 상태를 인식한다. 그리고 필요하면 이에 따른 조치를 취한다. 스마트 기계는 관련 설비 또는 담당자와 끊임없이 정보와 데이터를 주고받으며 서로 협업하는 환경을 만들기도 한다. 또 스마트 기계는 디지털 가상공간으로 정보와 데이터를 보내 시뮬레이션을 미리 수행하여 더 나은 대안을 찾는 일을 해내기도 한다.

미래를 대비하는 아키텍처

무엇보다, 지금부터 준비하는 조치가 10년 뒤의 환경에도 적합한지 따져보아야 한다. 만일 10년 뒤의 상황을 잘 모른다면 3명 이상의 전문가를 불러 세미나를 하거나 인터뷰해볼 것을 권한다.

정보통신기술의 발전 속도는 우리의 상상을 넘어선다. 반면 보통 공장의 설비는 한번 투자하면 기본적인 사양 변경 없이 20년가량 이용한다. 대략적으로 보더라도 20년 이후의 변화는 상당할 것이다. 그런 미래를 상상하고 고려해야 하는 것이다. 이미 투자된 설비라면 데이터 수집 기능을 새로 더하고 산업용 사물인터넷을 연결하고 추가적인 기능들을 보태며 새롭게 구성해야 한다. 아주 새로운 설비라면 기존의 공장 자산인 설비들과 잘 맞는지 여부는 물론이고 여러 시스템인 MES, ERP, SCM, 에너지 시스템, 보안 시스템, 안전 시스템과 연결됨에 있어 문제가 없을지 확인해야 한다. 또 데이터의 양이 늘어날 때를 감안하여 데이터 생산 및 전송 처리 등이 가능한지도 고려해야 한다.

에너지 사용량을 아는 설비

지금 흥미로운 기능이 스마트 기계에 새롭게 더해지고 있다. 바로 에너지 사용량 측정 기능이다. 전기 에너지뿐만 아니라 압축공기, 가스, 물, 스팀 등 기계가 사용하는 모든 에너지의 사용을 인지하는 능력이 있다. 이를 디지털 데이터로 실시간 저장하고 공유하여 활용할 수 있다.

스마트 모터 구동장치의 경우를 살펴보자. 기계에 설치된 구동장치 기계에 사용되는 전력, 전압, 전류값을 측정해서 데이터화한다. 이를 모터의 운전 정보와 함께 사물인터넷으로 연결된 제어기기에 전달한다. 이 기계들은 외부 전력망-스마트 그리드Smart Grid[43]와 연결되어 시간대에 따라 전기요금을 계산한다. 기계들은 이를 고려해서 어떤 시간대가 전기를 많이 사용하기에 유리한지 판단한다.

스마트 기계들은 가공하는 원재료의 성질에 따라 가공 조건을 바꾸기도 한다. 즉, 딱딱한 재질을 가공할 때와 부드러운 재질을 가공할 때 운전 조건을 다르게 한다. 스스로 운전 패턴을 조정하는 것이다. 이 조건을 확대할 수도 있다. 작업자의 운전 습관, 장비 상태, 작업 환경 등은 물론 심지어 날씨 같은 간접적 데이터까지 분석함으로써 기계 스스로 에너지를 관리할 수 있다.

MES, ERP 구축만으론 스마트 팩토리를 만들 수 없다

많은 이들이 MES와 ERP를 스마트 팩토리과 관련해서 중요한 시스템으로 이야기한다. 그러나 반만 맞는 말이다. 실제 MES는 계획된 생산을 지원하고 그 결과를 수집할 수 있도록 한다. 생산추적, 설비관리, 품

---

43 기존의 전력망에 정보통신기술을 더해 에너지 네트워크와 통신 네트워크를 합친 전력망으로 공급자와 소비자가 실시간으로 전기 사용 관련 정보를 주고받음으로써 에너지 사용을 최적화할 수 있는 기술이다.

질 문제 현황, 에너지 사용 현황 등을 지표로 나타내어 생산관리의 효율성을 높이는 시스템이다. 분명 도움되는 시스템이다.

그러나 품질 결과를 장비별, 작업자별, 공장별로 따져봐야 하고 최적 조건을 찾아야 할 때 이 시스템만으로는 부족하다. 최적의 조건을 찾으려 한다면 분석 기능이 추가되어야 한다. ERP와 MES만 있다고 다 해결되는 것은 결코 아니다.

스마트 기계의 조건

앞서 설명한 스마트 기계의 조건을 〈그림 22〉에 정리했다. 스마트 기계라면 최소한 갖춰야 할 조건이다. 예를 들어, 컨베이어 벨트로 이동

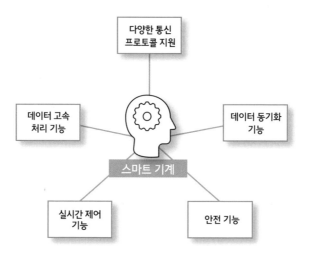

그림 22 스마트 기계의 조건

한 물건이 정해진 위치로 이동하면 이것을 센서가 인식해서 로봇에 알려준다. 로봇은 물체를 집어 가공기계로 이동한다. 여기서 센서가 정보를 불러주면 로봇은 0.03초 이내에 반응을 해야 한다. 그렇지 않으면 옮길 물체가 앞에 있던 물체와 충돌한다. 0.03초 이내에 반응하도록 하는 것이 실시간 제어다. 이런 조건들이 만족되어야 스마트 기계라고 할 수 있다.

데이터를 보낼 때 늘 즉시 보내는 것은 아니다. 어떤 기계는 일을 다 처리하고 적당한 때 데이터를 보내도 된다. 다만 모아서 보내니 한 번에 대용량의 데이터를 전송해야 한다.

공장에서는 실시간 전송 또는 이벤트 전송이 모두 필요하다. 두 가지 방식을 동시에 적용할 수도 있어야 한다. 하나의 이더넷 네트워크 위에서 여러 가지 다른 표준의 인터넷 프로토콜을 사용하는 것도 필요하다. 그래야 다양한 어플리케이션을 사용할 수 있다.

사물인터넷과 클라우드를 통하여 외부와 실시간 소통한다

산업용 사물인터넷으로 연결되어 운영되는 공장은 외부 기관과의 연결도 쉽다. 실시간 데이터를 클라우드로 공유하는 것이다. 이를 통해 멀리 떨어진 본사 또는 다른 공장과 실시간으로 정보를 공유할 수 있다.

일본의 한 자동차 회사의 경우를 보자. 이 회사는 수십여 개 국가에서 수백 개의 도장 공장을 운영한다. 같은 도장 공장이라도 도료, 온도,

습도 등 다양한 변수에 의해서 도장 조건이 바뀌고 이에 따라 품질의 문제가 발생한다. 원인을 찾아내서 해결하는 데 많은 시간이 걸리거나 정확한 원인을 빨리 찾지 못하는 경우도 종종 생긴다.

이런 경우 어떤 처리 방법이 있을까? 이 자동차 회사는 이러한 고민을 해결하기 위하여 도장 공장의 설비를 사물인터넷에 연결하여 실시간으로 운전 데이터를 수집한다. 수집된 데이터를 분석해 품질과 관련된 변수들의 상관관계를 찾아낸다. 이로써 빠르게 원인을 찾아낸다. 그 정보는 실시간으로 해당 공장에 다시 공유된다. 분석 정보와 해결 경험은 지속적으로 쌓여 지식화된다. 지식 공유를 통해 점차 비슷한 문제와 현상이 사전에 처리되는 것이다.

무선통신기술인가 유선통신기술인가?

연결에 관련된 기본 질문

공장 내 많은 설비를 연결하려면 여러 질문들이 꼬리를 문다. 현재의 장비에 어떤 센서를 달아야 할까? 센서로 무엇을 측정하고 데이터를 어떻게 수집할 것인가? 또 센서는 어떻게 설치하고 어떻게 연결할까? 유선으로 연결할까 아니면 무선으로 연결할까 등의 질문이 이어진다. 더 나아가 다른 질문도 이어진다. 공장 내부의 연결은 어떻게든 했다 하더라도, 공장과 사무실은 어떻게 연결할까? 서울에 있는 본사와 전국에 퍼져 있는 공장들은 또 어떻게 연결할 것인가? 공장에 부품을 공급하는 업체들과는 어떻게 연결해야 하나?

현장에는 지금도 쌩쌩 잘 돌고 있는 기계들이 많다. 이런 기계를 당장 바꾸거나 폐기할 필요가 없다고 한다면 어떻게 하는 것이 좋은가? 우선 아날로그 신호를 디지털 신호로 바꿔주는 장치가 필요하다. 요청하면 통신사와 그 협력 회사들이 이 장치들을 설치해주기도 한다. 예를 들어, GE의 엣지 게이트웨이Edge Gateway, 지멘스의 마인드커넥트 나노MindConnect Nano, 로크웰 오토메이션의 이더넷아이피, LG산전의 라피에넷RAPIEnet 등이 그런 것이다.

이 장치들은 산업용 이더넷 장치들이나 게이트웨이에 연결되어 공장 내부와 외부를 잇는다. 이런 통신기술이 적용되면 기계들은 비로소 연결된 상태가 된다. 원하면 이 기기들을 클라우드로 연결하여 정보나 데이터를 주고받을 수도 있다.

만일 외부의 클라우드를 보안상 아직도 믿을 수 없다면 회사가 직접 구축한 클라우드를 설치하는 방법도 있다. 그러나 외부 클라우드의 보안 시스템은 개선되는 중이다. 최근 논의에 따르면 클라우드의 데이터는 암호화가 가능하다. 이렇게 되면 외국에서도 회사나 공장의 실시간 정보를 받을 수 있고, 모니터링할 수 있고, 설비의 제어도 원격으로 직접 할 수 있다.

산업용 유선통신기술

현재 산업용 기기들의 통신기술은 국제표준으로 이미 존재한다. 참고로 통신기술에는 크게 두 가지 기술이 있다. 하나는 유선통신 기술이고 다른 하나는 무선통신기술이다.

먼저 산업용 유선통신기술에 대해 알아보자. 국내에서는 산업통산자원부가 추진하는 '제조업 혁신 3.0' 활동의 일환으로 스마트 팩토리 KS표준화 작업이 진행 중이다. 국가기술표준원은 이미 산업용 이더넷 기술의 KS표준화 작업을 해오고 있다. 2016년 말까지 확정될 6가지 기술은 다음과 같다.

RAPIEnet

LS산전이 제안한 기술 표준. 현재 KS인증을 받고 IEC국제표준규격으로 제안되었다. 국내 시장에 2017년 출시예정이다.

Ethernet/IP

ODVA 협회가 관리하는 산업용 인터넷 표준이다. KS인증을 받았다. 국내 시장에는 슈나이더일렉트릭 코리아Schneider-Electric Korea, 로크웰 오토메이션 코리아, 한국 오므론, 알에스오토메이션RS Automation 등ODVA에 소속된 500개 회원사가 이 기술 표준으로 된 제품을 공급한다.

PROFINET

독일의 지멘스가 제안한 기술 표준으로서 KS인증을 받았다. 국내 시장에는 지멘스가 공급하는 제품에 적용된 기술 표준이다.

EtherCAT

독일의 BECKHOFF가 제안한 기술 표준으로 KS인증을 받았다. 국내시장에는 트라이텍TRITEC, 레드원테크놀러지Redone Technologies 등 다수의 회사들의 제품이 출시되어 있다.

4차 산업혁명 어떻게 시작할 것인가

POWERLINK

독일의 B&R사가 제안한 기술표준으로서 KS인증을 받았다. 국내 시장에는 B&R사가 공급하는 제품에 적용되어 있다.

CC-Link/IE

일본 미쓰비시전기오토메이션이 제안한 기술 표준이다. KS인증을 받았고 국내 시장에는 미쓰비시전기오토메이션 외 다수 회사들의 제품에 적용되고 있다.

〈표 1〉은 여섯 가지 기술 표준의 특징을 정리한 것이다. 대부분 보안성이 탁월하며, 제어기능 및 입출력 제어가 완벽하다. 전송속도는 100MB와 1GB 수준이다. 유선통신망은 케이블을 설치해야 하는 번거

로움이 있지만, 우수한 보안, 안정성, 기계 설비에의 장착성이 탁월하다고 알려져 있다. 이런 표준들은 필요한 경우 기술지원을 쉽게 받을 수 있는 것도 장점이다. 또 설치된 설비들 간의 연결도 쉽다. 여러 설비에 장착된 유선통신 장치들을 한데 모아서 통신하는 노드나 게이트웨이 장치를 활용하면 된다.

	RAPIEnet	EtherNet/IP	PROFINET	EtherCAT	POWERLINK	CC-Link/IE
	RAPIEnet	EtherNet/IP	PROFINET®	EtherCAT	ETHERNET POWERLINK	CC-Link IE Field
전송 속도	100Mbps 1Gbps (2016년 11월 출시)	100Mbps 1Gbps	100Mbps	100Mbps 1Gbps	100Mbps 1Gbps	1Gbps
보안망	RAPIEnet Safety	CIP Safety	PROFIsafe	Safety over EtherCAT	openSAFETY	CC-Link/IE Safety
접속 방식	Star Line Ring	Star Line Ring	Star Line Ring	Line Ring	Star Line	Star Line Ring

표 1 산업용 유선통신기술 비교

산업용 무선통신기술

이동성이 요구되는 설비에는 유선통신보다는 무선통신기술이 더 낫다. 또 다른 지역의 공장, 다른 회사와의 통신을 위한 통신망은 유선의 광통신 네트워크, 무선통신 네트워크, 때로는 위성통신망을 이용하는 방법을 생각해볼 수 있다.

그러면 공장 내 기계들도 무선통신으로 연결 할 수 있을까? 물론이다. 다양한 무선통신기술들이 이미 개발되었고 사용되고 있다. 면허대역 주파수를 활용하여 일반 무선통신에 사용하는 방법에는 3G, 4G LTE^Long Term Evolution 서비스 등이 있다. 이는 산업용으로도 이용 가능하다. 우리나라는 전국에 어디서든지 무선통신 서비스가 가능해서 공장과 공장, 공장과 사무실을 연결하고, 또 스마트폰이나 노트북, 테블릿 등으로 접속하는 용도로 사용할 수 있다.

여기에는 3G, 4G, 그리고 미래의 5G 등의 기술이 있는데 통신가능거리 및 최대 전송속도에 따라 알맞은 조건을 선택해야 한다. 가장 먼저 3세대 통신3G을 보자. 3G분야에서는 KT와 SKT가 WCDMA 방식 서비스를 제공한다. LG U+는 CDMA 2000 EV-DO 이라는 서비스를 제공한다. 이들 서비스의 데이터 전송속도는 최대 2Mbps다. 현재 버스 운행 정보 제공에 쓰인다.

3G 이후에 나온 것이 4세대 통신4G이다. 4G LTE 서비스로도 불린다. 모바일 휴대폰, 노트북, 태블릿 등에서 적용되는 무선통신 서비스다. 일반 생활에서뿐 아니라 산업분야에서도 많이 이용된다. 이는 고속 이동 중에는 100Mbps, 저속 이동 중에는 1GB의 데이터 전송속도를 지원하고 있다. 산업용 유선통신기술 속도와 비슷하다. 한때 인기를 끌었던 와이브로 서비스도 4G 무선통신기술이다.

일반적으로 무선통신은 유선통신에 비해 설치하는 데 수고가 덜 든다. 거추장스러운 연결선으로 공장을 어지럽게 할 필요도 없다. 또 속도에서 4G LTE 서비스는 유선통신기술에 뒤지지 않는다. 따라서 산업 현장에서 통신기술로 선택할 수 있는 기술이다. 스마트폰과 연계하여 쓴다면 회사 내의 앱이나 이메일, 기계 모니터링 관리도 편리하다.

데이터가 클 때는 와이파이를 사용할 수도 있다. 그러나 와이파이가 보안에 취약하기 때문에 통신사가 제공하는 보안이 강화된 LTE 가상 사설망VPN을 활용할 수도 있다. 다만 비용 측면에서 요금제를 잘 검토해봐야 한다.

5세대 통신5G은 아직 상용화되지 않았다. 5G 무선통신기술도 국제 표준화 작업 중이다. 20GB의 데이터 전송속도를 목표로 한다. 어디서든지 최소 100MB 이상의 전송속도 제공을 목표로 한다. 초고화질 영화 한 편을 10초 안에 내려 받을 수 있는 속도이다. 사물인터넷, 자율 자동차 시대에 모든 사물들을 연결할 무선통신기술이다.

한국 정부는 2018년 평창 동계올림픽 때 세계 최초로 5G를 시범 서비스할 계획이다. 예상되는 세계표준 주파수는 24.25GHz~80GHz이다. 최종 주파수는 2019년에 결정될 예정이다. 평창 동계올림픽에서 시범 서비스를 하면 360도 실감영상과 가상현실, 증강현실을 활용한 실감콘텐츠 서비스가 가능할 전망이다. 예를 들어 스키점프 경기에 5G 기반 기술의 싱크뷰Sync View 서비스를 적용하면 선수의 시각에서 점프하는 현장을 실시간으로 즐길 수 있게 된다. 그것도 초고화질의 영상으로 말이다. '360도 가상현실'은 다양한 올림픽 경기를 360도 다채널로 촬영하여 실시간으로 시청자들에게 제공하는 서비스다. 시청자가 원하는 각도에서 경기를 관람할 수 있어 안방에서도 마치 관람석에 있는 듯한 현장감을 느낄 수 있다.

	3G	4G	5G
접속 방식	WCDMA CDMA 2000	LTE, LTE-Advanced WiBro	개발중
전송 속도	144kbps ~ 2Mbps	100Mbps ~ 1Gbps	100Mbps ~ 20Gbps
주파수 대역	1940MHz ~ 1980MHz/ 2130MHz ~ 2170MHz	800MHz ~ 960MHz 1700MHz ~ 1900MHz	28GHz (시범서비스용)

표2 무선통신기술 비교

일본과 중국도 5G분야에서 발 빠르게 움직이고 있다. 일본정부는 2020년 도쿄 하계올림픽에서 5G 상용 서비스를 제공할 예정이다. 중국은 2018년 러시아 월드컵을 노리고 있다. 중국 1위의 통신장비 업체인 화웨이가 이때 5G 시범 서비스를 계획 중인 것으로 알려져 있다.

사물인터넷기기 관련 무선통신기술

단거리 통신에 사용되는 무선통신기술도 있다. 지그비, 블루투스, 와이파이가 그것인데 이들은 200m 이내의 무선통신을 지원한다. 이들은 데이터 전송속도도 빠른 편이다.

지그비

지그비ZigBee는 꿀벌이 꿀을 찾아 이리저리 돌아다니듯이 여기저기 움직이며 통신할 수 있다는 뜻을 담고 있다. 작은 센서들과 장비가 네트워크를 만들어 100m 반경 내에서 통신이 가능하다. 여기서 사용되는 센서는 낮은 전력을 사용한다.

농장, 공장, 산림, 빌딩, 병원, 산업현장 등에서 많이 이용되고 있다. 특히 산업현장에서는 센서나 제어기기를 설치해서 습도, 온도, 진동, 화학물질의 존재 여부, 빛 등을 스마트폰, 노트북, 태블릿으로 무선 상태에서 모니터링할 수 있다.

블루투스

원래 블루투스는 영어로 '푸른 이빨'이라는 뜻을 갖고 있는데 이 이름은 10세기에 스칸디나비아반도 일대를 통일한 바이킹으로 유명한 헤럴드 블라트란트Herald Blatland에서 유래된 것이다.

현재 블루투스는 PC와 주변기기인 마우스, 스피커, 키보드 등을 연결하는 데에 널리 쓰인다. 또 스마트폰의 이어폰을 무선으로 연결하는 데도 응용된다. 길거리 공연을 하는 아티스트들은 블루투스의 덕을 톡톡히 본다. 선을 연결하는 대신 무선 스피커로 소리를 낼 수 있기 때문이다. 이는 주로 0.5~100m의 짧은 거리에서 많이 활용된다.

와이파이

와이파이는 카페나 공공시설을 지날 때 문 앞에서 볼 수 있는 상징이다. 이는 Wireless Fidelity의 약자이지만 우리에게는 무선인터넷 기호로 더 알려져 있다.

면허가 필요 없고, 주파수 사용료가 필요 없는 ISM 주파수 대역을 사용한다. 와이파이는 지그비나 블루투스에 비해 통신 가능 거리가 길다. 데이터 전송속도도 11Mbps~54Mbps로 상당히 빠르다. 현재 스마트폰, 노트북, 태블릿 등 각종 기기들이 와이파이를 지원하고 있다.

산업현장에서도 와이파이는 널리 사용 중이다. 온도계, 전등 스위치, 도어락, 스위치, 자판기, 커피머신 등 많은 제품에 사용된다. 설비 제조사들이 기계 설비들을 와이파이로 연결할 수 있는 와이파이 엑서스 포인트나 액세서리를 판매하고 있다. 현장에서 이를 사용하려고 한다면 지금 보유한 설비를 파악하여, 어떻게 와이파이 네트워크를 구성할 수 있는지 살펴보아야 한다.

LPWAN

LPWANLow Power Wide Area Networks, 저전력 무선통신기술 기술은 비싼 요금이 요구되는 일반 무선통신기술이 적합하지 않을 때 사용하기 좋다. 또는 통신 거리가 제한되는 무선통신기술을 사용할 수 없을 때 활용된다. LPWAN 기술은 장거리로 연결되는 경우에 적합하다. 대신 적은 양의 데이터를 전송하면서 배터리 수명이 오래가야 하는 센서나 인터넷 기기들을 연결하는 데 유용하다. 기술에 따라 10km에 이르는 장거리도 가능하다. 50kbps 이하의 전송속도로 메시지당 20~256bytes의 데이터를 하루에 몇 번만 통신하는 경우라면 이 기술이 적합하다.

미아방지 서비스, 도시 가스 원격 검침 서비스, 공공자전거 이용 서비스 등 실생활에 적용할 수 있는 서비스에 활용할 수 있는 기술로 각광을 받고 있다.

이런 기술을 지원하는 서비스에는 면허가 필요 없는 900MHz를 사용하는 로라LoRa, 시그폭스SigFox 등이 있다. 면허 주파수대역을 사용하는 기술로는 NB-IoTNarrowBand-Internet of Things, 협대역 사물인터넷 기술이 있다. LTE-M 서비스가 그 예이다.

RFID

RFID는 무선 주파수RF, Radio Frequency를 이용하여 물건이나 사람 등을 식별Identification할 수 있는 무선통신기술이다. 현재 산업현장에서 널리 활용되고 있다. RFID 태그라고 불리는 꼬리표 같은 반도체에 정보를 저장하여 물건, 박스, 종이에 붙인다. RFID 칩에 정보를 저장할 수 있어, 바코드나 QR 코드보다 산업체에서 다양하게 활용되고 있다. 이를 RFID 리더를 통하여 정보를 읽는 방식이다. RFID 태그에는 안테나와 칩이 내장되어 있다. RFID 칩은 아주 작은 반도체이다. 주파수로 RFID 리더와 교신을 한다. RFID 태그는 종이, 의류에 프린트할 수 도 있고, 제품 박스나 컨테이너에 부착할 수도 있다. 의류에 프린트할 수 있는 RFID 태그는 한 개당 80원 정도로 저렴하여, 재고관리에 유용하게 활용된다. 여권이나 ID 카드에 들어갈 수도 있다. 고급 주류의 진품여부를 식별하기 위한 기술로도 사용되고 있다. RFID 리더는 150만 원 정도에 구입할 수 있다.

유선통신기술인가 무선통신기술인가?

유선통신의 최대 장점은 무선통신에 비해 보안과 안정성이 뛰어나다는 점이다. 또한 아날로그에서 디지털로 변환하는 장치을 설치하면 여러 개의 유선을 쉽게 연결할 수 있다. 이런 장치들이 이미 시장에 출시되어 있다.

무선통신기술의 장단점을 살펴보자. 예를 들어 복잡한 설비들이 많은 공장에는 유선통신을 설치하기 쉽지 않을 수 있다. 그런 경우 무선은 좋은 대안이 될 수 있다. 무선은 케이블이 없으므로 편리하고, 특히 이동이 요구되는 설비에 장착하면 자유자재로 언제든지 통신이 가능한 장점이 있다. 다만 무선이므로 기계에 장착된 무선통신 장치 간의 주파수 간섭과 보안 관련 문제가 생길 수 있다.

따라서 공장 내에서 무선통신만 사용하기보다는 이동성이 필요한 장비에는 무선통신기술을, 붙박이로 있는 장비에는 유선통신기술을 활용하는 방안도 검토할 필요가 있다. 특히 중요한 설비나 장비는 무선과 유선을 통합하여 활용하는 것이 좋다. 한 가지 기술에서 장애가 발생했을 때, 다른 통신기술을 이용하여 통신할 수 있는 유연한 통신망을 구축하는 것이다.

무선통신기술은 무선 주파수의 특성상 음영 지역에서 전파 신호가 약해져 접속이 제한되거나 전송속도가 느린 경우가 생길 수 있다. 지하철이나 지하차도에서 가끔 연결이 잘 안되거나, 통화가 잘 안 되는 것과 같은 이치이다. 이런 경우 전문가들이 현상을 방문하여 음영 지역이 없도록 통신망을 새롭게 설계, 구축하기도 한다.

통신기술 선정할 때 필요한 체크리스트는 다음과 같다.

- 설비가 지원하는 국제표준 유선/무선통신기술은 무엇인가?
- 설비가 지원하는 통신기술이 유선인가 무선인가?
- 어떤 유선통신기술, 무선통신기술을 지원하는가?
- 얼마나 자주 통신이 필요한가, 하루에 몇 번인가, 실시간 통신이 필요한가?
- 수집, 분석되는 데이터의 양은 얼마나 되는가?
- 통신망은 얼마나 안정적이어야 하는가?
- 보안은 어느 정도 수준이어야 하는가?

- 유선통신기술을 설치할 수 있는 환경인가?

- 무선통신기기들의 주파수가 서로 간섭하는 환경인가?

- 무선 주파수가 장비의 작동을 방해하지는 않는가(특히 의료 관련 장비들은 유의해야 한다)?

- 음영 지역은 없는가?

- 유선과 무선을 이중으로 구축하여 만약의 사태에도 계속 통신이 유지되어야 하는가?

- 사용요금은 어느 정도인가?

이외에도 기업의 상황에 따라 여러 사항들을 추가적으로 체크리스트에 포함시킬 수 있다. 회사 외부와의 통신은 광네트워크, 무선 LTE 서비스 등이 가능하다. 경우에 따라서는 위성통신까지 가능하다.

빅데이터, 그 무한의 가능성

빅데이터 활용을 추진하는 기업이 할 일

요즘 빅데이터가 이슈다. 요즘 IT분야에서 오고가는 이야기 대부분이 직간접적으로 빅데이터와 연관되어 있다고 해도 과언이 아니다. 빅데이터에 대한 관심이 큰 만큼 오해도 많다. 데이터만 많다고 해서 모든 것이 해결되지 않는다. 빅데이터의 활용 목적과 서비스 용도가 무엇인지, 궁극적으로 추구하는 목표가 무엇인지 구체적이어야 한다. 또 데이터가 무엇을 의미하는지, 데이터 분석을 통해 무엇을 변화시키고자 하는지, 그리고 그 변화를 위해 투자되는 비용보다 이익이 높은지도 생각해봐야 한다.

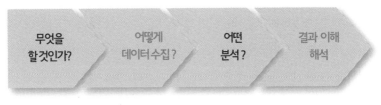

그림 23 빅데이터를 활용하고 싶은 기업이 할 일의 절차

먼저 데이터를 이용해 무엇을 할지 정해야 한다. 그것으로 품질 문제를 해결할지, 고객에 대한 이해도를 높일 것인지, 고객 서비스를 더 세심하게 할 것인지 등을 명확하게 정해야 한다. 다음으로 데이터 수집에 필요한 방법을 찾아야 한다. 데이터는 가능하면 많은 양을, 가능하면 다양한 종류로, 가능하면 빠르게 수집해야 한다. 또 어떤 데이터를 수집할 것인가를 결정하는 것도 매우 중요하다. 어느 기업의 경우 오래된 설비에서 엄청난 양의 데이터를 수집하고 있었는데 자세히 들여다보니, 정말 필요하고 유용한 데이터나 정보는 거의 없었다. 이를 개선하는 데 무려 2년의 시간이 걸렸다.

그 다음은 데이터 수집이다. 어떤 데이터를 수집해야 하는지 제대로 알아야 실질적으로 도움이 되는 정보를 찾을 수 있다. 그 후에는 유의미하고 필요한 데이터나 정보를 어떻게 수집할지 고민해야 한다. 지금의 센서, 인터페이스, 소프트웨어가 이를 제대로 수집할 수 있는지, 어렵다면 어떤 방법이 가능한지 파악해야 한다. 새로운 센서를 부착하거나, 소프트웨어만 업그레이드하여 해결할 수도 있을 것이다. 때로는 데이터 수집을 위한 기기를 바꿔야 하는 경우도 있을 것이다.

마지막으로는 수집된 데이터의 분석이다. 데이터 분석은 다양한 분석용 솔루션을 활용하든가 외부 전문가의 도움으로 해결할 수 있다. 회사 외부에 이미 다양한 분석 기법과 도구가 널려 있다. 이것을 이용하면 된다. 억지로 회사 내부에서 분석 기법을 개발하고 도구를 만드는 것은 해당분야에서 비즈니스 모델을 찾을 때만 유효한 방법이다. 현재의 문제를 개선하는 것이 목적이라면 외부 전문가의 도움을 받길 권한다. 그러나 장기적으로는 내부 전문가를 키우는 것이 필요하다.

빅데이터의 활용의 궁극적인 목표는 결국 해석이다. 결과가 나오면 결과를 이해할 수 있어야 한다. 통찰력이 여기서 빛난다. 이는 해당 분야의 전문지식이 있어야 가능하다. 데이터 분석만 있다고 해석할 수 있는 것이 아니다. 이 분야는 기업 내부 역량을 통해 가능하면 직접 참여해야 한다. 당연히 해당하는 산업, 아이템, 이슈에 대한 지식과 경험이 요구되는 일이다. 그것이 품질이라면 만드는 제품의 특성을 알아야 하고 품질에 대한 지식과 경험이 있어야 한다는 의미다. 귀사에는 이런 능력을 겸비한 데이터 전문인력이 있는가?

통찰력을 겸비한 데이터 전문인력이 필요하다

산업현장에서 이미 경험하고 있듯이 제조업에 정보통신 인력들이 많지 않고, 있더라도 제조분야 인력들과 지식, 경험, 용어 등의 차이로 두 부서 간의 소통이나 융합이 어렵다. 이는 데이터 전문인력에도 해당된다. 전 세계적으로 데이터과학^{Data Science}을 전공한 데이터 전문인력이 부족하다. 특히 우리나라는 거의 전무하다. 데이터베이스 전문인력이 꼭 데이터 전문인력인 것은 아니다.

데이터과학은 다양한 형태의 데이터로부터 통찰력이나 지식을 끄집어내는 프로세스나 시스템을 연구하는 분야이다. 통계학, 데이터 마이닝^{Data Mining}, 프로세스 마이닝^{Process Mining} 등의 연장선상에 있다고도 볼 수 있다. 이 분야에 대한 연구 및 인재 육성이 시급한 실정이다.

한 가지 중요한 것은 데이터 전문인력이 있더라도, 제조업의 특성을 이해하지 못하거나 관련 지식이 부족하면 통찰력을 발휘하기 어렵다는 점이다. 제품, 품질, 제조 과정 등에 대한 기본적인 지식을 갖고 있어야 한다.

이제 다양한 데이터 분석 기법들을 간략히 살펴보자.

인공지능 신경망 분석

인공지능 신경망 분석은 인간의 두뇌를 모델로 한 분석 기법 중 하나다. 이전의 기록을 통해 미래를 예측한다. 최근 이세돌과 대국을 한 알파고가 대표적인 예다. 이 기술이 등장한 건 1970년대이지만, 기술이 뒷받침되면서 최근에야 비로소 현실화되기 시작했다.

이 기법이 응용될 수 있는 분야는 실로 다양하다. 카드사의 경우 보유한 카드 수, 기간, 거래 유형, 자주 방문하는 상점 등 다양한 변수를 이용해서 고객의 이탈 여부를 분석할 수 있다. 이를 통해 필요한 조치를 취할 수 있는 것이다. 비자카드Visa Card는 이혼을 전후한 시기에 대금 연체가 많이 된다는 사실을 빅데이터를 통해 확인했다. 이런 기법을 응용하면 고객 이탈을 방지하거나 대금 연체를 줄이기 위한 방도를 마련할 수 있다.

아마존은 고객의 동향을 파악해 주문할 것 같은 책을 미리 창고에 가져다 놓는다. 사전 예측을 정교하게 할 수 있어서 가능한 일이다. 아멕스AMEX는 도움이 되지 않는 고객을 가려내 탈퇴를 유도하기도 한다. 분당에 있는 병원은 심장발작을 예측하기도 한다. 사람들이 아플 가능성을 미리 예측하는 것이다. 또 구매 시기를 예측하는 데에도 이 기법이 응용된다. 이를 통해 약간의 인센티브를 제공하면, 주저하는 고객들이 실제로 구매하도록 유도할 수 있다. 이런 도구가 무료인 곳도 있다. 구글 에널리틱스Google Analytics[44]가 무료 분석 도구 중 하나다.

군집분석

또 다른 분석 방법은 군집분석이다. 여러 특성을 기초로 동일 집단을 여러 집단으로 분류하는 분석이다. SAS가 제공하는 솔루션은 이런 분석을 용이하게 할 수 있도록 돕는다. 수백 개의 변수를 손쉽게 처리한다. 데이터가 아무리 많아도 손쉽게 군집화해서 가치 있는 데이터로 바꾸어 사용할 수 있게 해준다. 데이터를 그래프나 도식화해서 보여주는 게 특징이다.

연관분석

금요일 저녁 6시부터 7시 사이에 가장 많이 팔리는 두 개의 제품은 맥주와 기저귀다. 이 두 가지 사실의 연관성을 찾는 것이 연관분석이다. 이 분석에 따르면 사람들은 금요일 저녁에 집으로 퇴근하면서 맥주를 구입하는데, 이때 아이의 기저귀를 찾는 특징을 발견한 것이다. 주말에 맥주를 마시면서 아이를 돌보는 패턴 때문에 생기는 연관적 현상이다. 이를 발견한 상점은 맥주를 진열해놓은 곳 가까이에 기저귀를 진열해서 매출 증대를 꾀하는 것이다. 또는 금요일 저녁에는 쿠폰을 제공하는 프로모션을 진행할 수도 있다.

프로세스 마이닝

제조분야에서 생산성 향상은 단위 공정의 개선만으론 한계가 있다. 전체 제조라인의 가동률을 높이기 위해서는 단위 공정을 연결한 프로세스 차원의 분석이 필요하다. 이런 일을 프로세스 마이닝으로 처리할 수 있다. 프로세스 마이닝은 데이터를 기반으로 프로세스를 분석한다. 주요 특징으로,

---

44 http://www.google.co.kr/intl/ko/analytics에 들어가면 자세한 정보를 확인할 수 있다.

전체 프로세스 맵과 프로세스 현황 파악 및 프로세스 비교 분석 등을 통해서 프로세스 이슈에 빠르게 대응할 수 있다.

프로세스 마이닝을 통한 공정 분석

프로세스 마이닝에 대해 자세히 설명하기에 앞서, 아래 네 가지 질문에 답을 해보자.

- 단위 공정은 문제가 없는가?
- 설비 가동률 향상을 위해 전체 공정을 분석하는가?
- 작업자별 업무 성과를 측정하고 있거나 측정 가능한가?
- 설비별 생산 효율을 측정하고 있거나 측정 가능한가?

만약 위 네 가지 질문에 모두 '예'라고 답을 할 수 있다면 데이터를 잘 관리하고 있는 셈이다. 또한 그 데이터를 기반으로 빅데이터 분석 기술을 이용한다면 그 활용 분야는 무궁무진하다.

이제 위의 네 가지 질문에 대한 실제 사례를 살펴보자. 기업들은 '단위 공정은 문제가 없는가?'에 대해 대개 '예'라 답한다. 이런 답이 나올 만하다. 그 이유는 대부분의 현장이 단위 공정 별로는 잘 운영되기 때문이다. 하나의 독립된 PLC가 생산라인을 제어한다. 즉, 단위 공정 단위의 가동률이 최적화되어 운영되고 있고 생산 시간 또한 각 단위 공정 PLC 설정 시간에 따라 기록된다. 따라서 대개 별 문제가 없다고 답할 것이다. 그런데 정말 문제가 없는 것일까? 다음의 사례를 보자.

예를 들어 제품을 생산하기 위해 15개 공정을 거친다고 하자. 각 단위 공정에서는 단위 공정을 제어하는 PLC에 의해 제품이 생산된다. 단위 공정에서는 PLC 설정 시간에 관계없이 제품이 잘 생산되면 문제가 없다고 볼 것이다.

이 분석에는 깜짝 놀랄 내용이 담겨 있다. 15개 공정에서 무려 324개의 생산 패턴Pattern이 발견된 것이다(《그림 24》). 문제는 각 공정을 제어하는 PLC의 설정 시간이 달라서 생산 시간의 전후 시간이 연결되지 않았던 것이다. 회사는 이런 사실조차 모르고 데이터를 수집하고 있었다.

이 사례가 오직 이 자동차 회사에서만 나타나는 것일까? 절대 그렇지 않다고 확신한다. 이는 국내 제조산업 전체에서 쉽게 발견되는 현상이다. 두 번째 사례는 생산현장 작업자에 대한 데이터 수집이 필요한 이유를 보여준다. 분석에는 라인관리 시스템이 각 공정 PLC에서 수집한 MES 데이터가 활용되었고, 분석 결과 생산 시간이 오래 걸린 그룹과 그렇지 않은 그룹으로 나뉘는 것을 확인할 수 있었다.

생산 시간이 길다는 것은 생산이 중단되어 시간이 길어지는 경우와 설비의 생산 효율이 낮은 경우로 구별된다. 그런데 이 경우 제품 생산이 일시 중단된 시간을 보정하고 보니 정상적인 생산 패턴에서 크게 벗어나지 않았다. 결과적으로 일부 제품에서 생산 시간이 많이 소요된다는 사실이 확인된 것이다. 이는 작업자에 따라 작업 패턴이 달라 생긴

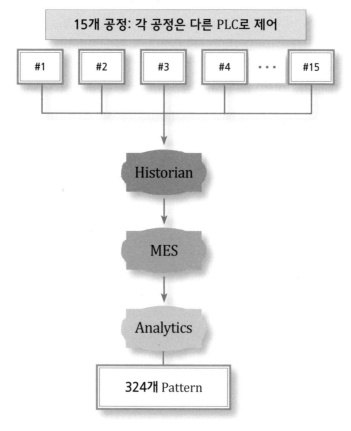

그림 24 국내 자동차 엔진 조립 공정 분석 사례

현상일 가능성이 높다. 작업자의 작업 시간 데이터를 수집한다면 원인 파악이 좀 더 용이한 사례이다. 현장에서 생산자에 대한 데이터를 수집해야 하는 이유다.

공정별 제품 생산 시간 데이터 수집 시 생산 시간 구분의 필요성을 보여주는 예도 있다. 이 사례에서 MES 데이터에는 실제 제품의 생산 완료 시간만 기록되어 있었다. 제품 생산라인이 언제 시작되고 생산 과정에서 얼마나 대기했는지 시간이 기록되지 않아 제품 생산에 걸리는 정확한 시간을 확인할 수 없었다.

여기서 각 설비의 생산 효율을 분석하려면 어떤 데이터가 필요할까? 최소한 제품 생산 시작 시간, 대기 시간, 생산 종료 시간만 기록되어도 각 설비의 생산 효율 분석은 더욱 더 정교해질 것이다.

프로세스 마이닝은 시스템에서 발생하는 방대한 프로세스 데이터, 예를 들어 업무 프로세스 또는 MES의 이벤트로그 데이터를 활용해서 프로세스를 분석하는 것으로서 전통적인 프로세스 분석 기술과는 근본적 차이가 있다. 부분이 아닌 전체를 보고 최적화를 찾아가게 하는 기법이다. 이를 위한 프로세스 분석 솔루션을 한국 기업에서도 개발하여, 전 세계에 점차 소개되고 있는 점은 아주 고무적인 현상이 아닐 수 없다.

로봇 및 자동화 기술은
어떤 방향으로 나아가야 하는가?

로봇을 고용할 것인가 사람을 고용할 것인가?

로봇 가격은 지난 4년간 14%나 떨어져 산업용 로봇의 가격은 평균 13만3천 달러까지 떨어졌다. 산업용 로봇을 만드는 기업은 전 세계적으로 쿠카, 화낙, ABB, 가와사키, 현대중공업, 엡손 등이 있다. 산업용 로봇이 1961년에 처음 등장한 이래 산업용 로봇 시장은 연간 약 70조 원씩 늘어났다고 하는데 이런 성장 추세는 지속될 것으로 보인다.

현재 로봇은 중국에서 가장 많이 생산되고 있다. 중국의 로컬 기업들이 아니라 중국에 진출한 외국 투자 기업들이 생산하는 것이다. 중국은 추가로 일본이나 독일에서 로봇을 수입하기도 한다. 그 비중을 보면 여전히 일본으로부터의 수입 의존도가 높게 나타나고 있다.

누적 로봇을 기준으로 세계에서 네 번째로 로봇을 많이 사용하는 한국의 로봇 수요도 꾸준히 증가할 것으로 예상되고 있다. 일본 및 독일도 비슷하게 전망된다. 주요 산업국가에서 수요가 지속적으로 증가한 덕분에 로봇의 단위 가격은 2025년까지 22% 정도 더 하락할 것으로 예상된다. 가격 인하는 로봇 수요를 더욱 부추기는 효과를 줄 것이다. 이런 추세를 반영해서 로봇 업계는 2018년까지 로봇의 출고가 현재의 두 배인 40만 대로 늘어날 것으로 예상한다.

이제 기업들은 결정하는 일만 남았다. 로봇을 고용할 것인가, 사람을 고용할 것인가? 현재까지 로봇의 비용 절감 효과는 로봇을 사용하는 기업이 보기에 매우 긍정적이다. 전자제품 제조업에서 사람의 경우 평균 생산 비용이 24달러지만 로봇은 4달러에 불과하다. 로봇에 대한 초기 투자비를 고려해도, 24달러와 4달러의 차이는 로봇 수요를 증가시키는 결정적인 요인으로 작용한다.

그동안 산업용 로봇에 드는 초기 투자 비용 때문에 로봇을 적용하지 못하던 기업들에 지금 새로운 변수가 등장했다. 소위 양팔형 로봇이라 불리는 소형 로봇의 등장이 그것이다. 이 로봇의 단가는 산업용 로봇과 비교할 수 없을 만큼 낮다. ABB, 쿠카, 화낙, 유니버설 로봇, 리싱크 로보틱스, 가와사키 등에서 제작하고 있다.

2장에서 소개한 것처럼 이런 로봇들은 작지만 옮기기 쉽고, 빨리 일을 배우며, 사람과 쉽게 협업한다. 작은 볼트 조립처럼 정교한 일도 무리없이 해낸다. 작은 부품들을 빠르게 옮기고 나를 수도 있다. 사람의 눈에 해당하는 비전 센서가 있어 사람과 함께 일해도 사람을 다치게 하지 않는다. 또 일을 직관적으로 배우는 알고리즘을 갖추고 있어 일을 가르치기도 쉽다.

이런 로봇은 작업 환경이 나쁜 가운데서도 단순하고 반복되는 일을 잘 처리한다. 사람 구하기가 별 따기만큼이나 어려운 한국의 중소·중견기업에서 로봇 도입을 고려해야 하는 이유다.

로봇 활용을 지혜의 눈으로 봐야 한다

앞서 설명한 것처럼 중국은 이미 산업용 로봇 활용에 박차를 가하고 있다. 이는 저렴한 인건비의 상징이던 중국이 바뀌고 있다는 증거다. 매년 두 자리 숫자의 임금 인상이 가장 큰 원인이다. 그래서 중국에서는 인력을 로봇으로 교체하는 작업이 한창이다. 스마트폰을 조립하는 첨단 공장이나 가전제품을 제조하는 대기업에서만 로봇을 고려하는 것이 아니다. 중견기업도 로봇 활용에 적극적이다.

예를 들어 중국의 잉아오에 있는 싱크대 주조 공장의 사례를 보자. 이 공장은 제조환경이 열악한 편이다. 중국 노동자들의 표준 임금인 월 4,천 위안보다 두 배의 임금을 지불해야 사람을 뽑을 수 있는데 이마저도 쉽지 않자 로봇을 채용하기로 했다. 주조 공장의 내부 환경은 사람에게 적합하지 않은 것이 사실이다. 그래서 임금을 더 주고 사람을 구했어야 했다.

이들은 로봇 아홉 대를 '고용'했다. 고용된 로봇은 140명의 기존 정규직 근로자들이 하던 작업을 수행하고 있다. 로봇은 싱크대 더미에서 싱크대 하나를 집어, 싱크대가 빛이 날 때까지 광을 내고는 자동으로 움직이는 수레에 올려놓는다. 수레는 싱크대를 컴퓨터에 연결된 카메라가 있는 곳으로 운반하고, 카메라는 최종적으로 품질을 점검한다. 이 회사는 로봇에 300만 달러를 투자했지만 로봇이 사람 작업자보다 비용도 싸고, 더 정확하며, 더 믿음직하다고 말한다. 또 로봇이 작업을 망친 것을 본 적 없다고 한다. 중국 내에 로봇을 채택한 공장이 수천 개에 이른다. 단시간 내에 이러한 확산은 유례가 없는 현상이다.

앞으로의 로봇 고용 예상치(2016년 말 기준)를 보면 누적 숫자 기준으로 일본이 단연 1위다. 30만 대가 넘을 것으로 보고 있다. 미국과 캐나다를 합친 북미가 약 25만 대로 2위 자리를 이을 것으로 보인다. 여기까지는 여러 해 동안 순위 변화가 없었다. 그런데 놀랍게도 중국이 22만 대 수준으로 상승하며 기존의 5위 자리에서 3위로 올라갈 것으로 예상된다. 총 수량 면에서 한국을 앞서게 된 것이다. 한국 또한 독일을 추월할 것으로 예상된다. 흥미롭게도 독일은 오랫동안 놓치지 않았던 3위 자리에서 5위로 밀려났다. 중국의 로봇 고용은 상상을 초월할 정도로 빠르게 증가하고 있다.

이런 사실은 한국의 제조산업현장에서는 어떻게 받아들여야 할까?

3D프린팅 기술은 혁명의 뇌관, 어디서부터 시작할 것인가?

소통의 도구로서의 3D프린팅 기술

이어서 기업들이 적층형제조를 활용할 수 있는 방안에 대하여 좀 더 구체적으로 살펴볼 필요가 있다. 특히 제품수명주기 관점에서 적층형제조를 들여다보면 기업이 할 수 있는 일이 좀 더 명확하게 드러난다.

적층형제조로 만든 시제품은 관련 부서 간의 소통에 훌륭한 도구 역할을 한다. 이런 일은 이미 적용되고 있다. 그런 예를 살펴보자.

#1. '스마트폰 6' 개발 회사 개발실

김 대리가 새로운 스마트폰인 모델명 6X에 대한 기획서를 작성하여 박 부장에게 보고한다.

"야, 이거 CAD 사진만으로는 잘 모르겠다. 한번 실물로 만들어볼래? 색상별로 만들어봐. 그리고 누르는 버튼도 가능하게 다 표현해줘! 또 씌울 커버도 디자인해봐. 커버를 씌워도 보기가 괜찮은지 봐야겠어…"

하루를 보낸 후 김 대리는 10가지 색상별 신제품 모형을 부장의 책상에 올려놓았다. 박 부장은 모형들의 색상과 형태를 이리저리 살펴보며 모형의 버튼을 눌러보았다.

#2. CAD팀 임 과장의 눈물

설계팀의 임 과장은 3D CAD 소프트웨어 전문가다. 휴대폰 설계는 그녀의 손에서 모두 결정이 날 정도다. 그런데 임 과장의 눈에서 눈물이 마를 날이 없다. 생산부서나 품질관리부서와 공동으로 제품 개발을 평가하는 회의 날이면 늘 그렇다.

"임 과장님, 안테나 모듈 뒤에 있는 볼트 세 개 없애주세요. 그것 때문에 불량률이 5%나 상승했어요"

"임 과장, 그거 테이핑으로 한다고 했는데 실제 조립이 된다고 생각합니까?"

"임 과장, 글라스와 몸체를 무엇으로 고정하지요?"

"에이 그림만 잘 그리면 뭐해? 생산을 알아야지. 대체 조립을 해봤느냐고…."

누군가 이렇게 말을 내뱉다시피 하면 회의실 분위기는 냉랭하게 변한다.

임 과장은 CAD에 관해서는 최고의 전문가다. CAD는 본래 조립 및 생산의 문제까지도 모두 검토해주는 도구지만, 실제 적용에서는 많은 어려움이 따른다. 그녀가 생산 및 품질과 관련된 문제까지 CAD를 이용하여 설계하면서 검증하는 것은 쉬운 일이 아니다. CAD로는 기막히게 도면을 그리고 조립 순서도 정하지만 실제 모습은 생각한 것과 다른 것이다. 특히 스마트폰처럼 작은 부품으로 구성된 제품을 조립하는 경우에는 이런 검증이 더욱 어렵다. 어떻게 하면 이런 문제를 방지할 수 있을까?

#3. 설계 및 시험 검증

자동차산업, 항공산업, 플랜트산업 등에서는 CAD로 설계한 것을 실제 현장에서 집중적으로 확인할 수 있는 환경을 만들어가고 있다. 가상현실 관련 부서에서 이런 일을 한다. 그럼에도 여전히 손에 잡히고 눈으로 볼 수 있는 물리적인 시제품이 필요할 때가 종종 생긴다.

GM 같은 자동차 기업들은 실제 모델의 40% 축소모형의 시제품을 3D프린터로 제작한다. 진흙을 빚어 만들던 것보다 제작 시간도 단축되고 비용도 절감되어 효과적이다. 이렇게 모형을 만들면 최대 240km/h 고속도로 주행 상황을 시뮬레이션하는 풍동 시험Wind Tunnel Test 을 할 수 있게 된다. 차체와 공기저항 등을 살펴보는 시험을 더 빠르게 준비해서 실시할 수 있다. 시간과 비용이 생명인 제품 개발에서 3D프린팅 기술이 필수 항목으로 떠오르고 있다.

생산 준비 기간 및 툴링[45] 제작 비용 축소

제품의 설계도 중요하지만 생산기술 부문의 입장은 어떻게 효과적으로 대량생산 준비를 마치는가에 있다. 이 또한 시간과 비용이 생명이다. 이런 과정에서도 3D프린팅의 기술이 활용된다.

#4. 수량이 적은 아이템의 금형도 프린터로 만든다

만들어야 하는 제품의 수량이 불과 100여 개 정도에 불과할 때가 있다. 이렇게 양산되는 숫자가 적은 제품을 양산할 때는 간이 금형이란 것을 활용한다. 적층형제조 방법은 간이 금형을 제조하는 데에 매우 유용하다. 틀을 만들고 주조를 거쳐서 정밀한 고가의 가공을 거치지 않아도 되는 것이다. 플라스틱병의 제조 등에 쓰이는 간이 금형에 적용되는 프린팅 재료도 있다. 이런 재료를 써서 적층형제조 기법으로 금형을 쉽고 빨리 만들어 사용한다. 꼭 금형으로 만들지 않는 경우라도 3D프린팅의 역할이 적합한 경우가 많

---

45 새로운 제품을 생산라인에서 만들 준비를 할 때 부품이나 재료가 원활하게 가공 및 조립되도록 도와주는 공구나 지지구, 보조장비 등을 만들어주는 장치를 통틀어 말한다.

다. 예를 들어 양산현장에서 사용하는 특수한 공구나 특별한 도구를 일일이 가공하고 조립하여 만들지 않고 3D프린터로 직접 제조하여 사용하는 것이 이미 현장에서는 적합한 대안으로 받아들여지고 있다.

#5. 롱리드 아이템의 제작 시간 및 비용 절감

대량생산용 금속 금형의 제작은 그 기간이 상당히 오래 걸린다. 보통 수개월에서 1년 정도 소요되는 경우도 많다. 자동차 차체를 찍어내는 금형들이 이렇게 긴 시간에 걸쳐 만들어진다. 롱 리드 아이템Long Lead Item[46]의 제조 기간을 줄이는 것에 제품 개발의 사활이 걸릴 때가 많이 있다. 혹시라도 실수가 발생하면 전체 전략에 큰 문제가 생기기에 이런 아이템은 별도의 관리가 필요하다. 이런 위험하고 긴 시간이 걸리는 일에도 이미 적층형제조 방식이 활용된다. 그런데 그 방법은 전통적인 제조와 적층형제조를 함께 활용하는 하이브리드 방식의 제조이다. 기존의 주조 등의 방법으로 금형의 기본 틀을 만들고 그 위에 금속으로 프린팅을 하는 것이다. 그러고 나서 이를 CNC 등으로 정밀가공을 해서 원하는 최종 형태의 금형을 만들어내는 기법이다.

---

46 제조 기간이 오래 걸리는 아이템을 가리키는 용어. 예를 들어 자동차의 외관을 결정하는 차체를 찍어내는 금형은 그 제조 기간만 해도 1년에 이르는데, 이는 다른 부품의 제조 기간에 비해 매우 긴 시간이다. 다른 부품 제조 준비에 비해 상당히 긴 작업 시간이 요구된다. 만일 이런 아이템의 제조가 실수로 늦어지면 전체 일정에 큰 차질이 생기기 때문에 이런 아이템은 별도로 관리해야 한다.

어디서부터 무엇을 시작할 것인가?

지금처럼 기술이 격변하는 시기에 3D프린터에 대한 ROI[Return on Investment][47]를 따지는 것은 의미가 없다. 그보다는 일단 무조건 경험하고 이런 신기술에 친숙해지는 것이 필요하다. 우선 100만 원 미만의 저렴한 프린터라도 하나 구매하라. 설계팀에 이것을 놓고 여러 사람들이 자주 활용하게 하라. 새로운 기술을 접하도록 상황을 만들어주는 것이다.

3D프린터가 생기면 필연적으로 3D프린터를 사용할 일이 생기게 되어 있다. 즉, 개발 또는 설계 관련 인력들이 자신의 아이디어나 구상을 3D프린터로 만드는 일이 생기게 된다. 이런 과정에서 실제 제품에 적용할 수 있는 아이디어가 나올 수 있다.

기업의 입장에서는 적층형제조에 대해 늘 눈을 뜨고 기술의 변화를 확인하면서 탐색, 실험, 적용, 개선하는 일을 지속하기를 권한다. 기술이 빠르게 변화하고 있기 때문에 관심을 두지 않으면 늦어지는 영역이 이 분야이기 때문이다. 프린팅 속도와 재료의 다양성이 수시로 발전되고 있기에 혁신의 프로세스를 가동시키면서 이 기술을 어떻게 응용할 것인가를 늘 염두에 두는 것이 필요하다는 뜻이다.

금속재료를 사용하는 적층형제조 기술을 활용하기까지 1년 이상의 노력이 필요했다는 국내 한 연구소의 이야기는 상당한 의미가 있다.

이를 탐색, 실험, 적용, 개선의 순서로 이루어진 혁신 단계로 설명해

---

47 널리 사용되는 경영성과 측정기준 중 하나. 투자 대비 효과를 측정한다.

보자. 먼저 탐색 단계에서는 앞서 제시한 것처럼 가격 대비 성능이 괜찮은 프린터를 구매해서 만들기 쉬운 제품을 만들어보는 것이 필요하다. 이를 통해 연관된 정보들을 탐색하여 3D프린팅에 대한 이해를 높이는 것이다. 기존의 CAD를 어떻게 3D프린터용으로 바꾸는지도 경험하는 단계이기도 하다. 소재의 특성과 프린팅 속도, 품질 등을 눈으로 확인해보는 단계이다. 무료교육기관이나 시설을 이용하여 기술과 다양한 정보를 들을 수도 있다. 한국 정부가 운용하는 '무한상상실'[48] 같은 곳을 이용해도 좋다. 만일 프린터를 구매하는 것이 부담될 경우에는 이런 곳의 설비를 이용하는 것도 방법이다.

다음은 경험을 늘리는 실험 단계다. 다시 말하면 3D프린팅 기술이나 3D모델링 소프트웨어에 익숙해지는 단계이다. 3D모델링 소프트웨어를 통해 3D모델 라이브러리에서 다운로드한 모델을 변경하거나 응용하는 단계이다. 개인들에게는 이런 단계가 중요하지만 기업에서 활동하는 이들은 이 단계를 건너뛸 수도 있다. 3D프린터가 지원하는 다양한 소재에 대하여 경험하고 응용하는 방법을 경험하는 것이 이때이다. 플라스틱 소재도 딱딱한 것부터 부드러운 것까지 여러 종류가 있으므로 실험을 통해 그 특성을 두루 경험할 수 있다.

다음 단계는 실제 제품에 3D프린팅을 적용하는 단계이다. 금형을 만

48 전국에 있는 약 50여 개의 무한상상실에서 3D프린터를 체험하고 3D프린터에 대한 교육을 받을 수 있다. www.ideaall.net에 들어가면 자세한 내용을 확인할 수 있다.

들든, 공구를 만들든 실제로 응용해보는 단계다. 원하는 소재를 선택하여 응용하고 기존의 제품을 이용해서 스캐닝을 하여 재생을 하는 방법을 적용하는 단계이기도 하다.

이 모든 일이 한 번에 완벽하지는 않을 것이다. 차이가 존재하는 것을 아는 것도 중요한 경험이다. 또 이를 발전시키는 노력도 필요한데 이것이 개선 단계에서 할 일이다. 여기서 체크리스트를 정리한다. 이런 항목을 모두 검토해야 하는 것은 아니지만 3D프린터가 무엇인지 알고 난 이후부터는 〈그림 25〉와 같은 체크리스트를 종종 확인해보기 바란다. 이를 통해 구체적인 응용 방법을 더 잘 찾아낼 수 있을 것이다.

제품 개발이 더 빨라 질 수 있는가?

더 정교하게 개선할 수 있는가?

설계를 좀 더 정확하고 빠르게 검증할 수 있는가?

더 가벼운 제품이 제작 가능한가?

이전에는 제조하기 어려웠던 것을 만들 수 있는가?

품질 향상이 필요한 부품이나 제품은 무엇인가?

여러 부품을 하나의 부품으로 제조 가능한가?

금형을 더 쉽게 만들 수 있는가?

조립에 응용되는 지그와 지지구를 만들 수 있는가?

필요한 공구를 만들어 사용할 수 있는가?

| 보수작업을 단축하는 방법에 응용될 수 있는가? |
| 고객의 특별 주문을 받아 생산할 수 있는가? |

그림 25　3D프린팅을 활용하기 위한 체크리스트

단계별로 3D프린팅 기술을 익히고 경험하고 적용하는 단계를 거치더라도 그 기술에 만족하고 안주해서는 안 된다. 마치 인쇄용 프린터 기술이 진화 및 발전하여 지금의 3D프린팅에 이르렀듯이 기술은 정체되지 않고 지속적으로 발전할 것이기 때문이다. 특히 다양한 재료가 새롭게 응용되고 프린팅 속도가 빨라질 것이다.

5장

제4차 산업혁명과 미래 일자리

"지금의 혁명은 이전의 혁명과 달리,
속도, 범위와 깊이, 시스템에서 그 충격이 다르다."
- 클라우스 슈밥, 『클라우스 슈밥의 제4차 산업혁명』

　　제4차 산업혁명이 미래 일자리에 영향을 미친다는 것에 대해서 의심을 품을 사람은 없다고 본다. 이제 모든 사람들의 직업은 제4차 산업혁명으로부터 직간접적으로 영향을 받을 것이 분명하다. 또 적지 않은 직업들이 사라지거나 일자리 숫자가 줄어든다는 예상은 아마도 타당한 전망일 것이다. 그러나 없어지는 것 속에서 새로 생겨나는 것도 있을 터다. 즉, 적지 않은 새로운 직업과 일자리가 창출될 것이다. 부정적인 전망과 낙관적인 전망이 교차하는 불안한 시점에, 우리가 견지해야할 태도는 낙관에 대한 믿음일 것이다. 물론 낙관적인 전망만 한다고 문제가 해결되는 것은 아니다. 상당한 노력과 인내가 요구될 것이다. 정부, 기업, 학교가 나서서 선제적으로 구축해야 할 일들이 있을 것으로 보인다. 교육 시스템 및 일자리에 대한 인식에 불어올 변화에 대해서도 사회적 공감대가 필요할 것으로 보인다.

물론 개인들의 노력도 필요할 것이다. 다가오는 변화에 맞는 준비는 스스로 해야 할 부분이기도 하다. 선견지명이 필요하다. 사람들이 달려가는 방향으로 무턱대고 따라갈 것이 아니라, 앞으로 변화할 세상의 길목을 지키는 선견지명이 필요하다. 학교나 기업이 교육이나 훈련에 대한 시각을 바꾸고 제도를 근본적으로 변경하기까지는 적지 않은 시간이 걸릴 것이다. 따라서 개인들은 이런 변화의 과정을 마냥 기다리지 말고 각자 할 수 있는 선에서 미래를 준비하는 지혜가 절실한 시점이다.

부정과 긍정 사이에서 무엇을 하란 말인가?

공포 마케팅인가, 혁신의 확산 과정인가?

둘러보면 제4차 산업혁명이란 말을 들어보지 못한 사람은 거의 없다. 제4차 산업혁명이 인간의 미래에 큰 변화를 줄 것이라는 점은 누구도 의심하지 않는다. 정치, 경제, 사회, 의료, 산업, 안전, 환경 등 우리의 모든 생활과 삶에 적지 않은 변화를 몰고 올 것으로 짐작된다. 본래 혁명이란 것이 단절을 의미한다면, 제4차 산업혁명 역시 이전과 이후의 인간의 삶의 모습이 크게 다를 것으로 예상하는 것이 당연하다. 그런데

제4차 산업혁명이 공포스럽게 다가오는 것은 어떤 이유에서일까?

"점쟁이와 컨설팅은 공통점이 있습니다. 둘 다 고객에게 겁을 주며 먹고 삽니다."

대표적인 1세대 벤처기업인인 이민화 카이스트^{KAIST} 교수가 2016년 어느 날 조찬 강연에서 운을 떼며 한 이야기이다. 그렇다면 우리는 누구 때문에 겁을 먹고 있는 것일까?

한국 내에도 '제대로 준비하지 않으면 한국의 운명이 끝장 날 것'이라는 식의 이야기를 하는 이들이 한두 명이 아니다. 제4차 산업혁명의 미래를 논하는 자리에서는 어김없이 한국의 미래에 대해 우려하는 이야기가 오간다. 특히나 일자리에 대해서는 훨씬 비관적이다. 너나 할 것 없이 걱정스러워한다. 그런데 놀랍게도 그중에서 일부나마 이에 대해 반론을 펴는 사람들이 한둘 있다.

"그거 전형적인 겁주기 마케팅 아닙니까?"

"왜 우리가 독일이 주도하는 그런 걸 따라 해야 합니까? 우리는 이미 그런 수준의 일을 하고 있거든요!"

찬물을 끼얹듯이 이렇게 말하는 이들은 순간 주목을 받는다. 지금은 그런 소리가 쏙 들어가긴 했지만 인더스트리4.0이 한국에 처음 소개될 때 독일을 취재하고 온 사람들의 입에서도 비슷한 말이 나왔다. 프라운호프를 다녀온 기자에게서 유독 그런 얘기가 많이 나왔다. 놀랍게도 독일 정부기관의 대표들을 만난 자리에서도 그런 비슷한 반응과 이야기를 들었다.

"사실 인더스트리4.0, 그거 별거 없어. 순전히 마케팅이야."

소위 겁주는 마케팅을 통해 의도한 바를 퍼뜨리는 것이란 이야기다. 이에 대한 평가는 우선 나중으로 미루는 게 좋을 듯하다. 그러나 분명한 사실은 제4차 산업혁명이든 인더스트리4.0이든 이제 특정 국가나 기관만의 관심거리가 아니라는 점이다. 매일 전 세계에서 쏟아져 들어오는 인더스트리4.0 또는 제4차 산업혁명에 관한 뉴스는 그 숫자를 헤아리기도 힘들 정도로 많다. 인더스트리4.0은 대부분의 산업국가는 물론 아프리카 국가에서도 거론되는 아젠다라는 것을 알 수 있다. 인더스트리4.0은 이미 글로벌 아젠다가 된 것이다.

클라우스 슈밥이 2016년 벽두에 등장해서 15개 산업국가에서 500만 개 이상의 일자리가 없어진다는 말을 할 때 겁이 나기는 하였다. 아마도 500만 개라는 구체적인 숫자가 그렇지 않아도 늘 우려하고 전전긍긍하게 하는 단어인 일자리와 결합되는 순간, 말의 사실 여부를 떠나 관심은 고조될 수밖에 없었던 것 같다. 이미 우리는 칼 베네딕트 프레이 옥스포드대학교 교수의 주장에 때문에 기분이 우울하던 차였다. 그는 이렇게 말했다.

"회계사, 비행기 조종사 등 현재 직업의 47%가 20년 내 사라질 가능성이 높다."[49]

---

49   남윤선·김보영, 「로봇의 습격… 20년내 현재 직업 47% 사라진다」, 『한국경제』, 2014년 2월 6일에서 재인용.

그렇게 우울해하던 우리에게 500만 개라는 숫자를 들이대니 겁이 덜컥 났던 것이다.

'큰일이네. 이제 우리 애들에게 뭘 시켜야 하지?'

당장 자기 자신보다 자라나는 애들의 미래가 걱정인 한국의 부모들은 한동안 이 주제 때문에 마시는 술병 수가 늘어갔다. 그렇지 않아도 아이들 직장 걱정, 결혼 걱정이 많은 이 나라의 부모들은 한숨이 절로 늘어나게 되었다.

"기계가 똑똑해지면서 인간이 할 수 있는 일이 줄어들 것이다."

"과거에는 기술 발전으로 만들어진 새 물건이 새로운 수요를 만들고, 이것이 신규 일자리 창출로 이어졌지만 이제는 다르다."

일자리 걱정을 하는 아이들이 없더라도 이런 말을 마주하게 되면 마음이 불안해지는 것은 어쩔 수 없다.

가뜩이나 불안한 마음에 앞으로 불평등 문제가 더욱 심각해지고 소득 양극화가 훨씬 심해질 것이라는 클라우스 슈밥의 말이 비수를 꽂는다. 한편으로는 반문하고 싶어진다.

"그래서 도대체 어쩌란 말인가?"

비관적 전망에 다양한 수치가 동원되었다.

'생산설비 자동화로 인해 사라질 일자리가 미국에서만 8천만 개, 영국은 1천500만 개.'

그런데 이런 우려들이 일부에서는 벌써 현실화된 것으로 보고되기도 한다. 애플, 삼성, 마이크로소프트의 스마트폰이나 스마트패드와 같은 디지털기기들이 이제는 로봇에 의하여 조립된다는 기사가 그것이다. 폭스콘에서는 2011년에 1만 대였던 로봇이 매년 3만 대씩 늘고 있다. 2016년 5월에는 폭스콘 궈타이밍 회장은 인력 6천 명을 감축하고 그 자리를 로봇으로 대체하겠다고 발표했다.[50]

얼핏 궁금해진다.

'인더스트리4.0이 만들어낼 스마트 팩토리 덕분에 사람들은 좀 더 안전하고, 덜 힘들고, 깨끗한 공장 환경에서 일을 할 수 있을 것이다. 이런 변화를 통해서 사람들의 일자리는 새롭게 변화하거나 조정될 것이다. 사람들은 더 많은 여가시간을 즐기고 더 행복한 삶을 누리게 될 것이다.'

이렇게 소개를 해도 될 제4차 산업혁명이 가져올 미래를 왜 클라우스 슈밥은 '일자리가 줄어들고, 불평등이 심화될 것'이란 말로 두려움의 대상으로 만들었을까? 과연 제4차 산업혁명이 불러올 미래는 우리가 느끼는 공포만큼 실제로도 두려운 세상인가? 이에 대한 답은 길지 않은 시간 내에 밝혀질 것이다.

한마디로, 우리는 클라우스 슈밥의 부정적 시각에 전적으로 동의할 수만은 없다. 우리는 클라우스 슈밥이 말하는 것처럼 미래를 그렇게 부정적으로만 보고 싶지는 않다. 좀 더 직설적으로 표현한다면 그런 걱

50 Wakefield, Jane, 「Foxconn replaces '60,000 factory workers with robots'」, 『BBC』, 2016. 5. 25.

정을 할 시간에 현실을 직시하는 편이 낫다. 인간에게 공포는 불확실성 때문에 생긴다고 한다. 예를 들어 한밤중 숲 속을 걸어가는데 존재하지도 않는 귀신이나 들짐승이 언제 어디서 나타날지 몰라 두려움에 떠는 상황이 바로 공포다. 그러나 제4차 산업혁명은 이런 불확실성과는 분명 다르다. 우리는 불확실성 속에서 살아가는 것이 아니라 매일매일 변화하는 기술과 혁신을 눈으로 보고 귀로 듣는다. 그렇기 때문에 예측하고 대비할 수 있다.

달리 말하면 제4차 산업혁명은 우리 스스로 만들어갈 미래가 될 수도 있다는 이야기다. 4장에서 충분히 논의한 것처럼 지금 미래를 바꾸는 촉진 요소들은 주변에 널려 있고 이런 기술을 엮어 새로운 비즈니스 모델을 만들고 제품을 개발하는 것은 전적으로 우리 기업들의 상상력과 추진력에 달려 있다. 즉 지혜롭게 준비하고 노력하면 걱정할 필요가 없다는 뜻이다. 미래를 비관적으로만 생각할 이유는 없다.

따지고 보면 기술 발전에 따른 일자리 공포는 어제 오늘의 얘기만은 아니다. 역사적으로 보아도 제1차 산업혁명 때도 기계가 몰고 올 변화에 두려움을 느낀 노동자들이 격렬하게 저항했다. 러다이트 운동Luddite Movement[51]이 그것이다. 일자리를 잃은 방직 공장 노동자들을 중심으로 벌어진 이 기계 파괴 운동은 그리 오래가지 못했다. 이후의 역사는 이들의 두려움이 기우였음을 증명했다. 기계 때문에 일자리를 잃은 사람

---

51 러다이트 운동(1811~1817)은 기계 파괴 운동이라고도 부른다.

들보다 새로 일자리를 찾은 사람들이 더 많았다.

기술 발전이 가져올 변화가 일자리에 끼치는 부정적 영향을 이론적으로 규명하려는 시도 역시 오래되었다. 20세기 최고의 경제학자로 꼽히는 케인즈John Maynard Keynes는 1930년도의 논문에서 기술적 실업을 이야기하면서 '노동 이용을 절약할 수단을 발견함으로써 생기는 실업이 노동의 새로운 용도를 찾아내는 것보다 더 빠른 속도로 일어날 것'으로 우려했다. 그러나 이 천재적인 경제학자의 예견 또한 불과 10년이 지나지 않아서 빗나갔다. 제2차 세계대전으로 이후 노동 수요는 폭발적으로 증가했다.

최근에는 새로운 직업의 등장이나 일자리 증가를 예견하는 목소리도 만만치 않다. 보스톤 컨설팅 그룹BCG은 없어질 일자리보다 더 많은 숫자의 일자리가 다른 곳에서 늘어날 수 있다는 보고서를 냈다. 독일을 중심으로 예측한 보고서이긴 하지만 이에 따르면 일자리는 분명 더 늘어난다는 것이다. 그 내용을 간단히 요약하면, 이러하다.

'인더스트리4.0을 잘 추진한다면 2025년에는 2015년보다 일자리가 5%나 더 많을 것이다'

사실 한국도 그렇게 될 수 있다.

미래 일자리를 프론트 로딩하라

부정과 긍정 사이에서

로봇으로 옮겨가는 일자리 때문에 부정적인 일만 생기는 것은 결코 아니다. 다시 말하지만 로봇은 우리에게 풍요로움, 안전, 안락함, 여유를 제공하였다. 주식 시가 총액 순으로 세계 7번째 순위에 올라 있는 혁신적인 기업 아마존을 보라. 아무리 냉난방을 잘한다고 해도 수만 평의 공간이 호텔방처럼 쾌적할 수는 없는 법. 그런 그다지 쾌적하지 않은 공간에서 누군가가 주문한 수많은 제품 - 책, CD, 옷, 디지털기기, 액세서리까지 -을 창고의 보관 장소에서 하나씩 찾아서 박스에 담아 포장대까지 가져가기 위해 뛰어 다니는 사람들의 모습을 상상해보라. 그

사진 16 로봇을 가르치는 모습

일의 당사자가 내가 아닌 것을 감사해야 할지도 모른다. 그런데 그런 일을 지금 키바라는 로봇이 대신한다. 감사할 일 아닌가? 이들의 도움이 없다면 오늘 주문해서 2~3일 내로 제품을 받는 일은 상상조차 할 수 없다. 솔직히 고맙지 않은가? 로봇 덕에 빨리 물건을 받아 볼 수 있다는 것이. 누군가는 로봇이 탐욕스럽게 인간의 일을 빼앗는 것처럼 그리지만 사실은 그렇지도 않다.

미래 일자리의 방향

일자리의 방향을 찾는 것은 쉬운 일이 아니지만 지혜를 갖고 노력한다면 방법이 전혀 없는 것은 아니다. 우선 한국의 미래 일자리 기회는 한국공학한림원에서 펴내는 「미래기술 100」을 참고하면 많은 정보를 얻을 수 있다. 그러나 이런 수고를 하기보다 좀 더 단순하게 범위를 정하고 싶다면 카이스트의 이광형 교수가 제시하는 'MESIA'를 참고할 수도 있을 것이다. 의료Medical, 환경 에너지Environmental Energy, 소프트웨어Software, 인공지능Intelligence, 항공우주Aerospace의 앞 글자를 합친 것이 MESIA인데 이런 산업분야에서 일할 준비를 하는 것도 하나의 지침이 된다.

좀 더 포괄적으로 본다면 국민대학교의 김현수 교수가 제시하는 A타입 및 B타입 서비스 직종을 목표로 해도 된다. 인간의 직관적 기능에 기반한 서비스가 A타입이고 협동과 창의를 기반으로 하는 서비스가 B

타입이다. 이런 분야는 미래의 일자리로 전망이 밝아 보인다. 사람을 돌보는 간호 업무와 관련된 일, 요리 등이 A타입의 서비스의 예다. 저술, 창작, 예술, 컨설팅, 연구 및 엔지니어링과 같은 일이 B타입 서비스 직종의 예다.

이를 좀 더 직관적으로 풀어서 설명한다면 우선 단순한 기능을 토대로 하는 일은 목표로 하지 말아야 한다. 예를 들어 청소를 하거나, 그릇을 닦거나, 단순한 조립을 하거나 하는 일은 목표로 하지 말아야 한다. 이러한 일은 기계에게 양보하는 것이 더 나을 것이다. 실제 그렇게 변화하고 있다.

지금 우리를 둘러싼 환경은 점점 생각을 하지 않아도 되는 방향으로 흘러가지만, 그럴수록 직업이나 일을 얻기 위해서는 생각해야 하는 연습을 해야 한다. 생각이 돈이다. 생각하는 힘의 중요성은 날이 갈수록 커질 것이다. 가능하면 엔지니어링 업무를 목표로 할 것을 추천한다. 학생 신분이고 예술과 관련한 일에 재능이 없고 그쪽이 미래의 목표가 아니라면 엔지니어링을 먼저 배우고 인문·사회과학을 배우는 학습 체계로 되어야 한다는 다소 파격적인 생각에 이르기도 한다. 일자리를 얻기 위한 전략으로만 본다면 그렇다는 이야기다. 엔지니어나 기술자가 영업도 하고 기술지원도 하고 개발도 하는 세상으로 변화할 것이다. 그런 경험을 사고팔기도 할 것이다. 컨설팅을 하는 것이다.

앞으로는 엔지니어들의 역할이 더 중요하게 될 것이다. 인문학적인 소양을 지닌 엔지니어들도 물론 필요하다. 가능하면 모두 엔지니어링 지식과 경험을 쌓은 뒤에 다시 한두 가지 더 깊은 전공을 인문과학, 사회과학, 예술분야에서 지속할 수도 있을 것이다. 예술이나 인문·사회분야 공부를 먼저 마친 뒤에 엔지니어링분야로 들어오는 것은 일반적으로 쉽지 않기 때문이다.

또한 다기능 지식근로자로 변신할 것을 제안한다. 지식근로자는 기본적으로 경험을 토대로 새로운 것을 만들어낼 수 있는 사람이다. 이런 사람들은 인공지능이 등장해도 일자리 위협으로부터 비교적 자유롭다. 오히려 이들은 인공지능의 도움을 받으면서 자신의 일을 더 발전시키게 될 것이다.

조건은 기술을 확보하는 사람이 되는 것이다. 학문적인 체계를 통한 지식도 중요하지만 경험적으로 구축한 기술도 그에 못지않게 중요하다. 가능하면 두 가지를 병행하는 노력이 필요할 것이다. 그리고 이 과정에서 커뮤니케이션 능력이 중요하다. 남들이 하는 이야기를 이해할 수 있어야 한다. 또 동시에 내가 전달하고자 하는 내용도 잘 전달하는 능력을 가지고 있어야 한다. 또한 창의성이 요구되는데, 이는 반드시 무에서 유를 만드는 능력일 필요는 없다. 그럴 수 있다면 좋겠지만 사실은 지적으로 편집하는 능력만 있어도 된다.

기계를 통제하는 일에서 더 많은 직업을 만들어야 한다

유니버설로봇은 소형 로봇을 제작한다. 이 로봇은 안전할뿐더러 작고 섬세한 움직임이 가능한 로봇이다. 머리가 하얗게 센 전문가가 이 로봇과 일하는 모습을 보면 로봇이 일자리를 빼앗아가는 존재로만 여겨지지 않을 것이다. 오히려 로봇이 더럽고 힘들고 위험한 일을 대신해준다. 사람은 이런 로봇이 만들어낸 결과를 확인하고 로봇이 일을 더 잘할 수 있도록 돕는 것으로 보인다.

이처럼 사람이 할 일은 로봇을 비롯해 스마트한 기계를 조율하는 것이다. 제일 먼저 로봇을 만드는 일에 많은 사람이 필요할 것이다. 올해에만 전 세계에서 40만 대의 산업용 로봇이 만들어졌다. 또 기계를 스마트하게 만드는 일에도 많은 인력이 필요할 것이다. 적어도 로봇의 숫자보다 10~50배 이상 많은 수의 스마트 기계가 만들어질 것이다. 로봇을 포함해서 스마트 기계를 설계하는 일, 스마트 기계의 부품을 제조하거나 제조할 수 있도록 외부 업체를 불러 역할을 나누는 일, 실제 부품들을 모아 최종적으로 스마트 기계를 제작하는 일에서 일자리가 많이 늘어날 것이다.

이미 폭스바겐에서는 사람과 로봇이 엔진을 함께 조립하는 모습이 등장했다. 엔진 조립에 로봇과 사람이 함께 참여하는데, 로봇 조립에 로봇이 사용되지 말라는 법이 없다. 어떤 제조 과정이든 어려운 일, 더러운 일, 위험한 일은 로봇에게 내주면서 사람들은 새로운 일자리를 만들어가야 한다. 그리고 로봇을 관리하는 일을 하면 된다.

자율적으로 움직이는 스마트 기계들에게 눈과 귀 그리고 코와 입을 제공하는 분야에서 많은 일자리 수요가 생겨날 것이다. 주로 센서로 구분되는 부품산업인데 상당한 수준의 기술들이 이미 상업적으로 응용되고 있다. 실제 수요가 폭발적으로 증가하면서 센서산업에서 새로운 일자리가 많이 증가할 것이다. 물론 관련 연구 인력의 수요도 증가할 것이다.

비전분야를 비롯해서 센싱분야는 더 빨리, 더 정교하게 확인하고 측정하는 기술로 진화될 것이 확실하다. 그 다음의 수준은 무엇일까? 아마도 더 작아지고, 이전에 보지 못했던 것까지 발견하는 능력이 더해질 것이다. 이전에는 이용하지 못한 주파수가 실용화되면서 새로운 기술들이 보편화될 수도 있다. 보는 능력과 듣는 능력 또는 냄새 맡는 능력이나 감촉을 느끼는 능력이 함께 결합되어 나타날 수도 있다. 소리, 진동, 파장 등에 대한 센싱, 온도, 습도, 밀도 등의 변화를 측정하는 기술, 냄새를 측정하는 기술이 개별적으로 발전되고 있는데, 이런 기술들이 각각 상호 연결되고 또는 응용되는 방향으로 발전할 것으로 예측할 수 있다. 발전의 범위와 가능성이 무궁무진한 만큼, 관련 일자리가 많이 생겨날 것으로 보인다.

신호를 받아서 분석하고 좀 더 가치 있게 만드는 기술들은 마이크로프로세서와 같은 하드웨어 관련 기술 외에도 다양한 소프트웨어 기술 및 분석 기술들을 요구할 것이다. 당연히 이런 기술을 가진 인력을 필요로 하는 일자리가 상당수 생길 것이다. 중국 화웨이 상해 연구소에는 스마트폰을 만드는 일에 투입된 연구인력만 1만2천 명이다. 스마트폰 하나가 그렇다고 보면 앞으로 등장할 수많은 기계들을 스마트하게 변화하도록 돕는 일에 투입될 엔지니어의 숫자는 어마어마할 것이다. 간단히 말해서 지금 설비를 제조하는 모든 기업들이 현재 보유한 인력만큼의 스마트 기술 관련 엔지니어들이 필요할 것이라고 예상할 수 있다.

이에 대한 답은 일산의 킨텍스에서 열린 심토스 2016에서 찾을 수 있다. 이 행사에 참여한 기업이 얼마나 될까? 국내 기업만 일단 보자. 한국 기업 330여 개가 참여하였다. 이들이 스마트한 기술의 1차 수요처이다. 전 세계적으로는 훨씬 더 많은 수요가 생겨날 것이다. 참고로 심토스에 참가한 외국 기업의 수는 한국 기업 참가수의 두 배가 넘는 800여 개였다.

인재 확보 전쟁은 미래에도 계속된다

인공지능과 로봇이 세상을 가득 채운다 하여도 기업은 인재가 늘 부족할 것이다. 유능한 인재는 기업들에게 경쟁을 통해서라도 확보해야 하는 대상이다. 기업은 곧 사람이며 사람이 기업이기 때문이다. 이 명제는 쉽게 변하지 않을 것이다.

얼마 전에 국내 굴지의 기업에서 경력사원을 찾는 일이 있었다. 사물인터넷 전문가를 찾는 공고였다. 이미 3회에 걸쳐 여러 채널을 통해 사람을 찾는 공고를 내었는데 적임자를 찾지 못했다고 했다. 그래서 우리

협회의 네트워크를 통해 적임자를 찾는 도움을 받을 수 있을까 해서 이 회사가 직접 공지를 한 적이 있었다.

이렇듯, 시대에 맞는 인재를 찾는 일에 어려움을 겪는 경우가 미래에는 더욱 많이 생길 것이다. 그런 일이 한국에서만 일어나는 것이 아니라 전 세계 주요 산업국가에서 발생할 것이다. 즉, 필요한 인재를 구하기 위한 인재 확보 전쟁이 이어질 것이란 말이다.

이런 일을 남의 이야기로 넘기지 말았으면 한다. 일자리를 걱정하기보다 기업 입장에서 과연 어떤 능력을 갖춘 인재가 필요할지 따져보면 일자리에 대한 답이 보일 것이다. 사물인터넷의 수요에 대한 시스코의 예측이 맞다면 사물인터넷분야에서만 전 세계적으로 적어도 2천만 명의 인력이 필요하다. 항상 그렇지만 생태계라는 것이 있어서 핵심 직종이 성장하면 그 주변의 직종도 함께 같이 발전한다. 악어와 악어새의 관계 같은 경우가 일자리에서도 발생한다. 그렇게 따져보면 엄청난 수요가 사물인터넷분야에서 생겨날 것이 분명하다.

그래서 조만간 기업들이 사물인터넷 관련 인재를 확보하기 위해 분주해질 것이라는 전망이 나오는 것이다. 이런 기회를 준비하는 것이 바로 '길목 지키기 전략'이다. 길목을 지키고 있으면 언젠가는 기회를 잡게 되고 이익을 얻게 된다. 현재도 그렇고, 미래도 그러하다. 결국 사람이 주역이다. 로봇은 우리를 돕는 존재일 뿐이다.

구글의 연구소 '구글 X^Google X'의 창립자인 세바스찬 스런^Sebastian Thrun이 최근 한국의 TV 프로그램에 출연하여 '8천만 개의 일자리가 기술분야에서 생겨난다'는 맥킨지의 연구 전망을 인용한 바 있다. 이런 전망의 예상 숫자는 점점 증가할 것이다. 사실 전문가라는 사람들조차 지금의 변화를 정확하게 이해할 수 없다. 그러나 분명한 것은 새로운 변화에 따라 없어지는 것도 있지만, 새로 생기는 직업이나 일자리도 무척 많을 것이란 것이다. 없어지는 것은 예측하기 쉽지만, 새로 생기는 것은 추정하기가 쉽지 않다. 실체가 잘 보이지 않아서다. 그러나 확실한 것은 지금 당장 안 보인다고 그 실체가 없어지는 것은 아니다. 오히려 엄청난 기회가 가려진 채 기다리고 있다. 우리는 그렇게 믿는다. 미래에도 인재 전쟁은 더 치열해질 것이다.

지금의 변화가 새로운 일자리를 만든다

새로운 직업과 앞으로 늘어날 일자리의 수가 적지 않다는 것을 이해하게 되었다면 앉아서 일자리를 걱정하는 것보다는 하루라도 빨리 미래를 위해 준비하는 것이 바람직하다.

앞서 언급한 사물인터넷분야를 놓고 다시 논의해보자. 사물인터넷분야에 야스퍼란 회사가 있다. 이 회사는 1조7천억 원에 시스코로 팔렸다. 물론 직원들은 그대로다. 1조7천억 원 규모의 회사로 커지는 과정에서 얼마나 많은 일자리가 새로 생겨났겠는가? 사물인터넷의 잠재적인 수요를 누구도 정확하게 예측할 수 없다. 어떤 기관은 100억 개의 사물이 연결된다느니, 500억 개가 연결된다느니 하지만 사실은 이 세상의 모든 것들이 연결된다는 관점에서 본다면 그보다 훨씬 많은 연결고리가 생길 것을 짐작하는 것이 더 타당하다. 그런 일이 저절로 실현되겠는가? 절대 그렇지 않다. 누군가 그런 일이 생기도록 준비를 하고, 지원을 하지 않겠는가? 그 누군가가 무엇을 의미하는가? 모두 새로운 일자리 아닌가? 일부는 가능하겠지만 로봇이 그런 일 전부를 해내지는 못할 것이다. 결국 중심적인 일은 사람이 처리해야 한다.

자, 그렇다면 이런 흐름에 올라탈 방법은 무엇일까?

이 질문에 대한 답을 조금 더 잘 생각하기 위해, 우선 사물인터넷의 첫 번째 요소인 사물이 무엇인지 이해할 필요가 있다. 사물이란 지금 우리가 공부하는 지식으로 처리 및 해결이 가능한 영역이라는 것을 말하고자 한다. 현재 대학 교육은 사물에 대한 지식을 잘 전달하고 있다. 즉, 지금처럼 공과대학교에서 공부한 재원들이 앞으로의 수요에도 무리 없이 대응할 수 있을 것이다. 한편, 다른 구성 요소인 센서는 누가 대응할 것인가? 이 분야는 기초과학분야와 공학분야에서 대응해야 한다. 응용분야는 주로 공학분야에서 대응하게 될 것이다.

그 다음은 프로세서다. 이 분야 또한 과학 및 공학분야에서 지원해야 한다. 또 다른 영역인 데이터나 정보 처리를 위한 메모리분야 역시 공학과 과학 지식이 요구된다. 다른 사물로 정보를 보낼 통신 기능 요소는 누가 지원해야 하는가? 역시 공학과 과학 인재들이 해야 한다. 이 모든 것을 아는 인재도 필요하다. 각 분야별 전문가도 모두 필요하지만 이들의 전체를 엮어주는 이들의 역할이 가장 중요할지도 모른다. 이런 사물인터넷 기술을 잘 응용하도록 돕는 응용전문가들이 바로 그들이다. 이들은 이런 분야를 골고루 알면 알수록 더 환영을 받을 것이다.

실제로 얼마 전에 한국을 찾은 독일의 한 교수는 독일이 이미 이런 인재를 키우기 위한 새로운 학과를 만들고 있다며 그 사례를 보여준 바 있다. 대학교 1학년 과정부터 기계공학은 물론, 전자공학, 전기공학, 통신, 수학, 물리를 골고루 배우게 하는 학제를 이미 적용하고 있다는 것이다. 국내 수많은 교육기관의 리더들이 혁신을 부르짖지만 한국에서 이런 학제로의 변화가 가능할지 지금으로서는 예측하여 말하기 어렵다. 모르긴 몰라도 상당히 오랜 기간이 걸릴 것이다.

사물인터넷 한 가지만을 사례로 살펴보았지만 이런 수요는 빅데이터, 인공지능, 클라우드 그리고 이전에 많이 다뤄진 디지털 기술과 적층형제조에서도 비슷하게 나타날 것이다. 걱정만 하고 있을 필요도 없고, 또 그럴 시간도 없다.

교육과 훈련만이 모든 이슈를
잠재울 수 있는 유일한 해결책이다

사람에 대한 교육이 바뀌어야 한다

로봇이 각광받는 것은 새로운 지식을 습득하는 로봇의 능력이 이전과는 확연히 달라졌기 때문이다. 로봇을 가르치는 방법이 이전보다 간편해졌다. 프로그래밍하여 가르치는 방법도 있지만 직관적인 움직임으로 가르칠 수 있다. 또 눈과 귀의 역할을 하는 기관이 부착되면서 로봇의 이런 능력이 더욱 빠르게 발전되고 있다.

그런데 사람에 대한 교육은 어떠한가? 교육 방법은 이전과 크게 다르지 않다. 기계는 변화하고 있지만 정작 기계의 주인이 될 사람에 대한 교육은 과거의 방식 그대로다. 지식의 전달 비용은 이제 점점 낮아지는 추세다. 세계 최고의 석학이 가르치는 교육 과정에 무료로 참가하고 공부할 수 있다. 그렇게 이수하면 학위를 주는 제도도 생긴다고 한다. 이런 마당에 한국에서 과거의 교재에 의지해서 학생을 가르치는 시스템은 시대에 맞지 않는다. 융합교육으로 나아가야 한다. 예를 들어 사물인터넷이라 하면 사물인터넷에 대한 모든 과목을 배울 수 있고 다양한 실습도 거칠 수 있어야 한다.

그런데 지금의 학습 시스템으로는 쉽지 않다. 기계공학을 배우면서 전자공학과 제어공학을 배우고, 통신까지도 배워야 하기 때문이다. 또한 혁신 일반도 공부해야 하는데, 문제는 이런 학교가 아직 한국에는 없다는 점이다.

이미 직장에 다니는 사람들도 재교육시켜야 한다. 대학도 못하는 교육이지만, 회사 스스로 이런 과정을 찾아서 직원들에게 훈련을 제공해야 한다. 일과 병행해서 미래를 준비하는 기술과 기능 그리고 지혜를 가르쳐야 한다. 100세 시대에 사는 사람들이다. 이렇게 배워야 60세를 넘어 70세, 80세까지 지식과 경험을 이어가며 활용할 수 있다.

구글 X의 창립자이면서 유다시티^{Udacity} 회장인 세바스찬 스런은 교육의 변화에 대해 이와 비슷한 생각을 가지고 있다. 그는 전통적인 고등교육이 사라질 것으로 내다본다. 그는 온라인을 통한 교육의 중요성을 강조한다. 온라인은 현재 직업이 있는 사람들에게도 유용한 교육 수단이라는 것이다. 그는 이것이 평생학습이라 말한다. 그는 주문형 평생교육을 주창하고 있다. 실제 유다시티는 데이터과학, 머신 러닝, 딥 러닝 등과 같은 기술에 대한 교육을 현재 실리콘밸리^{Silicon Valley}에 있는 혁신 기업들이 요구하는 수준으로 학생들에게 제공한다. 전일제 기준으로 3개월 내 이런 교육이 가능하다고 한다. 그의 주장은 단순한 주장이 아니라 실적에 기초한 것이라는 점에서 시사점이 크다. 시장이 요구하는 교육을 오로지 대학에서만 배워야 하는 건 아니라는 점을 분명하게 보여주는 것이다.

사실 대학의 교육은 선도 기업의 행동을 뒤따르거나 뒷북을 치는 경우가 대부분이다. 유다시티는 취업이 되지 않으면 강의료를 되돌려주

어야 한다고 말할 만큼, 교육의 실질적 성과를 중요시한다. 그런 점에서
유다시티의 교육모델이 주는 가치는 더욱 커 보인다.

기업에서 교육 훈련은 투자다

배움은 확실한 투자이면서도 인간이 더욱 인간답게 살 수 있는 유일
한 방법이다. 제4차 산업혁명이 주도하는 미래에는 더욱 그러할 것이다.
기계에게 일을 넘겨주고 나면 여유가 생길 터이니, 배움과 훈련에 정기
적으로 시간을 투자하는 자세가 필요할 것이다. 기업들은 상황이 어려
워지면 조직 축소와 인원 감축을 우선적으로 선택한다. 이것이 현재 기
업의 일반적인 사고방식이다. 사람을 기업의 중요한 재원이라고 생각한
다고 강조하지만 막상 어려움이 생기면 고정비에 해당하는 직원부터
줄이고 싶은 유혹에 빠지는 것이다. 그러다 보니 기업 내부에서의 교
육 및 훈련에 대한 투자는 뒤로 밀리기 일쑤다. 가장 먼저 예산이 깎이
는 곳이 교육, 훈련 부분이다. 사람이 필요하면 경력사원을 뽑으면 된
다고 생각하는 것이다. 지금까지는 그러한 방식으로 효과를 봤을지 모
르지만, 미래에는 경력사원을 뽑는 것이 전쟁과 같을 수도 있다는 점을
아직 짐작조차 못하고 있다. 앞서 실제 사례를 보았지만 국내 최고 수
준의 대기업에서도 사물인터넷 전문가를 경력사원으로 채용하는 일이
어려워지는 시대이다. 제4차 산업혁명의 시대를 제대로 준비하려 한다
면 교육 및 훈련을 바라보는 기업 내부의 시각을 근본적으로 바꾸어야

한다.

더 나아가서 기업의 사회적 책임 분담이란 관점에서도 기업은 교육과 훈련을 새로운 시각으로 바라보아야 한다. 즉, 아이를 키우는 부모를 지원하는 차원에서 탁아소를 사내에 만들 듯이, 이제는 직원의 평생 교육과 평생 훈련 지원을 기업 차원에서 논할 때가 되었다. 이런 선순환의 과정이 선행되어야, 사회와 기업이 필요한 인재를 지속적으로 공급할 수 있는 사회적 시스템이 갖춰질 것이다. 다른 회사에서 키운 인재를 스카우트해서 고용하는 것도 방법 중 하나이지만, 궁극적으로는 스스로 인력을 육성해서 스스로 공급하는 방향으로 가야한다.

경험의 전수와 자산화

세계 5위의 제조 강국인 우리나라는 제조역량을 가진 고급인력들이 노령화됨에 따라 앞으로의 미래를 이끌어갈 청년들의 제조역량을 키우는 방안을 심각하게 고민해야 한다. 경험이 많은 고급인력들의 노하우를 어떻게 젊은 청년들에게 전수할 것인가? 고령화된 고급인력들의 노하우를 소프트웨어화하여 축적하고 이를 청년들에게 전수하기 위해 교육 및 훈련 기회를 제공해야 한다. 예를 들어, 오래전에 기차의 바퀴를 점검할 때, 망치로 바퀴를 쳐서 소리로 점검하던 철도 기술자들이 생각나는가? 이제는 그 능력을 체계화해야 한다. 센서를 사물인터넷 장치로 모니터해서 부품에 이상이 생기기 전에 미리 경고를 보내는 시스템을 구축하는 것이다. 100여 년 이상 산업 자동화 솔루션을 제공하고 있는 로크웰 오토메이션은 모터를 비롯한 대부분의 기계는 고장 나기 전에 평소와는 다른 진동을 일으킨다는 경험을 토대로 일정량 이상의 진동이 발생하면 제어 시스템에 알림 메시지를 보내는 센서를 만들었다. 이처럼 오랜 시간 쌓인 경험을 이제는 소프트웨어 시스템에 저장되도록 디지털화하고 이를 적극적으로 산업현장에 적용해, 젊은 청년들의 역량을 향상시키는 데 도움이 되도록 해야 한다. 더 나아가 이것들이 서로 융합되고 연결되어 사회의 역량을 성장시킬 수 있는 토대가 마련되기를 바란다. 그렇기에 청년들이 그들이 보유한 창의력과 현장의 선배들로부터 전수받은 기술을 조화롭게 활용하여 새로운 역량을 발전시킬 수 있는 환경과 제도를 만드는 것이 중요하다.

무크, 새로운 시대의 새로운 교육

세계 3대 무크MOOC, Massive Open Online Course는 모두 미국에 있다. 코세라 Coursera, 에덱스edX, 유다시티이다. 최대 무크는 미국 코세라이다.[52] 세계 유수 의 대학교의 저명한 교수들이 동영상 강좌를 만든다. 세계 어디서든지 누구 든지 원하면 학습을 할 수 있다. 강좌 대부분이 무료이다. 훌륭한 강의, 편리 함, 학습 인정 체계 등 어디에 내놔도 손색이 없다. 무크 강좌를 듣는 게 입학 하는 데 도움이 되자 해당 대학교에 입학하고 싶어 하는 학생들 사이에서 무 크 강좌들이 인기를 끌고 있다. 무크 강좌 인증제도로 직장에서 실력을 인정 해주는 경우까지 생겼다. 누구나 원하는 강좌를 원하는 장소에서 듣고 전문 가로 도약할 수 있는 기회가 생긴 것이다. 열정만 있다면, 세계 최고의 교수로 부터 강의를 듣고 공부하며 전문가가 될 수 있는 시대가 열렸다. 얼마나 편리 한 세상인가! 이것이 우리가 원하는 교육의 변화다.

---

52 https://www.coursera.org(코세라), https://www.edx.org(에덱스), https://www.udacity.
com(유다시티)에 들어가면 자세한 내용을 확인할 수 있다.

코세라

코세라는 현재 스탠포드, 예일, 프린스턴, 듀크, 펜실베니아대학교 등 140여 개 대학교와 교육기관의 1천7백 개 이상의 강좌를 제공하고 있다. 스탠포드대학교 컴퓨터과학과 교수인 앤드류 응Andrew Ng과 대프니 콜러Daphne Koller가 2012년 설립했다. 인문학, 경영학, 컴퓨터과학, 물리학, 공학, 생명과학, 사회학, 언어학 등 다양한 강좌를 들을 수 있다. 현재 전 세계에서 누적 수강생이 1천8백만 명을 넘어설 만큼 대단한 인기를 누리고 있다. 영어, 중국어, 스페인어 등 20여 개 언어로 강의가 진행된다. 최근에는 IBM이 코세라에 사물인터넷 입문 무료 강의를 제공하여 많은 인기를 얻고 있다.

에덱스

에덱스는 2012년 메사추세츠공과대학교와 하버드대학교가 6천만 달러를 투자해 세운 비영리기관이다. 현재 누적 수강자 700만 명 이상이 메사추세츠공과대학교와 하버드대학교를 비롯한 많은 대학교가 제공하는 700개 이상의 강좌를 듣고 있다. 컴퓨터과학, 경영학, 공학, 인문학, 사회과학 등 많은 학과의 강좌들을 제공하고 있다. 미국 유수의 대학교들이 참여하고 있어 입학에 관심있는 학생은 미리 수강하는 것도 좋다. 고등학교 과목도 70개나 제공하고 있으며, 대학 과정, 직장인을 위한 강좌도 제공한다.

유다시티

유다시티는 구글 X의 소장이었던 스탠퍼드대학교 세바스찬 스런 교수가 2011년 설립한 영리 기업이다. 컴퓨터 관련 강의에 특화된 유다시티는 누적 수강자가 160만 명을 넘어섰다. 세바스찬 스런 교수의 '인공지능 입문' 강의가 190여 개국에서 16만 명 이상이 등록하는 돌풍을 일으킨 후 그에 힘입어 유다시티가 설립됐다. 나노 학위, 조지아공과대학교 컴퓨터과학 학위 과정 등을 제공한다. 나노 학위 과정에는 머신 러닝, 데이터 분석, 프로그래밍, 웹 개발, 데이터과학, 소프트웨어공학, 안드로이드 개발, 애플 iOS 개발 등의 강좌가 개설되어 있다. 강의와 실습을 위주로 교육한다. 구글, 페이스북, AT&T, 아마존과 파트너십을 맺고 공동 개발한 과목을 교육한다. 1년 이내에 졸업을 하면 학비의 50%을 되돌려준다. 나노 학위 강좌 중에 여섯 개 과목을 선정하여 취업 맞춤형 강좌도 개설했다. '나노 학위 플러스'라는 취업 보장형 프로그램으로, 졸업 후 6개월 내 취업을 못하면 수업료 전액을 돌려준다. 취업과 연관되어 있어, 해외 학생들은 등록이 제한되어 있다.

유다시티는 AT&T 와 협력하여 온라인 교육을 통해 미국 조지아공과대학교의 컴퓨터과학 석사 학위 과정을 제공하기도 한다. 학기당 두 과목을 들으며 5학기에 석사 학위를 이수할 경우 6천6백 달러(약 730만 원)가 든다. 실제로 유학 가는 비용 대비, 아주 저렴하게 컴퓨터과학 학위를 취득할 수 있다.

전 세계 학생들이 지원하기 때문에 경쟁률이 상당히 높다.

노보에드

노보에드NovoEd 무크 강좌는 온라인 강의와 함께 수강생팀을 구성하여 프로젝트를 수행하는 강좌를 진행한다.[53] 이 부분이 코세라, 에덱스, 유다시티와 다르다. 스탠포드대학교 아민 사베리Amin Saberi 교수가 2013년 공동 창업한 노보에드는 리더십, 혁신과 디자인 씽킹, 전략과 의사결정, 영업, 적층형제조 등 기업이 필요로 하는 교육에 특화된 강좌를 제공한다. 혼자 듣는 강의와 개인들이 협력하는 팀워크 학습을 제공한다. 딜로이트 컨설팅회사와 협력하여 제공하는 강좌 '3D 기회: 기업 리더들을 위한 적층형제조3D Opportunity: Additive Manufacturing for Business Leaders'는 기업의 팀장, 경영진들이 적층형제조와 비즈니스 모델을 학습하기에 좋은 강의이다.

케이무크

우리나라도 2015년 한국판 무크를 만들어, 국가평생교육진흥원에서

---

53 https://novoed.com(노보에드)에 들어가면 자세한 내용을 확인할 수 있다.

국내 유수의 대학교의 강의를 일반 학습자들에게 제공하고 있다.[54] 7개월 만에 누적 방문자 100만 명을 돌파할 정도로 인기를 끌고 있다. K-MOOC에서 현재 서울대학교 등 10개 대학교의 경제학, 물리, 인체해부학, 철학, 열역학, 전자회로학 등 17개 강좌를 무료로 들을 수 있다. 아직은 적은 숫자이지만 지속적으로 강좌가 늘어날 전망이다. 최근 발표에 의하면 서울대학교 이준구 교수의 '경제학 들어가기'가 최고 인기 강좌였다.[55]

무크 강좌는 열풍은 미국과 한국뿐만 아니라 전 세계로 확산되고 있다. 미국과 한국의 무크 외에도 영국의 퓨처런FutureLearn, 독일의 아이버시티iversity와 오픈업에드OpenupEd, 프랑스의 펀Fun, 중국의 무크학원Mooc Guokr, 일본의 제이무크J-MOOC가 있다.[56]

54 http://www.kmooc.kr(케이무크)에 들어가면 자세한 내용을 확인할 수 있다.

55 「온라인 공개강좌 케이무크, 수강신청 10만건 돌파」, 『연합뉴스』, 2016. 5. 12.

56 https://www.futurelearn.com(퓨처런), https://iversity.org(아이버시티), http://www.openuped.eu(오픈업에드), https://www.fun-mooc.fr(펀 무크), http://mooc.guokr.com(무크학원), http://www.jmooc.jp(제이무크)에 들어가면 자세한 내용을 확인할 수 있다.

저자
소개

한석희 _ shhan@assist.ac.kr

한국인더스트리4.0협회 공동설립 겸 사무총장. 인더스트리4.0 교육 훈련 컨설
턴트. 서울과학종합대학원대학교 겸임교수. 연세대학교 기계공학과에서 학사
와 석사를 마쳤고, 서울과학종합대학원대학교에서 경영학 박사학위를 받았
다. 저서로 『디지털매뉴팩처링』 『인더스트리4.0』 등이 있다.

송형권 _ hungksong@gmail.com

한국인더스트리4.0협회 공동설립 겸 감사. 한국뉴욕주립대학교 연구교수 및
건국대 글로벌 기술혁신경영연구소 부소장. 미국 콜로라도공과대학교에서 컴
퓨터공학 박사학위를 받았다. 삼성전자 임원을 역임했고 미국 벨 연구소, 벨
코어 연구소, US West에서 일했다. 통신 및 컴퓨터공학이 전문분야다.

이순열 _ srlee@ra.rockwell.com

한국인더스트리4.0협회 전문회원 및 산업기술진흥원 산학연 네트워크포럼 위
원. 현대그룹에서 근무했고 현재는 로크웰 오토메이션 상무이사로 재직 중이
다. 부산대학교에서 전기공학 학사학위를 받았다. 공장자동화분야 내 기술영
업, 설계, 제작, 시운전, 교육, 사업 기획, 관리 등 다양한 경험 쌓았다. 스마트
팩토리가 전문분야다.

조익영 _ iycho1@naver.com

한국인더스트리4.0 협회 전문회원. ODVA 전무 및 ISO 전문위원. 산업자원부
필드버스포럼 총괄책임과 산업자원부 자동화 기계 B2B인프라구축사업 총괄
책임을 역임했다. 공장자동화가 전문분야다.

장원중 _ wjjang2040@gmail.com

한국인더스트리4.0협회 전문회원. 관동대학교 객원교수. K-ICT 빅데이터센터의 빅데이터 분석 및 인프라 구축 자문위원이며 ㈜굿모닝아이텍 빅데이터팀에서 근무하고 있다. 서강대학교에서 소프트웨어공학 석사학위를 받았다. 빅데이터 프로파일 특허를 갖고 있으며 산업분야 빅데이터가 전문분야다.

변종대 _ smilebjd@gmail.com

한국인더스트리4.0협회 전문회원. 한국표준협회 전문위원 및 중국 기업대학 관리자연맹(CUEMA) 임원. 인더스트리4.0과 스마트 관련 교육 및 스마트 팩토리 진단과 컨설팅을 진행한다. 스마트 팩토리 관련 엔지니어링 문제해결을 위한 전문교육과정을 개발 및 강의 중이다.

임채성 _ edisonfoot@gmail.com

한국인더스트리4.0협회 회장. 건국대학교 경영대학 밀러MOT스쿨 교수. 기술경영경제학회의 회장 맡았으며, 미국 스탠포드대학교 방문교수 및 한국개발연구원(KDI) 연구원 역임했다. 영국 서식스대학교에서 기술혁신경영학 박사학위를 받았다. 국내외에서 다수의 혁신경영분야 논문을 발표했다. 기술경영혁신 및 인더스트리4.0이 전문분야다.

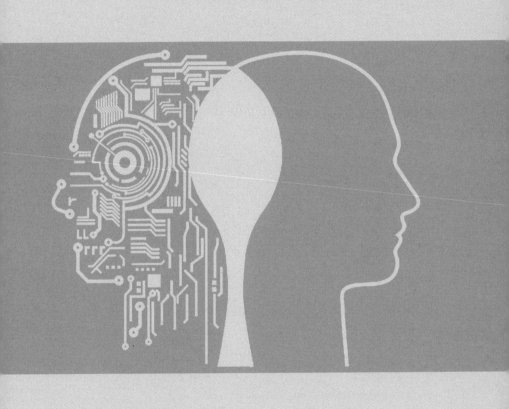

4차 산업혁명,
어떻게 시작할 것인가

초판 1쇄 발행   2016년 11월 28일
초판 5쇄 발행   2018년 6월 21일

지 은 이   한석희, 송형권, 이순열, 조익영, 장원중, 변종대, 임채성
펴 낸 이   최용범
펴 낸 곳   페이퍼로드

편   집   김종오, 박강민
디 자 인   신정난
마 케 팅   정현우
경 영 지 원   강은선

출판등록   제10-2427호(2002년 8월 7일)
주   소   서울시 마포구 연남로3길 72 2층
Tel (02)326-0328 | Fax (02)335-0334
이 메 일   book@paperroad.net
홈 페 이 지   http://paperroad.net
블 로 그   blog.naver.com/paperoad
포 스 트   http://post.naver.com/paperoad
페 이 스 북   www.facebook.com/paperroadbook

I S B N   979-11-86256-50-3(13320)